曽根原　理著

徳川家康神格化への道

——中世天台思想の展開——

吉川弘文館

目次

凡例

一、引用文中は原則として新字体を用いた。句読点・訓点は私に改めた所がある。筆者注は（　）、省略は……、改行は／で表示した。ヿ、〆等の略字は適宜トモ、シテ等に改めた。

一、本文中の研究者名については敬称を省略した。拙稿についても、筆者名を表示している。

一、論文の引用・参照に際しては、副題は省略し、原則として初出誌を掲げ、再録書については書名のみ（単著でなければ編者名も）表示した。

序章　研究史と本書の視点・課題

一七世紀初頭の徳川家康による全国統一、その後二百数十年にわたる徳川幕府の支配は、多くの日本人にとって周知の事実となっている。それは、現在に生きる私達にとって、単なる歴史上の知識以外の何物でもないように見える。だが、一七世紀当時の人々にとっても同様であったとは思えない。

家康が覇権を確立するのは慶長五年（一六〇〇）の関ケ原合戦であるが、なお十数年の間大坂には豊臣家が独立し、政権奪回の機会を虎視眈眈と狙っていた。家康の死は、豊臣家を滅ぼした元和元年（一六一五）の翌年である。ここから、家康の治世は常に潜在的脅威を抱えたものであったと言えるだろう。その後の歴史を知る者が安直に考えるほど当時の情勢は安定したものではなく、家康の治世期を通じ、いつ内乱が発生してもおかしくない状況だったと思われる。さらに徳川氏の血統は、前代の足利将軍等に比べ明らかに劣っており、支配の正統性を欠いていた。幕府支配の内実は、軍事的実力と家康個人の能力に大きく依存し、徳川氏自体の権威は甚だ乏しいものであったと思われる。仮に、桶狭間合戦（一五六〇）当時に全国の領主層に〈四十二年後の将軍〉の名を挙げさせたなら、松平元康（当時の家康の名）を挙げる者は、当人を含めて皆無だったろう。誰もが〈家康〉になってもおかしくない時代であり、将軍が徳川氏でなければならない理由は本質的に無かった。家康の神格化を考える時に、こうした同時代の感覚を軽視することはできないと考える。

元和二年（一六一六）の死後、家康は神に祀られる。神格化については既に豊臣秀吉の先例がある。しかし、秀吉の時とは時期も状況も異なり、それに応じた形式と内実が要請されたことは想像に難くない。時代状況との関係につき詳しくは本論に譲るが、既に幕府支配が確立した後世の像でなく、一七世紀初頭の累卵的状況下の方策として神格化を考えること、これを本書の目指す視点として挙げたいと思う。

次に本論に先立ち、徳川家康神格化という歴史上の事件に関する従来の理解を一覧し、あわせて本書の課題を示しておきたい。まず研究史を四期に分けて整理する。

Ⅰ期　政策と宗教意識の分離（六〇年代まで）

神道史の立場から東照宮創設の意味を考察した初期の研究者に宮地直一[(1)]がいる。宮地は日光東照宮設立の事情として、①日光は頼朝以来、関東武士の信仰を集めており、関東の守護神を目指した家康の意図（「八州の鎮守に成らせらるべし」『本光国師日記』の家康遺言）に適っていた、②江戸を守る要害としての戦略的な土地である、③寛永の造替については諸大名に普請役を命じ勢力削減の狙いがあったというのは俗説に過ぎない、④秀忠・家光にとっては幕府創始者への讃仰を表す意味があった、などを挙げる。[(2)]その上で宮地は「東照宮の信仰はもともと人格者、詳言すれば徳川氏の祖先としての観念から出発し、人格崇拝が基礎でその全部である」、したがって徳川幕府の「政治的権力そのものが之を維持せしめる基本」であって、思想史上の事件というより政治の問題であった、と見なした（薬師の垂迹・権化などの学説は殆ど効果を見せなかったと述べている）。

日光東照宮設立の思想史的意義を否定することでは、宮地以上に徹底したのが津田左右吉・辻善之助の両名である。まず津田[(3)]は、「死者を神と称することも神として祭ることも、……日本人の固有の風俗としては、決して無かつた」という彼の主張（信念?）に基づき、豊国社や東照宮についても、「人が死ねば神になるとか神として祭られるとかいふ思想から出たものではない」「権力者の権力のしごとであつた……特殊な思想的根拠などはいらなかつた」「生きてゐた時の政治的地位と権力を、神としての死後にもうけつがせる意味があつた」と述べ、仏教・儒教といった思想の関与を否定する。それでは東照宮を生み出したのは何かというなら、津田は「人の親ならば其の子を加護しようといふやうに……或る力を自己の関係あるものに及ぼそうとする」考えであるとする（津田は「草葉のかげから子孫を見守る」という例を出し、「（道徳的な高められたものは）日本人に特殊な考」ともいう）。思想という体系性を備えたものではなく、単なる志向程度というのであろう。

辻善之助[4]も津田同様に思想史的意義を否定するが、津田が専ら秀吉・家康という権力者個人の心情に重点をおいたのに対し、辻の場合は公的な側面に目が向きがちである。辻自身には近世仏教は政治の道具であったという視点が強く、そのためか宗教独自の意義は悉く否定の対象となる（「天海が家康に一実神道を授けたという事は、家康の存生中に於て、確実なる材料は全く認むべからざる事」等）。秀忠の権現号採用についても、家康の遺言を標榜した天海の巧妙な働きかけによるものとし、思想の問題（吉田と山王一実の優劣など）は等閑視されている。

それまでの顕彰的・宗学的研究への対抗意識からか、東照宮に関する初期の学術研究はこのように、民間の一般的な信仰形態と権力者神格化を分け、東照宮のような存在は権力の仕事（しかも思いつきに近い）と把握する傾向が強く認められる。

Ⅱ期　支配イデオロギーとの関連（七〇年代前半）

上記のような理解に対し、根本的な疑問を投げかけたのが原昭午[5]である。原の主張では、近世社会を根底から規定した兵農分離は、村を軍役負担を軸に再編する働きを持つ。家康はそうした現実の領国経営を前提としつつ、また自ら国家意志を体現する必要があり、二つを同時に要求された点で後者に重点を置き本願寺王国などの宗教的権威への対抗を図った信長・秀吉段階と異なるとされる。初期徳川政権が関東武士団の精神的連帯の要である日光を把握し有力農民の権威を支える寺社支配を射程に入れたのは、この徳川家康の課題に対応していた、と原は考察する。そして原は、「家康の領国内の村に対する支配を、さらに体制化するうえで、みずからを東照大権現として神格化することが要請された……東照大権現はあくまでも村に基礎をおき、村の秩序をささえる土着性をもたねばならなかった」と、家康の神格化を農民支配という課題の中で構造的に把握することを提言する。つけ加えるなら、村支配の上で東照権現の持つ限界が、結果的に「天皇の権威の普遍性……共同体的世界観に根ざす」を呼び込み、ついに天皇権威を超克できなかった理由となるという。

対農民に重点をおいた原に対し、特に天皇（朝廷）との関係に注目したのは北島正元[6]であった。北島は、東照大権現とは「東の守護神」であり「征夷大将軍の神格化」である、したがって家康の神格化は、現人神たる天皇の伝統的権威に支えられて初めて可能となった、と論じている。

こうして国家の観点から論じられる中で、東照権現と自国意識との関係についても検討されるようになった。朝尾直弘[7]は、家康の神格化を推進した司祭者＝天海に注目し、彼が寛永の大造替に際して東照宮に奉納した『東照社縁起』の記述に対外的な観念の見られることを指摘する。朝尾によれば、同書には中世には見られなかった「世界に遍在し宇宙の根源となる神観念」が窺え、それは鎖国政策実施中の幕閣の「八州の鎮守から日本、ひいては東アジア全体に威光を及ぼす一大神格」を求める意識の反映と考えられる。朝尾はさらに、日光例幣使創設などに天皇に比肩しようとする幕府の意志を見る。この視点は後にH・オームス[8]などにも継承された。

天海撰『東照社縁起』の分析を手がけた一人に、石田一良[9]がいる。石田は家康神格化現象の理論化として「神君思想」（幕府創設者家康の積善を過大にすることで子孫の余慶を保証する）が存在・機能したことを指摘する。さらに石田は同時代の諸文献との比較から、神君思想の中核は天道思想であり、天台教学からは出てこないものであると結論する。ただし石田の言う「天道思想」が果たして通常の仏教思想（含天台教学）と完全に分離される概念なのか、むしろ天台教学の中に「天道思想」的傾向が見られないか、疑問は少なくない。

七〇年代前半の諸動向は、敢えて共通点を求めるなら支配イデオロギーへの関心と思われる。この視点から、家康神格化は単なる偶然の産物でなく、近世社会の構造の中で扱われるべき事象であるとの共通認識が確立した。しかし同時に、支配イデオロギーであるとして、どのような内実を備えていたかについて、なお研究の深化が必要な段階であったことも確かである。

Ⅲ期　個別事例における分析（七〇年代末〜）

この時期は、近世社会の各位相における家康神格化の意味を分析・検討する営みが主流となった。

宮沢誠一[10]は原・北島の業績を継承し、とりわけ近世の〈家〉に注目した。幕藩制下の日本社会について宮沢は、氏神を中心とする武士団の族長的結合及び農民諸階層の共同体的結合の形態を特徴と捉え、両者の基底に家系・家名を重視する〈家の構造〉を指摘し、各階層の事例を挙げている。そして東照権現についても、この〈家〉を基底におく近世社会の中で支配を行うために氏神的性格が生じたことを論じ、結論として東照権現は「天照を総氏神とする伝統的な氏神信仰のヒエラルヒーに包摂される」存在であり、故に天皇を無視できないと論じた。ただし、その場合の「伝統的な氏神信仰のヒエラルヒー」の実態については、今後の検討課題として残されているように見える。

家臣の側から東照権現が要請されていく動向については、倉地克直[11]の論がある。倉地は『三河物語』を題材に、神仏の罰を受けるとしても主君に従う武士像が、当時の武家の中で構造的に形成されたこと、そのような武士の守護神として東照権現の出現が要請されたことを跡づけている。

寺家の側では、家康神格化の宗教政策としての一面を明らかにした杣田善雄[12]、元和初年の各僧侶の動向の実証的な検討を行った浦井正明[13]の研究が知られる。杣田は、東照宮祭祀を担当する輪王寺門跡の創設により寺家の秩序が幕府主導で再編成されたこと、およびその背景としての公家の秩序再編成、を分析した。浦井は、丹念に家康死後一月の幕閣・僧侶の動きを調べ、明神号から権現号へのすりかわりを（家康の意志で決定したのではなく）秀忠の決断と実証した。この事は、辻の〈天海による家康遺言捏造説〉に対し有効な反論となる。

最後に民衆の受容について。津田や宮田登・秋本典夫・深谷克己・奈倉哲三[14]らの説く〈東照権現信仰は民間に受容されなかった〉という通説に対し、高藤晴俊[15]は全国の東照宮の悉皆調査作業の中で、民間に勧請された東照宮の事例を報告した。その観点は中野光浩[16]によって発展させられ、武蔵や相模の事例は民間信仰の様相解明にも寄与している。

こうして研究が蓄積され、各階層・各位相における家康神格化との関連が明らかにされつつある。その方向を進める事が重要なのは言うまでもない。だが翻ってみると、それらの多くは家康神格化の周辺に詳しく、神格化それ自体、さらに言えば神格化の教説そのものの分析については七〇年代の成果（主に朝尾説）に頼っている。しかし、それは果たして確かなものなのか。もしその部分が崩れたならば、全体の見直しが迫られるのではないかと危惧されるのである。

Ⅳ期　イデオローグへの注目（八〇年代末〜）

Ⅲ期と重なり、さらに言えばⅢ期の中の一分野としても位置づけられるのだが、敢えて別項目とするのには上記のような理由がある。神格化に伴う諸現象と同様に、神格化の教説も再検討が求められてきたのである。それは神格化の推進者である天海への注目をもたらした。

従来の理解への疑問の例として、W. J. Boot(17)（以下ボート）の論を取り上げる。ボートは先行研究の中から、特に影響力の強い辻・朝尾の論を批判する。辻の説く家康の無宗教性については、ボートは「辻のこれらの解釈（遺言・天台血脈などについての）は、しかし、憶測ばかりであって、その証拠は一つもない」「辻の言うような、無宗教や合理主義や宗教に対して『公平的』な政策を取るべき主張などは一九世紀の産物で一六世紀に存在し得た筈はない」と、辻の論が肝心な部分は実証が欠け、辻自身の先入観に基づき論じられていることを看破している。

一方、朝尾説に対しては、主に天海撰『東照社縁起』の解釈をめぐり賛成しかねる旨を記す。結論だけ述べると、朝尾が説く「東アジア全体に威光をおよぼす一大神格」「宇宙の根源の神（キリスト教の一神教的体系への対応）」といった東照権現の把握は、「三光」等の用語の位置づけ、釈迦・薬師・山王権現などを配した仏神の構造、などの誤読によると論じ、「天海の意図は（日本の鎮守、さらには東アジアの一大神格などでなく）、むしろ西の比叡山に対応する東の比叡山を作ることにあったのではないか」と推測する。

同じころ筆者(18)も一文を草し、主に北島・宮沢流の天皇権威包摂論に対し、東照権現は天皇・朝廷と対抗し克服しようとする方向性を持つ（特に天海の主張では）ことを論じた。その場合も天海撰『東照社縁起』の記述の解釈が焦点となった。

このように天海の思想、その表現としての『東照社縁起』の分析は、従来の神格化に関する論を大きく左右するにも拘らず、殆ど顧みられることがなかった。その理由は、同書の記述が中世以来の「天台神道(19)」の用語・概念により表現されているため、近世史研究者の多くが解読できなかったことによる。既に取り上げた朝尾・浦井・ボートや高木昭作[20]などにも分析志向は見られたにも拘らず、彼らの論が推測の域にとどまるのは主としてそれによる。その克服のためにも、中世以来の天台神道と、その他天海が受容した諸思想を掌握した上で、『東照社縁起』及び天海の言動を解釈することが研究者に求められているのである[21]。

以上の研究動向を踏まえ、本書では徳川家康の神格化という問題を、その司祭者（演出者）天海の思想分析を通じて考察を試みる。上述のように、それはこの問題に関して最も効果的で、かつ中核的なアプローチであると考えられるからである。

以下本書を三部に分ける。第一部・第二部では天海の前提となる中世の天台思想を扱う。第一部では天台神道の本家比叡山延暦寺の伝統的教説を、第二部では神格化の地日光への信仰を中心に、中央に対し独自の展開を遂げた関東の天台宗をも視野に入れ検討する。そして第三部では、第一部・第二部の成果を踏まえ、天海や『東照社縁起』の思想分析を行い、家康神格化の実態を明らかにしていきたい。

註

（1） 引用は宮地直一「東照宮の創立及び徳川氏の崇敬」（初出一九三三年、後に『神道史序説』に再録）。

（2） なお②については赤堀又次郎「東照大権現の動座」（『歴史と国文学』二三―六、一九四〇年）などで反論されている。③は平泉澄「『東照大権現縁起』考」（『国華』三七四、一九二三年、後に『我が歴史観』に再録）に基づく。

（3） 津田左右吉「日本の神道に於けるシナ思想の要素」（『東洋学報』二六―一、一九三八年、後に『日本の神道』に再録）。それに対して『日吉山王権現知新記』の「人霊社」の例を挙げ反証を示したものに田島徳音「山王神道と一実神道」（『大正大学学報』二七、一九三七年）がある。

（4） 辻善之助「史学上より観たる日光廟」（一九一五年講演原稿、後に『日本仏教史研究』二に収録）、同『日本仏教史』八

〈近世編之二〉（岩波書店、一九五三年）の関連部分。

（5）原昭午「幕藩制国家の成立について」（『歴史評論』二四四、一九七〇年）。

（6）北島正元「徳川家康の神格化について」（『国史学』九四、一九七四年）。

（7）朝尾直弘『鎖国』〈日本の歴史17〉（小学館、一九七五年）の関連部分。

（8）H・オームス著・黒住真ほか訳『徳川イデオロギー』（ぺりかん社、一九九〇年）。山田忠雄「『東照神君』の政治史的意義」（『近代日本における柳田国男の位相』所収）も、天皇権威に対抗する志向を指摘している。

（9）石田一良「前期幕藩体制のイデオロギーと朱子学派の思想」（『藤原惺窩・林羅山』〈日本思想大系28〉岩波書店、一九七五年、解説）。

（10）宮沢誠一「幕藩制期の天皇のイデオロギー的基盤」（北島正元編『幕藩制国家成立過程の研究』吉川弘文館、一九七八年）。

（11）倉地克直「『三河物語』における二つの〈起請破り〉をめぐる断章」（岸俊男教授退官記念会編『日本政治社会史研究』下、塙書房、一九八五年、後に『近世の民衆と支配思想』に再録）。

（12）杣田善雄「幕藩制国家と門跡」（『日本史研究』二七七、一九八五年）、同「近世の門跡」（『岩波講座日本通史』一一〈近世一〉岩波書店、一九九三年、所収）。

（13）浦井正明『もうひとつの徳川物語』（誠文堂新光社、一九八三年）。

（14）註（3）津田論文、宮田登「人神の一課題」（笠原一男編『日本における政治と宗教』吉川弘文館、一九七四年）・秋本典夫「近世日光東照宮と民衆の参詣」（『宇都宮大学教養部研究報告』八―一、一九七五年、後に『近世日光山史の研究』に再録）、深谷克己「幕藩制国家と天皇」（前掲『幕藩制国家成立過程の研究』）、奈倉哲三「近世の信仰と一揆」（『生活・文化・思想』〈一揆　四〉東京大学出版会、一九八一年、所収）。

（15）高藤晴俊「東照宮信仰の一考察」（『国学院雑誌』八七―一一、一九八六年）。調査結果をもとに、同『家康公と全国の東照宮』（東京美術、一九九二年）などが公刊されている。

（16）中野光浩「武蔵・相模の東照宮」（『郷土神奈川』一八、一九八六年）、同「東照宮信仰の地域的展開とその限界」（『駒沢史学』四三、一九九一年）、同「東照宮信仰の民衆受容に関する一考察」（『地方史研究』二三七、一九九二年）。中野の成果をも援用し、文化文政期の大名・代官・儒者たちの間で民間に東照宮崇拝の風潮を意識的に形成しようとする動きの見られたことを羽賀祥二「史蹟をめぐる歴史意識」（『日本史研究』三五一、一九九一年）が、また「寺社のみならず薬園や医療の現場」までも東照宮の支配イデオロギーが波及したことを岩下哲典「近世国家における人参栽培と薬師信仰」（『研究紀要』〈徳川林政史研究所〉二九、一九九五年）が、指摘・示唆している。

（17）W. J. Boot「徳川家康の神格化をめぐって」（本山幸彦教授退官記念論文集編集委員会編『日本教育史論叢』思文閣出版、一九八八年）。

（18）曽根原理「『東照大権現縁起』の思想」（『日本思想史研究』〈東北大学〉二〇、一九八八年）、補訂の後本書第三部第三章に収録。

（19）天台宗山門派（寺門派＝園城寺に対する）の神道については近世初期の天海を境に二分し、以前を「山王神道」、以後を「（山王）一実神道」と呼称する（古くは乗因撰『山王一実神道口授御相承秘記』享保十三年〈一七二八〉成立、で説かれ、註（3）田島論文でも指摘されている）。本稿では両者を合わせて扱う場合に「天台神道」の語を用いる。その主要文献と研究史は、『天台神道（下）』〈神道大系論説編四〉（一九九三年）の解題（末木文美士・水上文義・佐藤眞人の分担執筆）に詳しい。

（20）高木昭作「寛永期における将軍と天皇」（歴史学研究会編『民衆文化と天皇』青木書店、一九八九年）、同「秀吉・家康の神国観とその系譜」（『史学雑誌』一〇一―一〇、一九九二年）は山王一実神道を三輪神道の分派とするなど基本的な認識不足が見られる。

（21）近年の新たな研究動向として、東照宮祭祀の実態（儀軌等）の調査が注目される。先駆的な論考としては、菅原信海「日光東照宮の奥院宝塔中神道秘式」（『天台学報』三四、一九九二年、後に『日本思想と神仏習合』に再録）、同「家康公と神道灌頂」（『神道大系月報』一一二、一九九二年）、三崎良周「『一実神道秘決』について」（同）が挙げられる。

第一部　中世叡山の思想

第一章　延暦寺の山王信仰

はじめに

中世を生きた人々は、叡山の仏教をどのように受け取っていたのだろうか。手順としてまず、建久二年（一一九一）四月の叡山と佐々木氏（近江国守護）との争い、特に叡山僧兵[1]の嗷訴に目を向けてみたい。

叡山の僧兵が日吉の神輿を担ぎ内裏に押し寄せる事は、嘉保二年（一〇九五）に始まる。一たん嗷訴が行われれば、朝廷が僧兵の要求を退ける事は不可能であった。白河法皇の、「叡山僧兵は自分の自由にならない最たるもの」という嘆き[2]が伝えられる所以である。建久二年の嗷訴でも、その点に変化は無い。

当時関白の職にあった九条兼実は、混乱する内裏において指揮をとった様子を、次のように書き留めている。

此間自二左衛門陣一雑人数千逃入、殆充二満南庭一。緌太以濫吹、然而無レ人二于制止一。余仰二職事蔵人等一令レ突二其頭一、又仰二能保卿一頻以追却、衆徒未レ及二西洞院辻一、雑人、検非違使従者等剰逃二入宮中一。[3]（『玉葉』四月二十六日条）

「僧兵来る」と聞いて、警備の雑役の者、更には検非違使の従者までが内裏に逃げ込んできた、紫宸殿の庭は彼等でいっぱいになったと言うのである。この様子を見た兼実は、「王化の衰微眼前に現わる、悲しむべし悲しむべし[4]」と嘆くが、実際、僧兵の力の前には朝廷の権威も無力であった。内裏に殺到した僧兵たちに対して、朝廷は何一つ有効な手を打てなかったのである。それどころか、何か手段を講じようとする意志さえ朝廷は放棄していたのではないか。事実、この時内裏を警備していた安田定朝が鎌倉へ送った報告には、次の記述が見られる。

去月廿六日神輿入洛之時、家人等仍相禦、不レ可レ発二闘戦一之由、頻有二別当宣一之間、謹慎処、家人四人、同所従三人、忽為二山徒一被二刃傷一、依下仰二朝威一怖中神鑑上、已如レ忘二勇士之道一、可三殆招二人之嘲一歟云々。(5)

（『吾妻鏡』五月二日条）

定朝は、「神輿の入洛に対して朝廷の命により戦闘を控えていた所、僧兵によって部下七名が傷つけられた」（取意）と述べ、それでも抵抗しなかった理由を「朝威」と「神鑑」に求めている。『玉葉』には関白兼実自ら、武士の戦闘行為を停止させた記事が見られる(6)。この事から、朝廷が強く日吉の神威を怖れ、武士の戦闘を規制した様子が窺われる。いざ僧兵に直面した時に、朝廷はあまりにも無抵抗であった。その点で、「人の嘲りを招く」と切歯扼腕する鎌倉武士とは、全く対照的である。

ところで、これ程までに朝廷が憚った僧兵達のスローガンは、良く知られるように〈鎮護国家〉であった。数々の奏状に見られるように、僧兵は自己を〈朝廷の災難を除く存在〉として規定した。王法と仏法、つまり朝廷と寺院勢力は互いに協力して国家を運営していくのであり、叡山の本領は朝廷の保護にあると説くのである。

こうしてみると僧兵の発言は、ずいぶん実態と乖離しているように思われる。彼らは一方では朝廷の保護を唱えながら、一方では朝廷を威圧し、そして現実の場では自らの要求を貫徹した。建久二年の嗷訴でも、最終的に朝廷と幕府は、叡山に敵対した佐々木一族の処罰（斬首・遠島）を余儀なくされた。ここに見られる僧兵の〈発言と行動の乖離〉は、どのように整合され得るのだろうか。

僧兵は、一方では朝廷の保護を唱え、一方では朝廷を威圧した。注目されるのは、それが共に仏教の名のもとに行われた事である。一見相反する二つの主張が同じ仏教の立場から行われているとしたら、彼らにとっての仏教とは一体何であったのか。

一　僧兵の主張と『延暦寺護国縁起』

『延暦寺護国縁起』(7)（以下『護国縁起』）は、鎌倉時代中期の叡山で作製された(8)、全三巻より成る寺社縁起である。製作者は不明であるが、叡山僧の手によるものと推定されている。その上巻の中には、建久二年の嗷訴の結末について、次の記述が見られる。

次年鎌倉右大将家猶恐二神威一、次男定重引二向日吉社一被二斬首一畢。郎従六人禁獄。且為レ散二山王御鬱一、且為レ休二衆徒愁訴一云々。　（四一五頁）

叡山の圧力により、遂に幕府は騒動の張本人佐々木定重の斬首に追いこまれたという。ところで全く同じ出来事について、僧兵がどのように感じていたかを示すのが、左の史料である。

剰於二次男定重一者、依レ為二下手一、且優二恕七社之神慮一、且為レ散二衆徒之鬱憤一、建久五《ママ》年春、引二向於七社之社壇一、於二愛智川原一被レ処二斬刑一訖(9)。　（『牒状類集』元徳二年七月状）

この二つの文を見比べるなら、両者は共に、定重の処罰こそが僧兵の意向を満たす、という認識に基づいている事が解る。そして、僧兵の意向の正しさを支えるのが山王七社の神威であるという点でも、共通している。『護国縁起』では、頼朝が定重を処罰した理由を「神威」を恐れた事に求めている。僧兵の主張でも日吉神の神威が、叡山仏教の正当性を保証する上で重要な役割を果たす事が説かれている。では、二つの史料が共に重視する「日吉」（山王）とはどのような神だろうか。

もともと日吉社は、『古事記』上巻に「大山咋神、亦の名は、山末之大主神、此の神は、近淡海国の日枝山に坐し、亦た葛野の松尾に坐して、鳴鏑を用つ神ぞ」[10]と述べられているように、比叡山の土地神（大山咋神）を祀った神社であった。後に大和国三輪神が勧請され、[11]以前の大山咋神を〈二宮〉、新しく勧請した三輪神を〈大宮〉と称し、共に〈日吉〉の名のもとに並祀する事となる。日吉社社家に伝わる伝承では、三輪神の勧請は天智朝の時代とされている。その実否を確認するのは容易ではないが、永保元年（一〇八一）二月の官宣旨案に三輪神勧請の記載の見られる事から、少なくとも一一世紀には、宮廷社会において日吉と三輪の同体説が共有の知識となっていた事が確認できる。[12]

九世紀に最澄が比叡山延暦寺を開いた後、山麓の日吉神社は延暦寺の鎮守神として扱われるようになっていく。天台仏教の立場から解釈されるようになった日吉神は、本地垂迹説を受容して、仏教風に〈山王権現〉と呼ばれるに到った。そこでは山王は仏教を体現する護法神として、学僧の仏道修行を助け、さらに僧兵の嗷訴をも守護する、と考えられたのである。叡山の人々が日吉神を重視するのには、このような背景があった。[13]

ところでその事は逆に、日吉神の性格の独自性形成に、大きく関与したのではないだろうか。各史料に登場する〈日吉〉という言葉は、日吉神の実体を指すのではない。各史料の当該の人々が、日吉をどのような神として捉えたかという〝神観念〟の表明なのである。「蟹は自らの甲羅に似せて穴を掘る」と言う。日吉の像には、彼らにとってのあるべき神の姿が投影されている事だろう。それはまた、〝彼らにとってのあるべき仏教〟を守護する神の姿でもある。

先述のように『護国縁起』では、仏教の権威を支える存在として、日吉神が大きな位置を占めていた。そしてその事は、叡山の僧兵の認識とも共通する事が確認された。両史料の共通性に着目するなら、僧兵の日吉神の像を『護国縁起』のそれから考えるのは、かなり妥当性があるように見える。その事はまた、〈僧兵にとっての仏教〉をも明らかにしていく事と思われる。

そこで以下、『護国縁起』の記述に従って日吉の神の姿を探っていきたい。

二　現世利益の神

『護国縁起』の中で日吉神に記述が及ぶのは、主として上巻である。本章では特に「日吉大比叡明神祭礼殊崇縁起勘文第三」の条の一連の記述に注目し[14]、それを三つに分け（(A)・(B)・(C)で表示）、一つずつの部分の解釈を通じて『護国縁起』の日吉神の姿を解明していきたいと考える。まず(A)の部分である。

(A)伝教大師当山開闢ノ始メ、先奉レル遭二大比叡明神一ニ。最初問二明神ノ本迹一ヲ。于レ時大神答云「吾此山王、日域冥神、陰陽不レ測、造化無レ為」云云。重問「本地何仏ソ」。明神答「(1)今此三界皆是我有、其中衆生悉是吾子」已上云云。測知ヌ、山王ハ尺迦以二ノ大願一故ニ、於二テ大日本国一現二ハレ大明神一ト、(2)右ノ経文其ノ誠証也。

（四一〇～四一一頁）

ここでは最澄（伝教大師）が日吉神（山王）と会見した、という伝説が述べられ、さらに日吉神が釈迦仏の垂迹であることが示される。そして注目されるのは、釈迦の性格が傍線部(1)で示されている事である。これは『法華経』譬喩品の中の、「全ての人々の父として救済を行う」という釈迦の決意表白の部分の引用である。

一切衆生は皆これ吾が子なるに、深く世の楽に著して恵心あること無し。三界は安き事無く、猶火宅の如し。衆苦は充満して甚だ怖畏すべく……今この三界は皆これわが有なり。その中の衆生は悉くこれ吾が子なり。しかも今、この処は諸の患難多く、唯われ一人のみ能く救護をなすなり。[15]

ここから、日吉が釈迦の垂迹であるという叙述は、具体的には日吉が、全ての人々を救済する慈悲の神であるという意味で捉えられている事が理解される。

またその事は傍線部(2)からも裏づけられる。この「右の経文」とは、(A)の直前に置かれた、次の二つの引用文[16]を指している。

『悲華経』云、

我レ滅度ノ後、於ニ末法ノ中一ニ、現ニレテ大明神一ト、広ク度ニヘシ衆生一ヲ已上。

『涅槃経』云、

汝勿ニ涕泣一、於ニ閻浮提一、或復遙生、現ニレ大明神一ト、或ハ復示シ現レルニ、設ニケヨ大祠祀一、於レ中不レラン悩サニ諸有情類一ヲ、因ニテ此ノ化道一ニ、無量ノ有情、令レムヘシ入ニ正道一ニ已上。（四一一頁）

(A)では、釈迦は「大願」の故に現世に出現したと説かれる。ところでその「大願」とは、例えば『悲華経』からの引用文中の「広く衆生を度」す、という事を指している。このように(A)の部分では、日吉神は釈迦の垂迹神として捉えられているが、その事は具体的には、釈迦の「人々を救う」という側面を日吉が継承する事を意味しているのである。

次に(B)の部分である。

(B)吾朝ニ雖ニ諸神多一ト、為ニタル本地尺迦一大神ハ唯限ニ日吉ノ大比叡明神一ニ也。而ニ今此ノ経文ノ中ニ云「設ニ大祠祀一、於レ中不レ悩ニ諸有情類一」云云。文意ハ、尺尊我レ滅後ニ可レシ現ニ大明神一ト、其時祭レハ我不レシト悩ニ衆生一ヲ誓約也。（四一一頁）

ここではまず、日吉神が釈迦の垂迹神として他の神と区別される事が説かれる。日本の諸神の中で本地が釈迦仏であるのは日吉神だけであり、特別な力を持つというのである。

『護国縁起』では随所に釈迦、あるいは仏教の持つ人知を超えた力が説かれている。二例を挙げる。

昔尺迦如来、以二仏法一付二属国王一言、「以二王威力一莫レ誡二比丘一、若以二比丘一如二獄囚法一、当レ知仏法将レ滅不レ久、仏法将レ滅時、鬼神乱レ国、風雨逆レ時、五穀不レ登」已上。　（四一四頁）

仏教が衰え滅びようとする時には、鬼神が国を乱し、気候が不順となって穀物が実らないというのだが、この記述は明らかに、『仁王経』の説に依拠している。

大王諸国土中有二無量鬼神一。一一復有二無量眷属一。若聞二是経一護二汝国土一。若国欲レ乱鬼神先乱、鬼神乱故即万人乱。[17]

（『仁王護国般若波羅密多経』）

天地国土亢陽炎火洞燃百草亢旱五穀不レ登、土地赫然万姓滅尽、如レ是変時、亦読二此経一。[18]

（『仁王般若波羅密多経』）

逆の見方をするなら、『仁王経』に説かれるような仏教の力によって、鬼神が国を守り、気候が整い、穀物が豊かに実る事が可能になるというのである。

また密教修法の熾盛光法に関して、次の記述が見られる。

此ノ法ヲ名二ク天地和合ノ之法一ト。陰陽方物、自二此ノ尊ノ身中一所二流出一也。衆生ノ禍福寿及国土ノ之安危盛衰、皆悉ク接在二セリ此中一ニ。一物トシテ而無二シ外物一ノ。凡此法ト者……能転二シテ八万種ノ之不吉祥之事一ヲ、能成二ス八万種ノ之吉祥之事一ヲ。　（四二五～四二六頁）

この、胎蔵五仏を本尊として行じる密教修法を用いれば、万物の根源を司ることによって、様々な出来事を好転させる事が可能になるという。左に出典を示す。

若有二苾芻苾芻尼族姓男族姓女一、受二持‐読‐誦此陀羅尼一者、能成二就八万種吉祥事一、能除二八万種不吉祥事一。(19)

（『仏説熾盛光大威徳消災吉祥陀羅尼経』）

以上のように(B)では、『仁王経』や密教経典の引用を通じて、まず仏教の救済力の強さを説く。そして仏教による救済とは具体的には、〈気候が整う〉〈穀物が実る〉〈寿命が伸びる〉という事を指している。さらに(B)では、既出の『涅槃経』からの引用を示すことで、釈迦が〈人々の祭祀に応じて彼らの苦悩を救う〉という誓約を立てた事が説かれている。

(A)の部分では日吉は、〈人々を救う〉という性格で捉えられた。(B)の部分ではより実際的に、救済は人々の「祭」に応じて施される事が説かれる。さらに救済の内容については、具体的に〈気候が整う〉〈穀物が実る〉〈寿命が伸びる〉といった事が挙げられており、決して〈悟りを得る〉〈成仏する〉という形で示されてはいない事が、注目されるのである。

三　崇る神

以上を踏まえて、(C)の検討に移りたい。

(C)爰知ヌ、不レシテ祭而有二ハ不信ノ者一成レ崇ヲ、有二テ敬信ノ者一祭レハ之人民安穏シテ而国土可二ト豊饒一云也。彼崇神天皇御宇神告云、「若敬二祭我一者必当自平」云云。

（四一一頁）

まずここでは日吉神について、人々の「敬信」や「祭」に対して「国土豊饒」、つまり人々に豊かな生活をもたらす神である事を説く。しかしそれだけではない。日吉は同時に「不信」の者に対しては「崇」を成す神であると指摘されている。

確かに今まで引用した仏典の中にも、それに類する記述は見られた。例えば、『仁王経』に依拠した記述では、国王が僧侶を軽んじ仏教が滅びるようならば、国土に災厄のもたらされる事が説かれていた。しかしその場合、国が乱れるのは鬼神の働きを阻止できない結果であって、釈迦が主体的に罰を与えるのではない。その点で「祟を成す」という表現とは一致しない。

おおよそ仏教経典自体が、仏や仏教に現世の乱れを正す機能が有る事は説くものの、積極的に現実世界で「不信」者に罰を与える機能を持つ事を説くのは、有り得ないように思われる。それでは日吉の「祟を成す」という性格は、どこに由来するのであろうか。

実はその答は、(C)の最後の文から得られる。そこでは第十代崇神天皇の時代に「神」が告げた言葉として、「もし私を祭ったならば、必ず平和がもたらされるであろう」（取意）という一文が挙げられているが、出典は『日本書紀』崇神天皇七年の記事である。ちょうど、流行病の蔓延に悩む天皇に対して託宣が下ったという場面である。

是時、神明憑二倭迹々日百襲姫命一曰、天皇、何憂二国之不一レ治也。若能敬二祭我一者、必当自平矣。[20]

（『日本書紀』巻五）

そして記事は次のように続く。

天皇問曰、教レ如レ此者誰神也。答曰、我是倭国域内所居神、名為二大物主神一。[21]

右の二つの文は『護国縁起』においても、(A)・(B)・(C)の一連の記述の前に、「日本紀第五云」として引用されている。従って『護国縁起』の作者にとって、祟を成すという日吉神の性格は、『日本書紀』の大物主神の性格に由来するものとして捉えられていた事が明らかである。それでは大物主神とはどのような神か。『護国縁起』はさらに『日本書紀』を引用し説明している。

是ノ夜ノ夢ニ有二一ノ貴人一、対ヨ立テ殿戸一、自称二大物主神一ト曰ク「天皇勿ミレ復為レコト愁二ト国ノ之不レコト治ラ、是吾カ意ロ也、若シ以二吾カ児大田田根子一令レ祭レラ吾ヲ者則チ立二平ケン矣」。

（四〇九～四一〇頁）

崇神天皇の夢に再び大物主神が現れて、自分の子の大田田根子に自分を祭らせれば、天下はたちどころに平和になる、国も治まる、と託宣したというのだが、ここで注目されるのは、疫病の流行や国の乱れは「吾意」、つまり大物主神の神意であったという事である。大物主とは自分を祭らせるために人々を苦しめる、即ち祟を成す神として捉えられているのである。そして、大物主神を子の大田田根子に祭らせた結果について、『日本書紀』は次のように記している。

於レ是、疫病始息、国内漸謐。五穀既成、百姓饒之。[22]

（『日本書紀』巻五）

大物主神を祭った結果、穀物が実り、人々が豊かに暮らすようになったというのである。

既に(B)までの部分で日吉神は、人間の祭祀に対して〈気候を整える〉〈穀物が豊かに実る〉という形での利益を与える神として捉えられていた。さらに(C)の部分では、「敬信」しない者に対して祟る神という性格が付加されたが、それは『日本書紀』大物主神の性格に由来した。そして大物主の性格は、(B)までで説かれた日吉神の性格と抵触するものではない。『日本書紀』の大物主も(B)までで説かれた日吉神と同様に、人間の祭祀を要求し、それに対して「五穀既成」という現世利益で報いる存在なのである。ここから『護国縁起』の日吉神は、釈迦の垂迹神として種々の仏教経典により装飾されているものの、実体は『日本書紀』に登場する大物主神の延長線上で性格づけられている事が言えよう。

四　三輪神から日吉神へ

『日本書紀』では大物主神は、大和国三輪山に鎮座し、三輪明神と呼ばれたという。『護国縁起』ではこの三輪神について、さらに説明を加えている。

『古語拾遺』云、然シテ後素盞嗚ノ神娶テ国神女ニ生ニシム大己貴神一ヲ、遂ニ就ニテ於根一ノ国矣。大己貴神一ニハ名ニク大物主神一、一ハ名ニ大国主神一、一ハ名ニ大国魂神一ト者、大和国城上ノ郡大三輪ノ神是也云云。与ニト少彦名神一共ニ戮レセ力ヲ一レニシテ心経ヨ営ム天ノ下一ヲ、為ニニ蒼生一蓄産定ニ療病之方一ヲ。又為レメ攘ニハンカ鳥獣ノ昆虫之ノ災一、定ニム禁厭之法一ヲ。百姓至レ今咸ク蒙ニル恩頼一ヲ、皆ナ効験也已上。（四〇九頁）

ここでは三輪神は、スサノヲの子の大国主の別名であることが指摘されている。出雲神話に登場する大国主は、天孫降臨以前の日本で、少彦名神と協力し国土を開拓した神として知られている。彼らの所謂「天下経営」は、支配というより民生に重点があった。その内容は医療・鳥獣虫害の駆除といった実際に人々の生活を豊かにしていく方向性を持っており、今に到るまで人々はその恩恵を蒙っていると説かれている。現実に人々の生活を向上させるという点で、このような大国主の性格は三輪・日吉と連続している。『護国縁起』では記述を続け、三者の関係について言及する。

謹シテ案ニ紀ノ心一云、大己貴神ト者吾朝ノ主也。出雲ノ大社、大和国ノ三輪ノ明神也。国ノ中ニ比叡山円宗ノ之仏法ノ待ニテ東漸スル之期一、今マ日吉ノ大比叡ノ明神ト顕レ御マス。（四〇九頁）

出雲大社の大己貴、即ち大国主が、大和の三輪を経て、仏法の広まる時期に当たり日吉として出現したというのだが、その際に注意したいのは、大国主が「吾朝主」と呼ばれている事である。それについて『護国縁起』の解釈は次のようである。

謹案ヨ勘旧記一云、伊弉諾・伊弉冉ノ二柱ノ神生ニム四神一ヲ。奉レコト授ニ天下政一如レ此。夫素戔嗚尊者吾朝ノ主也。素戔嗚尊以ニ吾朝ノ主一ヲ譲ニ大己貴神一ニ。而天照大神、凡請ニ大己貴神一奉レ下ニ天ノ孫一為ニ百王ノ元祖一ト矣。大己貴神者今ノ日吉ノ大比叡ノ明神是也。（四一二頁）

イザナギ・イザナミから日本の支配を任されたのはスサノヲである。スサノヲは日本の支配権を大国主に譲った。従って天孫降臨以前の日本は大国主の支配下にあり、天孫降臨以降の天皇家は、大国主に日本を譲られたに過ぎないと言うのである。ここでは日本の本来の支配権は、大国主が把握していた事が述べられている。

日吉が三輪と結びつけられた事で、〈人々の祭祀に対して現実的な利益で報いる神〉として捉えられるようになった事は既に述べた。ここでは更に、日吉を大国主と結びつける事で、その〈人々に利益を与える神〉こそが本来的な「吾朝の主」であるという主張の生まれた事が指摘できる。

第一節で述べたように、実際は『護国縁起』の成立以前にも、日吉と三輪の同体説は人々に知られていた。さらに日吉社が延暦寺の傘下に入っていく過程で、釈迦と日吉の同体説（本地垂迹説）が成立し、世間に流布していた。しかし『護国縁起』は、それらを前提とした上で、日吉の姿を捉え直したのである。

釈迦の垂迹であること、三輪と同体であることは、『護国縁起』では具体的に、人々の祭りに応じて現実的な利益を与える神であることとして解釈された。さらに三輪と大国主の同体説を吸収することで、『護国縁起』では日吉神を「吾朝主」と捉えた。これらの点に、『護国縁起』の独自性がある。(23)

出雲神話における大国主は、天照の「日本は私の子孫の治める国だ」という一方的な通告によって追放される。しかし『護国縁起』の作者にとって、天照の子孫の支配は、何の正当性もない単なるドグマに過ぎなかったのではないか。彼にとっての神とは、先祖の功績によって敬信をうける存在などでは有り得なかった。彼にとっての神は、時に「祟を成す」としても「力を勠せ」「心を一にして」国土を開拓する存在、そして何より、人知を超えた力によって人々の生活を豊かにする存在であった。さらに日本は、その「神」によってこそ治められるべき地として考えられていたのである(24)。

仏教の陰に隠れつつも、大国主から三輪の神へ、三輪の神から日吉の神へと受け継がれたのは、そのような神と日本の姿に対する信念であった。中世の叡山の片隅で、〈慈悲を施す〉〈人々を救う〉という仏教理念を受容した所に生みだされたのは、まさにこの、神と日本に対する信念であったと言えるのではないだろうか。

おわりに

建久二年の嗷訴から約三十年後、叡山を統率する天台座主が、日吉の祟について一文を記した。僧兵の嗷訴を迫害する事が、どれほど日吉の怒りを招くか。記述は一一世紀末の関白藤原師通の死について、それが日吉の祟によると断じ、さらに奇怪な話を紹介している。

仁源理智房ノ座主トイフハ兄弟ナリ。大峯ナドトホリテ世ニシルシアル者ナレバイノラレケルニ、イデヤメミセントテ、ヨリマシガフトコロヨリクロ血ヲフタ〳〵ト取出シタリケレバ、アラタナルコトニテヲソレヲナシテ後ハ、理智房ノ座主モ祈ラレズナリテ、遂ニウセ給ヒニケリトゾ申伝ヘタル(25)。

（『愚管抄』巻四）

当時天台座主であった仁源は、関白師通の弟であった。祈禱の力に秀れていたため兄の為に祈ったところ、よりましに日吉神が憑依し、「（師通の攻撃のために僧兵たちが受けた）矢の跡を御目にかけよう」と言って懐から血を出してみせた。仁源は怖れをなし、祈禱をやめてしまった。助けを失った師通は空しく亡くなった、という。

言うまでもなく、『愚管抄』の著者慈円は九条兼実の弟である。建久二年の嗷訴で、兼実を中心とする朝廷が何故あれほど僧兵を恐れたのか、推して知るべきであろう。鎌倉時代の朝廷において、日吉の神威はまず「祟」の点で認識されていたのである。

さらにそれは、単なる祟に止まらない可能性を持っていた。鎌倉時代を通じて『日本書紀』の知識が広まるにつれて、三輪神を、天皇家が支配を行う上で不可避の存在と捉える見方が定着していったであろう事は、充分に想像し得る[26]。記紀神話的世界観に天皇の支配の正当性を求める事は、同時に、三輪神を手厚く祀る事を必然としたであろう。そうであるなら大物主神（三輪及び日吉の祭神）の神輿を担いだ僧兵は、受肉した祟り神であると共に、天皇の治国の正当性を問い質す存在としても捉えられるようになっていったのではないだろうか。

そして支配の正当性に対する問いかけは、決して外部にのみ向けられたものでは無かったようである。叡山では院政期の頃から、貴族の子弟が門跡寺院を形成し、一山の支配層として君臨していたが、鎌倉末から南北朝期にかけて、勢力を蓄えた下級の僧侶により、従来の支配秩序は大きく動揺する[27]。例えば康永四年（一三四五）の天龍寺供養勅願をめぐる嗷訴では、僧兵たちは自己の意向に適わない座主・門跡の行動に対して、激しい憤りを表明している。

右天龍寺勅願停廃事、為二一山之大訴一三千欝陶上者、門主貫長代二衆徒一而可レ被レ廻二愁訴入眼之計略一之処、悉御二在坂本一之条、御要何事哉、若輩殊所二憤中一也[28]、　（八月三日政所集会議）

座主・門跡の権威も、僧兵の前にはもはや通用しないかのようであった。この約二十年後に起きた、南禅寺楼門破却をめぐる「応安の嗷訴」の時に、僧兵たちは、幕府の意向を稟け彼らを懐柔しようとした青蓮院・三千院を山上より追い出したという。[29]二人の門跡が叡山最高の貴族である点を考えるなら、この時点で僧兵は、叡山を完全に掌握したと言える。そしてその事は、〈仏教〉の名によって成されたのである。

僧兵は康永四年の嗷訴において、自らの立場を「仏法棟梁」[30]と規定し、自己の行為を「非を以て理を屈す」[31]と性格づけた。さらに応安元年（一三六八）八月、室町幕府と朝廷を相手に、僧兵は神輿入洛を企てる。上洛を前にして日吉社で行われた集会の決議は全部で三十一箇条よりなるが、その第十六条は「日本一州は山王の領地なり、公家武家帰敬の首を傾けらるべき事」と題されていた。[32]条文中には天照の夢告として、「日本国を以て日吉に譲り奉る」の文言も見られる。言うまでもなく天照は、天皇の支配の正当性を保証する神である。そこから第十六条は、〈日吉は支配の正当性を体現する神〉という主張と解釈される。僧兵はついに、日吉という祟り神—逆に祭る者には利益を与える神—こそが、日本を治める正当性を持つことを、〈叡山全体〉の意志として、公式に表明するに到ったのである。

『護国縁起』に見られる〈支配の正当性を持つ祟り神〉が、こうして歴史の表面に登場した。僧兵にとっての〈仏教〉とは、この〝日吉神〟が示す理念を指していたのではないだろうか。それこそが、朝廷に対する恫喝と鎮護国家の溝を埋め得る。鎌倉中期の叡山に典型的な姿を現した〈仏教〉は、南北朝期に到って、社会の中に地歩を占めたと考えられるのである。[33]

最後に一言付け加えておきたい。述べてきたように日吉神は、『日本書紀』の三輪神と多くの点で同質である。それでは日吉は、古代の三輪そのものの復活なのだろうか。

私はそうは思わない。古代の三輪は大田田根子によって祀られたように、特定の血族集団の氏族神という性格を色濃く持っている。それに対して『護国縁起』の、また僧兵の日吉は、ある〈理念〉を共有する集団を守護し、血縁と関わりなくその集団成員の祭祀を受ける存在である。後者の性格は、仏教の平等思想（例えば、全ての人の父として遍く慈悲を施す釈迦の姿に表れる）によって、氏族制の理念を打ち破った所に生じた、と考えられる。その意味で僧兵の奉じた日吉は、既存の秩序の崩壊の中で、古来の神観念が仏教思想を受容した所に生まれた、すぐれて同時代的な観念であったと考えられるのである。

註

（1）本章では、寺院大衆《だいしゅ》の武装した者程度の意味で「僧兵」の語を用いた。先行研究としては日置昌一『日本僧兵研究』（平凡社、一九三四年）、勝野隆信『僧兵』〈日本歴史新書〉（至文堂、一九五五年）などがあり、適宜参照した。

（2）覚一本『平家物語』巻一願立における白河法皇の台詞より取意。『平家物語（上）』〈日本古典文学大系32〉（岩波書店、一九五九年）一二九頁。

（3）『大日本史料』四―三、四九四頁。

（4）同前、四九四頁。

（5）同前、五〇四頁。

（6）『玉葉』四月二十六日条に「此間守護武士頗及二闘諍一、相互有二小刃傷一云々、然而深加二制止一、不レ及二殊大事一歟」の記事が見られる（同前、四九四頁）。

（7）管見の限り、以下の諸本が現存する。

①叡山文庫戒光院蔵本A（内・９・３８・８４４）
②叡山文庫戒光院蔵本B（内・９・１１４・１２３５）
③叡山文庫明徳院蔵本A（内・９・７２・７０５）
④叡山文庫明徳院蔵本B（内・９・１２５・７０５）
⑤叡山文庫池田蔵本（内・９・８４・１７４４）
⑥叡山文庫無動寺蔵本（内・３３・１０・９６１）

⑦叡山文庫双厳院蔵本（内・9・129・3327）
⑧三千院円融蔵本A（第一箱・領・山門記6）
⑨三千院円融蔵本B（第一箱・領・山門記9）
⑩天王寺福田蔵本（定57）

巻頭書名は、⑧（外題「比叡山護国縁起」のみ）を除き、他は全て「比叡山延暦寺護国縁起略録」である。基本となる識語は「元亨三年卯月日於無動寺松林房以東塔西谷行遍本書写了　法印豪海在判」で、多少の字句の異同はあるが、⑧を除く全本の上巻末と①②③⑦本の中巻末に見られる。①②③⑦下巻奥書は「元亨三年～」に続いて「天保十四年癸卯以明徳院蔵本令書写了　原本誤字不少後日得善本正之叡岳大乗院苾芻亮譲記　天保十五年甲辰十二月私一校并加点傍書誤字、猶有疑字難諳推者更期後来校正、訓点亦忽卒下筆耳　遮那業苾芻無障金剛亮譲識」の記事がある。さらに②は別筆で「八十八枚写字／筆工料弐円弐拾銭／美濃紙代弐拾六銭／合計弐円四拾六銭（「清水」の印）」、③は朱筆で「天保甲辰晩冬以私校本令清書了、爾宮変官、師成仏、写誤不少更以朱筆加再校了、偏為令法久住也、于時弘化第二歳次乙巳十二月二十六宿土曜金剛峯日謹記之／叡岳遍照無障金剛苾芻亮譲四十四載」、と追記されている。④本下巻奥書は「右一本者／以凌雲院大僧正実観本山真如蔵之本写記／（以下別筆）安永六丁酉年十一月以右御本令書写之了／求法沙門恵航蔵」である。⑤本下巻奥書は「御本云文安四年丁卯六月十七日／於武州児玉郡金鑚宮大光普照寺一乗院／談所居住之間、賜小浜普門寺源叡法印御本／書写畢、右写本者金鑚第六番住持法印討運／御自筆也、御本急用之由被仰之間、先以草案仕候、／以後者以吉新紙可鈔之者也／天台沙門大弐智叡／正永（永正カ）五年戊辰小春日／於上野州群馬郡府中西林山唱楽寺浄土院／第六番住持法印祐運、自大光普照寺恵儼法印／賜御本書写畢、御本者法印智叡之御自筆／也、写本依名筆自分悪筆之故憑能筆所、資／無力弥々悪筆写計、無情次第也、一見畢中々自身書／何者是程悪筆ニハ不可有者、而ト嘆計也、呵々／祐運／下野小山之住学琳家定珍廿五才於常州逢善寺／一見畢／旦那土岐大膳大夫治英公大徳（マヽ）二年戊午八月四日／万治二年己亥七月廿日以慈眼大師御本書之畢／江州栗田郡観音寺舜興蔵／（以下別筆）安政第五戊午年九月以正教坊般若蔵中之御本命筆生令書写了　潤恵」とある。⑥⑩本下巻奥書は⑤本の「文安四年～討運御自筆也」に続いて「文政七年甲申十二月上旬日、以当院蔵文安四年六月／書写之、古本為令法久住書写之者也／台嶺正覚院

執行採題僧正沙門豪実記之」とある。⑨本下巻は奥書なし。⑧本は上巻のみ現存し、諸本共通の巻末「～右大臣良平」に続けて「古老旧記云」以下、さらに延慶三年の伏見上皇院宣・山門申状、を載せる。奥書は「正和五年卯月廿一日於山門西塔院西谷南尾法身房／峯僧正春雅書之畢」。

なお渋谷亮泰編『天台書籍綜合目録』下巻（法蔵館、一九七八年）一〇七七頁には、⑥⑧⑨の三本（識語は抄出）、及び『大日本仏教全書』『続群書類従』の両活字本の底本となった本（識語は元亨三年・文安四年）を載せる。活字本はいずれも誤脱が激しいため、本章では⑨本を底本とし、便宜的に仏書刊行会編『大日本仏教全書』一二六巻の該当頁数を表示する。

（8）『護国縁起』の成立年代について、『群書解題』では記事の下限が文暦二年（一二三五）、成立が元亨三年（一三二三）以前であることから、鎌倉時代中期を想定している。それに対して成立を南北朝頃まで下げる考えもあり、例えば慈遍の『密法相承審論要抄』に『護国縁起』と共通する記事が度々引かれるにも拘らず『護国縁起』の書名が見られないことから「慈遍が本書を著した頃には、『護国縁起』はいまだ纏められておらず、個々の項目が単独で行われている状態だったのではなかろうか」という推測が水上文義「慈遍撰『密法相承審論要抄』について」（『叡山学院研究紀要』一二、一九八九年）に見られる。慈遍の生年を一二九〇年頃と考える（鎌田元雄「兼好の周辺」『文学』三〇―一〇、一九六二年）ならば、当然『護国縁起』の成立も南北朝期前後となるだろう。しかし、前註（7）の⑧本は上巻奥書によれば、鎌倉時代末の正和五年（一三一六）には成立していたとある。また『護国縁起』の内容は、より早い成立時期が想定可能である。一方成立・伝授についてどこまで慈遍が知り得たかにも疑問が残る。慈遍と記家（自己の流派内で秘伝を相承、『護国縁起』の製作主体といわれる）の、今後の関係解明に委ねたい。

（9）『牒状類集』（叡山文庫真如蔵写本）一〇丁裏～一一丁表。

（10）『古事記・祝詞』〈日本古典文学大系1〉（岩波書店、一九五八年）一一一頁。

（11）三輪神勧請の事情については、岡田精司「日吉神社と天智朝大津宮」（横田健一先生古希記念会編『日本書紀研究』一六、塙書房、一九八七年）参照。

（12）この点に関しては、佐藤眞人「伝大江匡房撰『扶桑名月集』について」（『神道宗教』一一八、一九八五年）参照。

(13) 平安時代の座主良源の頃から、ともすれば派閥的活動に傾きがちな叡山僧の精神的結束を図るため、日吉神信仰の強化された事が指摘されている。佐藤眞人「山王信仰の発展に関する一考察」(『大倉山論集』二一、一九八七年)。

(14) この一連の記述に注目した論に、山本ひろ子「神輿振り」(『G／S』四、一九八六年)の第一章がある。分析の視点は異なるが、本章第三節までがほぼ重なる。

(15) 『大正新修大蔵経』九、一四頁。原漢文を坂本幸男・岩本裕訳注『法華経』上(岩波書店、一九七六年改版)一九八頁に従い書き下しに改める。

(16) この二つの引用文が共に平安から鎌倉期にかけての偽作である事、またその成立事情等に関しては、三崎良周「神仏習合思想と悲華経」(『印度学仏教学研究』九―一、一九六一年、後に『密教と神祇思想』に再録)、今堀太逸「中世の神祇信仰と専修念仏」(『仏教史学研究』二一―二、一九七八年、後に『神祇信仰の展開と仏教』に再録)参照。

(17) 『大正新修大蔵経』八、八四〇頁。

(18) 同前、八三二頁。

(19) 『大正新修大蔵経』一九、三三八頁。

(20) 『日本書紀(上)』〈日本古典文学大系67〉(岩波書店、一九六七年)一三九頁。

(21) 同前、一三九頁。

(22) 同前、一四一頁。『護国縁起』では、この文は中略されている。

(23) 『信西日本紀鈔』(平安末期成立)には大己貴神について「是ハ、アシ原中国ノ本ノ主也」の記述が見られる。中村啓信『信西日本紀鈔とその研究』(高科書店、一九九〇年)一七五頁。

(24) 中世に天照大神の正統性を相対化する教説が存在したことについては、多くの指摘が存在する。新田一郎「虚言ヲ仰ラル丶神」(『列島の文化史』六、一九八九年)が紹介した『倭朝論鈔』の記事、等参照。

(25) 『愚管抄』〈新訂増補国史大系19〉(吉川弘文館、一九六四年)一二〇頁。

(26) 鎌倉時代の朝廷で、書紀の注釈が歌学・中世神道と関わりつつ広がりを見せていた事については、伊藤正義「中世日本紀

の輪郭」（『文学』四〇―一〇、一九七二年）参照。
(27) 以下二つの嗷訴については、辻善之助『日本仏教史』四〈中世編之三〉（岩波書店、一九四九年）所収の関係論考に詳しい。叡山に攻撃された禅宗側の実態は、原田正俊「放下僧・暮露にみる中世禅宗と民衆」（『ヒストリア』一二九、一九九〇年）により解明が進められている。
(28) 『大日本史料』六―九、一九三頁。
(29) 『後愚昧記』応安二年四月七日条（『大日本史料』六―三〇、四一六頁）。
(30) 『山門訴申』七月四日政所集会議（『大日本史料』六―九、一二四頁）。
(31) 『山門訴申』八月三日告申衆徒御中（『大日本史料』六―九、一九八頁）。
(32) 第十六条は『大日本史料』六―三〇、二二頁。
(33) このような、時によって罰や利益を与える神観念が、実際に中世寺院を支えるイデオロギーと成り得た事情については、佐藤弘夫『日本中世の国家と仏教』（吉川弘文館、一九八七年）一三頁以下参照。

第二章　叡山大衆の相依論

――戒家と記家の思想から――

はじめに

鎌倉時代も末期を迎えた元徳二年（一三三〇）、後醍醐天皇の叡山行幸が行われた。当時の叡山は大衆《だいしゅ》の多くが僧兵化し、強大な兵力を持つに到っていた。天皇の行幸の目的も、来る鎌倉幕府との戦いに備えて、彼らの助勢を得る事にあったのである。行幸の様子を記した『日吉社并叡山行幸記』（以下『行幸記』）には、そのような山内の様子について、次の批判が載せられている。(1)

山門の衰微は偏起二門主貫長之不諠一。其故如何者、諸門跡領は悉是山王依怙也。而恣充二行房人俗徒一兮、不レ顧二本房之顛倒一、徒立二飼飛牛俊馬一兮、不レ歎二講行之陵遅一、適雖レ充二行山中之輩一、賞二翫猛勢稚物之衆徒一、不レ学二稽古鑚仰之禅侶一。(2)

『行幸記』の記述は明確に、僧兵の強大化を「山門の衰微」と指摘した。そしてその責任を、座主を始めとする諸門跡たちに帰している。

叡山の貴族化が顕著になったのは、平安時代に、一山の中興者として名高い良源が、自己の後継者に摂関家出身の尋禅を宛てた頃からであろうか。(3) 叡山は本来は、学問・修行に秀れた人物を座主とする自治機構を備えていた。しかしやがて、皇族・摂関家の子弟を対象とする寺院内の貴族＝門跡、が成立した。権勢家の子弟を門跡とし、それによって体制とのつながりを強め荘園や利権を確保することで、叡山は中世を生き抜いてきたのである。

けれどもその事はまた、山内に世俗の関係を持ち込むことでもあった。各門跡は自己の権益を守るために、本来は「山王依怙」、つまり叡山全体の公的な領地を、配下となる僧兵の有力者に私的に与え、利権をめぐる争いに明け暮れて学問などには目を向けない有様であった。その結果、勢力を蓄えた大衆たちは、次第に独自の権力を獲得していったのである。

猛勢をこのむ衆徒は、仏法のあだとなるをもしらず、人法興隆と名づけて、不善の輩をあつめをくゆへに、悪行もことに繁く侍るにや。(4)（『行幸記』）

彼らはしばしば徒党を組み、自己の要求を掲げ山内の各所を占拠し、示威行動を行った（閉籠）。彼らの、自己の勢力を誇示する姿は、既存の秩序を良しとする人々の側からは、「異形」の者として扱われている。

すべて閉籠衆のやうをとれば、おもてには覆面をたれて、目ばかりあなをあけつくり、こゑけうとげにて、態と異形なるけしき、さらに此世の人をみる心地もせず。(5)（『行幸記』）

このような大衆層の勢力拡大・自己主張は、世俗の権力者にとっても好ましい状況ではなかった。けれども、内実がそうだからといって、叡山の権威が失われた訳ではなかったのである。叡山僧の行為は、依然として伝統の重さを担って、周囲の人々を威圧した。後醍醐の行幸から約四十年後の応安元年（一三六八）、僧兵たちの嗷訴を弾圧しようとする室町幕府に対して、前関白近衛道嗣は、次のような感想を日記に記している。

……「所詮山門嗷訴無二其謂一上者、雖レ奉レ振二神輿一、不レ可レ有二傾動之儀一。任レ法可レ有二沙汰一」之由武家已仰切云々。且此子細執二達公家一云々。此成敗尤可レ有二猶預一事歟。山門訴訟宥沙汰、古来之儀、毎度之事歟。今度武

家沙汰之趣、不レ被二甘心一。可恐々々。(6)

「法に任」せた処分を要求する幕府に対して道嗣は、山門の訴えが宥されるのは「古来之儀」であると反論する。そして事件が結局は、叡山側の要求する南禅寺の楼門破却で終わった事にも見られるように、道嗣の言う「古来之儀」はそれなりの力を持って、叡山僧の行為を支持したのである。

しかし一方では、叡山内部の変化は押し止めようもなく表面化してきていた。康永四年（一三四五）の天龍寺供養勅願をめぐる嗷訴では、僧兵たちは座主・門跡に対して、激しい憤懣を突きつけた。座主・門跡の存在までは否定しないとしても、叡山内で大衆は、自らの意向に反する座主らの行為に対し、たちまち非難を行うまで勢力を伸ばしていた。二十三年後の南禅寺楼門破却事件では、青蓮院・三千院といった宮門跡は、僧兵に敵対する幕府の側に立った結果、山上から追い出される始末であったという（第一章参照）。権力者側から見れば「山門衰微」であるが、実態に即して言うなら支配秩序の混乱とでも言うべきか。近衛道嗣の言う「古来之儀」が叡山の権威を保ち続けてはいるものの、叡山内部ではその〈伝統に支えられた秩序〉は、音を立てて崩れ始めていたのである。

それでは、事態を眼のあたりにしていた叡山僧たちは、その伝統的秩序の崩壊に対してどのような反応を見せたのだろうか。

一　『渓嵐拾葉集』成立の背景

少しく時代は下るが、安永四年（一七七五）に叡山から老中田沼意次に提出された覚書には、次の記述が見られる。

本山五箇ノ別処ノ事昔満山皆籠山持戒人ナレトモ、中古已来祖法衰微シテ、満山ノ大衆甚シクハ戦闘ノ事ニノミ日ヲ過セリ。故ニ有レ志者黒谷・神宮寺・神蔵寺ニ引籠リテ如ニ祖法一行タリ。故ニ黒谷ニハ叡空・源空等師住居シ、神宮寺・神蔵寺ニハ皇（興カ）円等住居セリ。(7)

一山の世俗化によって、既存の寺は修行の場としての機能を失った。そのため学問修行を志す僧は、新たな修行地（別所）に集い、「祖法」の復興を志したという。祖法の復興とは具体的には「籠山・持戒」と記されるように、最澄以来の円戒の復興として捉えられた。

日本天台宗の開祖最澄が、従前の南都の戒壇に対して彼独自の立場から大乗戒壇の創設を提唱し、そのために一生を捧げた事は広く知られている。最澄の戒は鑑真以来の戒律と異なり、具足戒を認めない点に特徴があり、円戒と呼ばれた。大乗戒壇で円戒を授けられる事は、具体的には十二年間の籠山を意味していた。

誠願、両業出家、永廻ニ小乗儀一、固為ニ大乗儀一、依ニ法華経制一不レ交ニ小律儀一、毎年春三月、先帝国忌日、於ニ比叡山一、与ニ清浄出家一為ニ菩薩沙弥一、授ニ菩薩大戒一、亦為ニ菩薩僧一、即便令ニ住山修学一一十二年、為ニ国家衛一福ニ利群生一。(8)

（最澄『請立大乗戒表』）

ここには「菩薩大戒」（円戒）を受け、十二年間比叡山に籠って修行・学問を行い、その結果として国家有用の人材を育成し、人々の救済を目指す事、が説かれている。先の史料の叡空・源空・興円等が復活した「祖法」とは、本来このような性格を持つ戒律だった。

黒谷の叡空・源空の師弟による戒律復興は、やがて源空（＝法然）が専修念仏を唱え、叡山の迫害を受けたことにより頓挫する。その後を承けて円戒の復興を行ったのが、既に名前の挙がった興円と、その弟子の円観である。彼らの属す流派は釈迦以来の菩薩戒の相承を標榜し、一般に「戒家」(9)と呼ばれていた。

延慶三年（一三一〇）、円戒復興の第一歩として十二年の籠山を始めるに当たっての興円の決意は、次のような言葉で綴られていた。

興円、依二重レ法軽レ生之志一、……契二一十二年一居二当谷練若一、是則預二上人加被一、為二化道一継二来際一。所謂上人是戒法相承師範、真言伝授大阿闍梨、両宗奥義重重秘法更無二残処一瓶如レ瀉レ水。倩思二厚恩一、縦捨二恒沙身一、何奉レ報二此恩一。仍為レ弘二師々相承之戒法一、欲下調二円頓戒之律儀一、護中大乗寺法式上。(10)

（『興円起請文』）

興円にとって円戒復興は、まず師恵顗の法恩に報いるためのものであり、さらに「師々相承」の法を弘める事でもある、と記される。だが実情は大きく異なり、興円の籠山・戒法再興は、己の分際を知らぬ行為としてかなりの反発を浴び、師恵顗も表立って興円を援助できる状態ではなかったらしい(11)。興円の言葉はそうであるならば、それでも戒の再興にかける決意と師への申し訳を読み取るべきであろう。

一方、彼の弟子円観は、より勇ましく円戒復興の意義を語っている。彼は晩年の自伝である『閻浮受生大幸記』の中で、当時の叡山の有様を、「房主と云い同法と云う、更に勧学の志無く偏に兵法を専にす」（「叡岳入身大幸」の項）と自らの体験に即して語っているが、これは冒頭の『行幸記』の記述を、同時代の叡山内部から裏づけるものである。そのような山内で円戒を復興する事の意義については、次のように記された。

数百歳ノ中絶ノ戒法ノ之威儀、興レスニ之ヲ一山無二異議(ママ)二三千同心畢ンヌ。利生方便得レ機ヲ、興法弘宣ノ時至ル者カ歟。物シテ雖レ為ニリト和尚之御発願一、別シテ又タ起レ自ニリ恵鎮カ愚願一畢ンヌ。(12)

「恵鎮」とは円観の房号である。文中、前述の状況に反して「一山異議無く三千同心し畢ぬ」と述べられ、その上で「興円の発願とはいえども、特に」と言うのは、そうであるなら円観自身のより積極的な気持ちを表す、と考えるべきだろう。そしてその目的は「利生」「興法」等の語で表わされたのであった。

興円・円観の師弟による円戒復興は以上のように、周囲の困難な状況に伍していく決意に満ちており、そして表現としては、最澄の大乗戒壇以来の「利益衆生」を目指すものと確認できる。同時代の山内秩序の崩壊に対して、彼ら戒家の人々は「祖法」を復興することにより、再び利益衆生の主体という寺院の機能を取り戻そうとしたのである。

ところで、そうであるなら彼らにとって、戒律復興と「利益衆生」とは具体的に、どのような関連を持つものとして考えられたのだろうか。以下、二つの事実に注目してみたい。一つは『伝信和尚伝』の伝える、次の記事である。

成乗坊阿闍梨証署事

此ノ阿闍梨ハ者、独リ為二山門記録之正流一。兼テ伝二フ遮那止観之奥枢一ヲ。而モ列二リ和尚之門弟一ニ、加二フ発願ノ之連署一ヲ。彼ノ詞ニ云ク、

三聖出世ノ御素意ハ、偏ニ灌頂ト与二大乗戒一守二護スル之一ヲ故也。雖レトモ為二タリト非器ノ之微質一為二戒法伝持一外ハ将ニ不レ顧二謗難一ヲ加署スルノミ而已。

延慶二年己酉三月十五日　義源　判(13)

記事の中心は、神蔵寺における円戒復興に際して成乗坊義源という学僧が大いに賛同の意を表し、興円の弟子に列なったという事である。ところでこの義源は、文中にも「山門記録之正流」とあるように、鎌倉初期の顕真を祖と仰ぐ梶井流記家の重要人物であった。

この流派、即ち記家の性格については、硲慈弘の研究が知られる。硲は、室町時代の梶井流記家の相承をまとめた『九院仏閣抄』の記述に基づき、彼らが記録という行為を行った意図を論じている。

比叡山の記録を闡明し、専心その事に処するのは、究竟する所その三宝を住持し、和光垂迹の応化にあづかり、以て仏国土を浄め、衆生を成就するのが眼目であり、これを究竟の理想とするといふのである。されば彼等が、所謂る記録を事としてそれに専心するのは、決して単なる実務としてや、また遊戯としてゞはなくして、その事に即して浄仏国土、成就衆生といふ大乗菩薩の願行を満足し、仏道を成就せんがためであって、畢竟これを成仏

道の要諦としたのである。[14]

硲はこのように説き、記家を、記録という行為により仏道修行の達成を目指した集団として捉えた。[15] 円戒復興に参加した義源は、この記家を代表する学僧なのであった。

注目したい事実の二番目は、既に窪田哲正が指摘[16]するように、義源の参加により記家の伝承が、興円門下の円観・光宗らに伝授され、戒家と記家の関係がより密接になった事である。

円観の法流の中でも特に重い位置を占めるのは、法勝寺を託された惟賢と元応寺を託された光宗である。ところで、両者は共に記家の伝承を受け、各々『惟賢比丘筆記』・『渓嵐拾葉集』を著し、記家の学僧としても知られるに到っている。彼らの中で記録が占めた位置が決して低いものではなかった事、むしろ中心的な位置を占めていた事は、例えば『渓嵐拾葉集』の次の一文「右此集抄ニシテ大師四分之録ヲ為ニ愚老一期記ト。蓋是仏道ノ之全体法門之精髄也」（五〇四頁）からも窺い得る。

こうした二つの事実――円戒復興に義源が参加した事と、その結果、記家と戒家の交流がより盛んに行われた事――は、興円・円観らの活動を支えた「利益衆生」の意志が、義源の伝えた記家の思想と共通した側面を持つ事を示唆する。では、記家の思想のどの側面が、戒家の人々に受容されたのだろうか。

ここで思い返されるのは、先に挙げた『伝信和尚伝』の記事である。そこでは義源の円戒復興を支持する理由が「三聖出世御素意」、つまり山王三聖――大宮・二宮・聖真子――の意向に由来すると記されていた。義源は円戒復興に山王権現の神意を感じ、円観らは〝その〟義源の説を受容した。ここから、戒家の活動を支えた「利益衆生」実現の意志と、義源の伝えた「山王の意向」との連続性の上に、記家説と戒家説の交流が考えられる。山王権現の意向を「円戒復興により利益衆生を広める事」と関係づけて捉えることで、戒家と記家の思想的交流が可能になったと考えられるのである。[17]

従来、戒家と記家の交渉については、事実として確認されてはいたが、両者が結びつく内的必然性に論及される事は、少なかったように思われる。本章では両者の接点を考えるために、戒家の学僧でありかつ記家の相承を受けた光宗の編纂に成る『渓嵐拾葉集』を取り上げ、山王権現の働きがどのようにして利益衆生と関係するか、その中で円戒復興はどのような位置を占めるのか、を見ていきたい。そのことにより、伝統的秩序の崩壊の中で、彼らが樹立しようとした新秩序の一端が、窺い得るのではないかと考えるのである。

二 〈原理〉としての山王権現

『渓嵐拾葉集』（貞和四年〈一三四八〉成立、以下『渓嵐集』）は、光宗（建治二年〈一二七六〉～観応元年〈一三五〇〉）が三十六歳から七十三歳に到る三十八年間をかけて、叡山における故事・口伝、さらに自己の思想、先達の諸説等を整理した一大叢書である。当初は三百巻あったと伝えられるが、現在『大正新修大蔵経』（第七六巻）に収められているのは、一一三巻である。[18] 内容は極めて多岐にわたる。しかし最も注目されるのは山王神道説であろう。

山王権現は叡山の鎮守神である。その出自については古来比叡山に鎮座していた大山咋神説、天智朝の三輪明神勧請説、円仁の唐からの帰国に伴って来日した天台山の鎮守神説など諸説があるが、いずれも天台仏教を守護し衆生に利益を与える神という点では変わらない。既に、鎌倉時代の作と推定される『山王事』では、山王権現が釈迦如来の垂迹として、天台宗を守り人々を救う事が説かれている。

尺迦ノ我ハ日本国ノ中ニ日吉山王ト神ニ現シテ衆生現世後生ヲモタスクハ、又円宗ノ仏法ト云最上ノ大教ヲモマボラムト思、

……神ト現テ叡山ノフモトニ山王トイハハレテオハシマスト覚也。(19)

天台宗の神道では伝統的に、釈迦を本地、山王を垂迹として扱ってきた。『渓嵐集』の山王権現で最も注目されるのは、この本地垂迹説の受容形態である。

まず従来通り、山王を釈迦の垂迹として捉える記述が見られる。

我国為二神国一故ニ、応迹ノ神明多レ之。然レトモ而今日一代教主釈尊ノ応迹ノ神ハ日吉大宮権現許リ也。自余ノ神明ハ以二垂迹一ヲ為レ本ト故ニ、本地ノ沙汰無レ之。山王権現独リ為二応迹神明一ト。本迹雖レ殊不思議一ノ山王也。

（五一五頁）

釈迦の垂迹神である事から、山王の優越が説かれる。そして本地と垂迹の関係については、「本迹殊なりと雖も不思議の一」と記された。

ここでしばらく「本迹」関係の内実を考えてみるなら、この表現の初出は『注維摩詰経』（僧肇作）であるが、それを仏身論に応用したのは、天台智顗であった。

諸経所説本迹者、即寂滅道場所成法為レ本。従レ本所レ起勝劣両応身為レ迹。今経所レ明取二寂場及中間所成三身一、皆名為レ迹。取二本昔道場所レ得三身一、名レ之為レ本。故与二諸経一、為レ異也。非レ本無二以垂一レ迹、非レ迹無二以顕一レ本。本迹雖レ殊不思議一也。(20)

（『法華文句』九下釈寿量品）

智顗は『法華経』寿量品の解釈を行う中で、他の経典を次のように批判する。「諸経では、釈迦が涅槃に入った後の身体を法身・報身とし、これを本としているが、実は釈迦は入滅の遙か以前から成仏しており、その時間の枠を超越した仏の身体こそが、本なのである」（取意）。ここでは仏の身体概念の説明に「本迹」の語が用いられ、現象界の釈迦の身体に対し、その根源となる存在こそが「本」であると説かれる。そこで、さらに詳しく智顗における「本迹」の定義を見ていくなら、次の記述が得られる。

本者理本即是実相、一究竟道。迹者除二諸法実相一、其余種種皆名為レ迹。[21]

（『法華玄義』七上）

本とは「諸法実相」、すなわち全ての存在の真実のあり方であり、迹とはそれ以外の存在のあり方を指すという。「諸法実相」と「其余種種」との関係については、さらに次の記述が見られる。

一約二理事一明二本迹一者、従二無住本一立二一切法一。無住之理、即是本時実相真諦也。一切法、即是本時森羅俗諦也。由二実相真本一垂二於俗迹一。尋二於俗迹一即顕二真本一。本迹雖レ殊不思議一也。[22]

（同前）

迹とは「一切法」、つまり全ての存在であり、「森羅俗諦」というのだから、様々な現象のあり方、とでも考えるべきか。それに対して、本とは「無住」であると説かれている。ところで、この本迹関係を定義する傍線部分は、『維摩経』からの引用である。

文殊師利従二無住本一立二一切法一。肇曰、無住故想倒、想倒故分別、分別故貪欲、貪欲故有レ身、既有レ身也則善悪並陳、善悪既陳則万法斯起。[23]

（『注維摩詰経』巻六）

『維摩経』からの引用（傍線部分）に対する僧肇の註に拠れば、無住とは「想」、つまり心の〈対象を思い浮かべる作用〉を誤らせ、その結果（主体にとっての）現象世界を出現させるに到るという、捉え所の無い主体のあり方を指す。ここから考えるなら、智顗の言う「本迹」とは、種々の存在の状態・性質に関する範疇である。「本」というのは決して、現存する実体などではないのである（余談ながらこの点で、「本迹」を本体と分身という関係で考える事は、少なくとも智顗に限って言えば正しくない）。

しかも智顗は「本迹」を、単なる状態の相違——根源的であるか否か——とは捉えなかった。彼はむしろ「本迹」を、一連の運動の中の二つの側面として考えていたのである。

四約ニ体用一明ニ本迹一者、由ニ昔最初修行契レ理、証ニ於法身一為レ本。初得ニ法身本一故、即レ体起ニ応身之用一。由ニ於応身一得レ顕ニ法身一。本迹雖レ殊不思議一[24]。（『法華玄義』七上）

仏の身体に関して述べるなら、「本」とは法身であり、応身が迹となる。両者は「不思議一」であるが、同時に、「応身に由って法身を顕すことが得」られるとも言う。応身とは、法身という根源的性格を、現象世界の中で表現する存在として考えられている。即ち、ここに示されている認識は、〈仏による教化〉という一つの運動の中で、その根拠となる法身を本と名づけ、その作用となる応身を迹と名づけるという事なのである。

ここまでを整理するなら、智顗にとっての「本迹」はまず、存在の〈根源的なあり方〉と、それに由って生じる〈現象としてのあり方〉を指している。しかし注意を要するのは、両者は対立概念であるよりも、むしろ、〈世界の根源性が世界を形成していく〉という構造の中での相異なる両面――根源と作用――を示しているという事である。本と迹は相互補完の関係にある。そして常に、根源的・普遍的な本が、現実的・限定的な迹を規定していく位置にある。以上の点から、現象世界という「迹」を根源から規定し運営していく「本」は、一種の〈原理〉と考えられるのである。

このような「本迹」を仏の身体の関係（仏身論）に当てはめたのが天台智顗であるが、当初の適用範囲は仏の間に限られていた。それを仏と神に当てはめたのが、日本天台宗の本地垂迹説である。

叡山における本地垂迹は、大きく二つの型に分かれる。一つは既出の、仏が本地・神が垂迹の仏本神迹説である。ところが仏神の本迹に関しては、もう一つの型の存在が指摘されている。『渓嵐集』ではそれは、次のように表現されている。

一ノ伝ニ、三塔ヲハ云ニ本門一山王ヲハ迹門ト云テ、本高迹下ト伝ル人モ有リ。当流ニハ山王ハ本三塔ハ迹、是ヲ本下迹高ト習也。

（五二二頁）

三塔（延暦寺に安置した釈迦・薬師・阿弥陀の三如来）と山王三聖（麓の日吉神社に鎮座する三神）との関係は、従来は如来が本で山王が迹とされてきた。しかしこの文では、山王が本で仏が迹とされている。既に諸先学の指摘する(25)、価値的に本地が低く垂迹が高い「本下迹高」の神本仏迹説である。このような説が生じた理由は、次の文に詳しい。

山上三如来ト者、始覚修顕故ニ迹門新成三仏也。社頭ノ三聖者、無作本覚ノ三如来也。故本門ノ意者、山王三聖即是本覚顕証三仏也。

（五二五頁）

山上の三如来は「始覚」（修行の結果悟りを得た存在）である。それに対して山麓日吉社の山王三聖は「本覚」（本来的に悟った存在）であるという。所謂〈本覚思想〉の影響下に、日常の現象にかえって永遠な真理を見出す傾向の中で、学問・修行によって成仏した如来よりも、高い境地に安住せず人々の日常に接する神の方に、より深い真実が見出されたのである。そのような傾向は、鎌倉時代には既に顕在化していた。

全非ニ移レ水見ニ月真見ニ天月一也。迹門如レ此、垂迹仏別無レ之只本仏也。本自見ニ天月一愚人如レ見ニ水中月一思云々。本迹雖レ殊不思議一釈此意也。(26)

（『三十四箇事書』常同三身事）

本地が天の月に、垂迹が水に映った月に譬えられ、水面の月を見る事が天の月を見る事である、同様に垂迹を崇める事こそ本地を敬信する事だと説かれている。本地に拘泥する人が「愚人」と断定されている点からも、垂迹の側に、より深い真実の認められていることが理解される。

このような傾向の中で山王権現は、学問・修行の目標という基準では価値が劣る一方、根源性を体現し世界を運営する〈本地〉として、捉えられるに到った。高藤晴俊によれば、『渓嵐集』の神道説は、その種の神本仏迹説の先駆をなすという。(27)

先述のように、〈本地垂迹〉という概念は、単なる超越者のランク付けではない。〈現象世界の各存在を根源から規定する原理が存在する〉という確信が、前提となっているのである。従って「本地」と見なされた事は、この〈原理〉として、山王が世界を運営していくことを意味する。次にその事を『渓嵐集』の記述に即して、確認していきたい。

既に鎌倉時代に、山王の性格を、その字形から説明する事が行われていた。『渓嵐集』の中でも、その説の受容が確認される。

我カ名ヲ号二スル山王一ト者、以二一心三観一為二名字一也。山ノ字ハ以二横ノ一点一ヲ消二竪ノ三点一ヲ、王ノ字ハ者以二竪ノ一点一ヲ消二横ノ三点一ヲ。是則不縦不横非一非三ノ一心三観之義也。　（五一〇頁）

天台宗では、空・仮・中の三観を同時に備えた、理想的な心の働きを指して「一心三観」と呼ぶ。「山王」の字形は、山王権現が一心三観であることを示すというのである。ところで『渓嵐集』では一心三観について、どのように解釈しているだろうか。

所詮覚二知シタレハ三諦三観一ヲ者、於二一切法門一可レ得二自在一。所-以ニ約二レハ能説ノ教主一ニ者名二ケ三身如来一ト、約二所説ノ教法一ニ者名二ク四教五時一、約二レハ所居ノ之土一ニ者四種ノ仏土也。約二レハ所観之理一者名二ク三諦一ト、約二レハ能観一名二ク一心三観一。　（五一〇頁）

ここでは一心三観は、三諦と対になって登場する。三諦とは、世界が空であり仮であり中であるという、三つの真理である。そのような世界の真理を認識するのが、一心三観という心の働きであるという。そして、三観により三諦を獲得するに到れば、「一切法門に於いて自在を得」て、「三身如来」の働きが可能になると説かれる。つまり一心三観とは、現象世界に自在に作用を及ぼす〈心のあり方〉なのである。そのような山王権現の性格はまた、〝本来的なあり方に通じた〟という意味で、「無作三身の山王」と呼ばれた。

尋云、無作三身ノ山王内証如何。口伝云、指二法界心地一也。是ハ久遠実成ノ内証即法界ニ円満セリ、故無作三身ノ山王ト云也。（五一三頁）

注目したいのは、山王は「法界心地」（世界の存在の本質）である事と同時に「法界円満」（世界に遍く行き渡っている）と捉えられている事である。ここでも山王権現は、現象界を根源から規定していることが、説かれているのである。

以上で、山王権現が一種の〈原理〉として考えられていた事を指摘できたと思う。次に、それでは山王はどのような方向に世界を運営していくと考えられていたかについて、検討を加えよう。

三　「利益衆生」の実現

山王権現が、天台仏教を守護すると共に衆生を慈しむ神である事は、以前から説かれており、『渓嵐集』においても変わらない。だが、その内実はどうであろうか。まず「衆生」の捉え方から見ていきたい。

第七ニ如影随形山王ト者、在レハ天ニ名二七星一ト、在レハ地ニ号二七社明神一ト、此則行者ノ七覚分是也。尋二其本源一ヲ、東方七仏薬師閻浮ニ移レ影名レ之云二七星一。七星ノ精気降テ令レ生二一切衆生一ヲ、故以二七星一ヲ名二本命星一ト也。今ノ山王則七星ノ精神ナル故、行者ノ色体則チ山王ノ全体也。故ニ如レ影随レ形ノ致二守護一給也。仍如レ此名也云云。（五一五頁）

山王権現という原理の一つの側面は、「影の如く形に随う」と捉えられた。天の七星・地の山王七社は、そのあらわれであるという。衆生は七星の精気から生まれる。従って、衆生は山王を拠所として存在すると説かれている。

ところで、『渓嵐集』には一方で、衆生を釈迦との関係から定義する記述が見られる。

経ニ云、「今此三界皆是我有、其中衆生悉是吾子」文。是以ニテ二十五有ノ衆生ハ、如来長者ノ窮子、諸ノ十方ノ衆生ハ皆釈尊一仏ノ分身ナル故也。（五二一頁）

『法華経』から経文（譬喩品）や「長者窮子」の譬え（信解品）を引用しつつ、衆生は釈迦の分身であると説かれている。果たして、この場合の「釈迦」とは、原理である山王とどのように対応するのだろうか。次の文は、その手がかりを示すものとして注目される。

顕密教ハ以二釈尊一為レ本、真言ハ者以二天照太神[28]一本ト習也。論二レハ此実義一、以二本地身一ヲ為二自性身一、以二其変化一為二釈尊一也。（五二一頁）

顕密教では釈迦を本地とし、真言では天照を本地とするが、両者はともに「自性身」の変化であり、根源的には同一であるという。この記述から、釈迦・天照と名称は異なっていても、自性身という「本地」において、合一することが認められる。逆に言えば「衆生の本体」である釈迦は、自性身（本地）の垂迹（変化）としての存在なのである。

さて、天照について、先の記述では自性身の垂迹と説かれた。しかし、別の記述も見られる。

以レ法合レ之時ハ、天照太神自性法身又法性ノ王也。（五一六頁）

この文では天照は、自性の法身であると説かれている。一体天照は自性身（法身）なのか垂迹なのか。

天照太神ト者有二三位一。上位者花蔵世界法身如来居ス、中位者梵天報身如来居ス、下位者皇太神宮居ス、化身如来云云。（五五七頁）

これが答である。同じく「天照大神」という名称であるが、そこは法身・報身・化身の各々の機能を持つ三つの位相がある、伊勢に鎮座しているのはその中の、化身という位相の天照に過ぎないと言うのである。

このように、「法身」・「自性身」という位相では、様々な超越者が一体の存在として捉えられる。そのことは、天照と山王の関係についても同様である。

五大院御釈云、於二天照社一ニ者為二大日応迹神明一、於二日吉社一者為二釈迦応現ノ明神一。顕密且ク雖レ殊、一致幽明為二神明一矣。以二此文一天照太神与二日吉権現一一体ニ習合スル者也。

（五一四頁）

五大院安然の解釈に基づき、天照と日吉山王には、一致点が存在すると説かれる。今までの考察から、両者の一致点こそが、法身という位相の天照であり、無作の山王であると考えられる。

さて、先に衆生について山王・釈迦との関わりから述べた。同時に衆生は、天照との関係からも説かれている。

真言教ノ意ハ、以二一切衆生無作本有体一自性法身ト習也。故ニ神ト者宗廟社稷神ト云、一切衆生ノ本体ヲ押崇ニル神明一ト也。此無作ノ理超コ過三世一還テ施二三世化用一也。加レ之我国ハ神国也。尋二其元神一ヲ天照太神也。

（五一六頁）

全ての衆生の「本体」は、無作と形容される自性身である。一方、神の「元」は天照であるが、それも「無作の理」として捉え得る存在である。つまり神と衆生は、自性身という共通の拠所に基づく事が指摘されているのである。

さらに言えば、衆生に対する神の位置は、「本体」という言葉で示された。その表現が具体的に指す内容は、次の記述によって理解される。

天照太神魔王ノ神璽ヲ得テ吾国ニ来下シ、神道ノ本源ト成給フ。所以最初ハ天照太神一神天降御座シテ一切衆生ヲ出生シ玉フ。故遍照尊ノ本源ヨリ我等衆生ハ出生スル也。故神明ノ血脈ヲ受テ吾国ノ衆生生存スル也。故神託シテ云、他国ヨリハ吾国、他人ヨリハ吾人云ヘリ。謂意ハ日本一州ノ衆生皆神明ノ御子也。仍一子ノ慈悲ヲ垂レ御座ス。

（六六七頁）

日本の人々は全て、天照大神の子孫である。これが「本体」の示す内容である。そしてこの場合の天照は、託宣を行い人々と接触する点から、化身の位相の天照であると考えられる。

ここまでを整理するなら、『渓嵐集』における衆生は、山王の精気から生じる存在であり、釈迦の分身であり、天照の子孫であると規定された。ところで、この場合の山王は、「本地」の一側面として扱われていた。一方釈迦や天照は、言うなれば「垂迹」の位相を指す。つまり『渓嵐集』における衆生は、本地である山王が世界を運営していく時に、その垂迹である化身の釈迦や天照と同列の働きをする存在として、捉えられているのである。山王と衆生の関係は、世界を運営する原理と、その作用の関係である。「神明御子」とは、衆生が化身仏や化身の天照と同じ系列に属し、山王という原理を実現していく存在である事を示す表現なのである。

ところで、そうであるなら山王という原理は、衆生という作用によってどのような世界を形成していくと考えられたのだろうか。以下具体的に、『渓嵐集』描くところの日本の社会の姿について注目することで、考えてみたい。

まず目につくのは治者、中でも天皇家の人物はしばしば、仏教の菩薩が現世に化現した存在として扱われている事である。

旧記云、推古天皇者、本地是大聖文殊也云云。用明天皇者薬師如来、母后者阿弥陀如来、太子者観音、后者大勢至菩薩、是也云云。（八五二〜三頁）

聖徳太子の一族が、仏菩薩の化現として語られている。また、次の記述も見られる。

太子者霊山聴衆ニテ御座ス。西天ノ聴キシヲ弘メ給ル歟。（六二三頁）

聖徳太子は、霊鷲山で釈迦の説法を聴聞した菩薩であるという。ここには、太子のような為政者が現世外の存在の化現であるという認識が、示されていると言えよう。

ところで『渓嵐集』には、太子がある予言を行った記事が載せられている。

伝ノ文云、上宮太子推古天皇ノ御宇、奈良ノ里ニ行シテ観ヨ見シテ四方ヲ云、現ニル東嶽於宝幢一ヲ、現ニシ中天於王気一ヲ、今有ニ二百余歳一在ニシテ大乗菩薩一弘ニ於一乗教一ヲ、在ニシテ一ノ聖皇一開ニ万乗道一。（六六五頁）

時は推古朝。太子は奈良で、二百年後に大乗仏教の菩薩と神聖なる皇帝の出現する事を予告したという。記述は次のように続く。

聖賢遺訓無レ違、伝教大師開ニ吾山一弘ヨ通一乗教法一ヲ、桓武皇帝開ニ平安城一ヲ立ニ万乗道ヲ一玉。（六六五頁）

太子の予言通りに出現したのが、桓武天皇と最澄（伝教大師）であった。(29) ところで彼ら二人も、太子と同様に、「霊山聴衆」として考えられていた。

桓武天皇者、霊山聴衆。伝教大師者、一会同聞。成ニ芳契ヲ於霊山之席一、覆ニ利生於扶桑之境一。（八五七頁）

聖徳太子と同様に、桓武・最澄は本来は、霊鷲山で釈迦の説法を聴聞する菩薩であった。そして彼らは「利生」、つまり利益衆生のために日本に出現したと説かれている。

ここから二つの点を確認したい。一つは、『渓嵐集』には現世を、「利生」を体現する存在によって治められる地と見なしていた様子の窺える事、もう一つは、具体的に桓武と最澄が、その役割を果たす存在として措定されていた事である。第二の点については、桓武と最澄という特定個人を離れ、天皇家と叡山という存在に関しても、同様の事が言える。

記録云、我山本名ニ日枝山一ト。桓武皇帝改レ之号ニ比叡一。世王与ニ法王一一体也、王城与ニ山門一不二也、世俗勝義円融不二ノ意也。（八三八頁）

比叡山の「比叡」は、本来は「日枝」だった。それを桓武朝に、音が通じることから「比叡」という表記に改めた。

そこには単に表記の変更だけでなく「王城と山門」、つまり天皇家と延暦寺が一つの立場を共有するという意味が含まれていると説くのである。比叡については更に、「山城之事、比叡真俗一実意也」と記述が続く。この「山城之事」については、鎌倉時代の記家文献に詳しい記述が見られる。

謹案二旧記一云、当国ト者元ハ山背国云云。而ニ延暦年中ニ山城ノ国ト改レ之。意ハ山ト城ト也。山ハ叡山ノ山、城ハ王城ノ城ナリ也。叡山ト王城ト相双ラ持ニ仏法王法一ヲ故ニ、改ニテ山背ノ之背ノ字一ヲ書ニ山城ノ之城字一ヲ云云。(30)

（『延暦寺護国縁起』巻中）

現在の京都府南部は、昔は奈良から見て山の裏側に当たる事から「山背」と表記されていたが、桓武朝に「山城」に改められた。『護国縁起』の作者はそれについて、叡山の仏法と天皇家の王法が対等に扶け合う事を示す、と解釈した。しかし、事実はどうであったか。

此国山河襟帯、自然作レ城。因ニ斯形勝一、可レ制ニ新号一。宜下改ニ山背国一為中山城国上。(31)

（『日本紀略』前篇十三）

『日本紀略』の伝える詔勅では、「背」字を「城」字に改めたのは、地勢を示すためであるという。ここからも『渓嵐集』の説は、天皇家と叡山が一つの立場を共有する事を、意図的に主張した説を承けている事が明らかである。

以上のように『渓嵐集』では、現世に「利益衆生」という一つの理念を実現するために、支配秩序の形成される事が説かれている。天皇家と叡山は共に、その目的のために存在すると考えられているのである。そして被治者である衆生も、その理念のもとに支配されることによって、神意に適う支配秩序の形成に寄与することとなる。日本とは、この「利生」という理念を実現する場として考えられているのである。そうであるなら、山王という原理は即ち「利生」に他ならない。治者も被治者も、その原理に則って秩序を形成する平等の存在と考えられる。そう解釈して初めて、『渓嵐集』の次の文も、理解されるのではないだろうか。

凡総持院ノ建立ハ天子本命ノ道場ニ不レ限、一切衆生ノ本命道場也。然則一衆生トシテ我山ノ護持ニ不レ預者無レ之。
（八五八頁）

おわりに

南北朝期の混乱した叡山にあって、円観・義源・光宗といった人々が目指したのは、「祖法」の復興による秩序の再建であった。円戒復興の活動や記録の編纂という行為が、そのような意識に基づいて行われた事は、既に述べた所である。

円戒復興を行った戒家の人々の特徴として、全ての仏道修行を伝戒・持戒に一元化した事が挙げられる。『渓嵐集』にも、それを示す記述が見られる。

戒家ニハ以二慈悲一ヲ為二根源一。故ニ繞益有情戒為レ本。
（八四〇頁）

仏道の根源は慈悲にあり、戒によってこそ実現されると説く。他の箇所では、「戒は是れ三学の中の本体なり。仍って定恵を以て方便と為す」とも言う（八四二頁）。戒を重視する従来の立場から一歩踏み出して、戒に全てを帰結させる立場を取っているのである。何故戒によって慈悲が実現されるかについては、次の文が見られる。

山王院大師釈云、山王出世ノ本懐ト者、示二開示悟入一儀之智見二利益国土一。所謂利益国土ト者、在三円頓戒ト与二灌頂一已上。
（五一三頁）

第五代座主円珍（山王院）の「山王の本懐は戒と灌頂にある」という言葉(32)が、文証として引かれている。戒家の人々は山王権現の神意を満たす端的な実践として円戒を捉えた——表面的な記述を見る限り、『渓嵐集』はそのように説いているのである。

石田瑞麿によると、興円・円観らの復興した円戒は、最澄のそれに比し、密教化の進行が著しいという。[33] 石田は主として、戒灌頂を取り入れたという形式面に着目し、円戒と密教理念との結合を指摘している。筆者なりに石田説を解釈するなら、円戒の密教化は、世界観の変化を伴っていたと考えられる。何故全ての仏教修行を戒に一元化し得たか、と言うなら、そこには、全世界を根源から規定する原理が存在する事、したがって、その原理に則る事が世界に慈悲を満たす事に他ならない、という確信があったからである。「山王の本懐」という記述を、このような世界観に基づく文言として読むことで、初めて、戒家の人々の円戒復興にかけた意気が理解されるように思われる。

翻って見るなら、最澄にとっての利生とは、「千里を照し一隅を守る」主体を育成し、彼らの実践活動によって実現されるものだった。戒はその手段であったと考えられる。

それに対して『渓嵐集』では、外来の仏教思想から「本迹」概念を取り入れることで、伝統的神観念を変容させ、新たな世界観を成立させている。そこでは、本来中国仏教のものであった「戒」や「本迹」が、神祇信仰と一体のものとして、捉え直されている。

戒家の人々は、この世界観に基づいて利生を考えた。その結果、持戒によって神意に適う事が即ち利生と捉えられ、戒が目的化されたのであった。私達はそこに、個人の指導力よりも大衆集団の合意に基づいて行動するようになった、中世叡山の様相を窺うことができる。[34] 『渓嵐集』に見られる、神祇信仰の立場から捉え直された王法仏法相依論は、こうした大衆理念の形成の中で、生み出されたのである。

註

（1）『行幸記』『五代国師自記』などに見られる叡山の様子については、黒田俊雄『寺社勢力』（岩波書店、一九八〇年）一八二頁以下に記述がある。

(2)『群書類従』三、四七四頁。

(3)尋禅入山の事情については、堀大慈「良源と横川復興」上・下（『人文論叢』〈京都女子大学〉一〇・一二、一九六四年・一九六六年）、及び同「尋禅と妙香院」上・下（『日本仏教』二三・二四、一九六六年・一九六七年）に詳しい。

(4)註(2)文献、五〇〇頁。

(5)同前、五〇〇頁。

(6)『愚管記』応安元年七月五日条。『大日本史料』六—二九、四九四頁。

(7)『籠山記』（叡山文庫普潤蔵写本、二冊）第二冊三三丁表～裏。この史料の性格については、尾上寛仲「比叡山東塔別所神蔵寺の教学」（『印度学仏教学研究』一五—一、一九六六年）に従った。

(8)『最澄』〈日本思想大系4〉（岩波書店、一九七四年）三六六頁。

(9)戒家の系譜については、左記が知られる。

叡空—源空（法然）—信空—湛空—恵尋—恵顗—興円—恵鎮（円観）—┬惟賢……（法勝寺流へ）
　　　　　　　　　　　　　　　　　　　　　　　　　　　　　　　└光宗……（元応寺流へ）

「戒家」の呼称については、恵尋が先蹤であり興円により定着したと言われる。また、それ以後の教学の精髄として戒灌頂が挙げられる。大久保良順「重授戒灌頂の興起」（『天台学報』二二、一九八〇年）、色井秀譲『戒灌頂の入門的研究』（東方出版、一九八九年）、寺井良宣「伝信和尚興円（戒家）の円戒思想」（龍谷大学短期大学部編『仏教と福祉の研究』永田文昌堂、一九九二年）、参照。

(10)『続天台宗全書』円戒1（春秋社、一九八九年）二〇二頁。

(11)窪田哲正「興円の『円頓菩薩戒十重四十八行儀鈔』について」（『印度学仏教学研究』三三—一、一九八四年）参照。なお、同「『円頓戒法秘蔵大綱集』について」（『印度学仏教学研究』三〇—一、一九八一年）は、戒律だけでなく教学面でも戒家に対する批判が見られたことを、良助法親王の発言から明らかにしている。

(12)『続天台宗全書』史伝2（春秋社、一九八八年）四三四頁。円観の戒律観については、窪田哲正「中古天台における戒勝止観の法門」（『大崎学報』一三九、一九八五年）、松尾剛次「恵鎮円観を中心とした戒律の復興」（『三浦古文化』四七、一九九〇年、後に『勧進と破戒の中世史』に再録）、寺井良宣「戒家（恵鎮）の「直往菩薩戒」の思想」（『叡山学院研究紀要』一八、一九九五年）、など参照。

(13)同前、四一八頁。

(14)硲慈弘『日本仏教の開展とその基調』下（三省堂、一九五三年）二五四頁。

(15)他に、『驪驢嘶余』の記事から「上方・寺家」階層で猪熊・梶井両流の存在したことを指摘した尾上寛仲「中世期比叡山の階級制度」（『印度学仏教学研究』一〇―一、一九六二年）、秘事口伝の社会的基盤を解明した中西随功「口伝法門形成期の考察」（『尋源』三三、一九八二年）、などが記家に関する先行研究として注目される。

(16)窪田哲正「戒家と記家の交渉」（『フィロソフィア』七〇、一九八二年）。なお、この事件について註(12)松尾論文は、第一義的に「北嶺系新義律僧」の活動であると説き、その視点から『渓嵐集』の性格づけを試みている。

(17)実際、『惟賢比丘筆記』には、「偏に神徳を顕揚し霊感を増さんがため」と、神意を迎えるため記録を行ったという主旨の文言がある（『続群書類従』三上、五八頁）。

(18)巻数について、註(12)松尾論文は一一六ないし一一七巻とする（大正蔵収録外を含む）。『渓嵐集』の諸本に関して論じたものに、田中貴子「『渓嵐拾葉集』関東伝本の性格」（『国文学攷』一一二、一九八六年）、同「『渓嵐拾葉集』の諸本」（『国語国文』六三四、一九八七年）がある。本章の引用に際しては、底本に『大正新修大蔵経』第七六巻を用い、引用箇所ごとに該当する頁を表示した。

(19)『続群書類従』二下、六〇二頁。

(20)『大正新修大蔵経』三四、一二九頁。

(21)『大正新修大蔵経』三三、四七六頁。

(22) 同前、七六四頁。
(23) 『大正新修大蔵経』三八、三八六頁。
(24) 註(21)文献、七六四頁。
(25) 島地大等「一実神道に就て」(『天台宗布教団々報』四、一九一一年、後に『教理と史論』に再録)、同『日本仏教教学史』(明治書院、一九三三年)四七一〜三頁、辻善之助『日本仏教史』一〈上世篇〉(岩波書店、一九四四年)四七九頁以下、など。
(26) 『天台本覚論』〈日本思想大系9〉(岩波書店、一九七三年)三五七頁(原白文)。訓点は同書一五三頁の田村芳朗の訓みに従った。
(27) 高藤晴俊「本地垂迹説の展開をめぐって」(『神道学』一一三、一九八二年)。
(28) 天台神道関係の書には、天照大神を天照太神と表示する例がしばしば見られる。理由は未詳ながら、単なる誤写などではないようである。その点について触れた記述として「一説には、天照大神有る日時分に思召様は、天下の神々〈何の大権現〉〈何の大明神〉と皆な大の字を付かれ候事、更に以て不足也、其の故は権者・実者の社の分も無く大小の神祇・上下の差別も無く、是より以後は我が天照太神と云、大の字の中に点を一てん打ち度く候、皆々神々心得てたひ給え、と御ふれ有りければ、其の時神々座て、天照大神の仰せは尤も安き子細に候得共、大の字の中に点を打は甚だ深とよむ也、天照大神の大の字に中に点を打せ申して甚深き神と名乗せ申せば、早や日本第一の神にならせ給ふべし、我等が中にも皆一々神座す中に、天照大神を取分させる大目も無くして、日本第一の神と名乗せ申す事は更に以て不足也、と有りければ、其の時天照大神も此の一点を打兼て是を曲無思食て、其の恨に依て天の岩戸に引込り給て天下長夜の暗に成事、其の間九百万五十一千年に及り」(『御流神道諸印信』東北大学附属図書館狩野文庫蔵写本、五二丁裏〜五三丁表、原漢文)を目にした。御流神道(真言系)の書でもあり、関係の有無はなお未詳である。
(29) 言うまでもなく、こうした太子の像は『渓嵐集』以前の太子伝を基礎としている。例えば、「一聖皇」出現の予言は『聖徳太子伝暦』上巻に見られる(仏書刊行会編『大日本仏教全書』一一二、一五頁下)。

(30) 仏書刊行会編『大日本仏教全書』一二六、四二一頁。三千院円融蔵写本によって一部訂正した（第一章註(7)参照）。
(31) 『日本紀略』前編〈新訂増補国史大系10〉（吉川弘文館、一九六五年）二六八頁。
(32) 出典は『垂誡三条』（仏書刊行会編『大日本仏教全書』一二八、一三四四頁）。
(33) 石田瑞麿「圓戒と密教との交渉」（『印度学仏教学研究』九―一、一九六一年、後に『日本仏教思想研究』2に再録）。
(34) 山王信仰は、早くから、分派的になりがちな大衆集団の結合の理念として宣揚されたものである。佐藤眞人「山王信仰の発展に関する一考察」（『大倉山論集』二一、一九八七年）参照。

第三章　玄旨帰命壇と本覚思想

はじめに

もし〈自己〉の認識が、自らとは異質な〈他者〉との交渉の中で最も尖鋭に為されるとするならば、明治という時代は、日本史のなかでも有数の自己認識が希求された時代として考えることができる。それ故に、近代初頭の知性が発した言は、時代の限定を超えた力で我々に問いかけてくるのだ。例えば、明治八年（一八七五）に記された次の文章は、日本における宗教の特徴を的確に示すものとして、現在に到るまでその有効性を保ち続けているように思われる。

宗教は人心の内部に働くものにて、最も自由最も独立して、毫も他の制約を受けず、毫も他の力に依頼せずして、世に存す可き筈なるに、我日本に於ては則然らず。……古来日本国中の大寺院と称するものは、天子皇后の勅願所に非ざれば将軍執権の建立なり。概して之を御用の寺と云はざるを得ず。其寺の由来を聞けば、御朱印は何百石、住職の格式は何々とて、其状恰も歴々の士族が自分の家系を語るに異ならず。一閒以て厭悪の心を生ず可し。寺の門前には下馬札を建て、門を出れば党勢を召連れ、人を払ひ道を避けしめ、其威力は封建の大名よりも盛なるものあり。然り而して其威力の源を尋れば、宗教の威力に非ず、唯政府の威力を借用したるものにして、結局俗権中の一部分たるに過ぎず。

（福沢諭吉『文明論之概略』第九章[1]）

ここで指摘されている状況を福沢のように、単に「政府の威力を借用」と把握してしまうのは筆者にはいささか躊躇される。しかしながら、権力と結合しその一部を担う所に日本仏教の特徴を見る点で、[2]福沢の指摘は正鵠を得たものと言えよう。現実の制度・権力・慣習……そのようなものから独立せず、むしろ積極的に関わり合いを求めていく傾向の中に、日本仏教の特色が考えられている。そこには欧米の宗教との対峙によって、従来見られなかった程の鮮明な対比が自覚された様子を見てとることができる。

このような日本仏教の特色を仏教学者の立場から解明しようとしたのが、福沢より四十年遅れて生を享けた島地大等であった。島地は中世の仏教文献に頻出する「本覚」の語に注目し、[3]それを中国の『大乗起信論』に見られる「本覚」と比較した上で、

中国……理・心・法・修

日本……事・色・人・性

と、同じ「本覚」という用語でも、その示す内容の全く異なることを指摘した。即ち、中世の日本仏教の「本覚」は、現実に即して絶対的な真理を捉える、現実重視・現実肯定の傾向性が濃厚に見られるというのである。[4]島地はそのような傾向の上に「煩悩即菩提」「生死即涅槃」を標榜する思想を、「本覚思想」と名づけた。さらに彼は、「本覚思想」が鎌倉時代以降の日本仏教の基調となったことを主張し、「(本覚思想が)将来純粋日本思想史の成立せる場合にはその中心問題となるべきものである」と述べている。[5]そして実際、島地の主張は少なくとも中世仏教に関する限り、広く認められつつあるように思われる。[6]

そこで次に問題になるのは、何が本覚思想を生み出したのか、という事であろう。『起信論』的な「本覚」を再解釈し、現実肯定の思想を形成するに到った観念は、一体何であったのだろうか。

この点については既に、密教や宋朝禅の影響が指摘されている[7]。しかし影響関係を指摘するだけでは、不充分と言わざるを得ない。密教や禅に影響されて、本覚思想を形成した観念の当体が問われているのである。それに対して、「日本文化の『古層』・『原型』」を指摘する論がある[8]。日本の、「つぎつぎになりゆく」という伝統的観念が、外来の仏教思想を受容して、本覚思想を形成していったというのである。大枠としては首肯しうる見方であろう。ところでそうであるならば、〈日本の伝統的観念〉とはどのようなものであり、具体的にどのような形で史料に表れていたのだろうか。本章はその点について、玄旨帰命壇を対象とすることで考察を試みるものである。

玄旨帰命壇は、正しくは玄旨帰命壇灌頂という。中世の天台宗では教学の奥義を口伝として師資相承する、いわゆる口伝法門が栄えた。口伝法門は大きく恵心・檀那の二流に分かれる、と言われた。玄旨帰命壇は檀那流の奥義であり、恵心流の「三重七箇之大事」と共に、中世天台の本覚思想の特徴を最も端的に表すものと言える[9]。その事は近世初期に、本覚思想批判を通じて近世天台教学を確立しようとした妙立慈山・霊空光謙の活動が、まず玄旨帰命壇の否定に始まったことからも明らかである[10]。実際、玄旨帰命壇否定の根拠の一つに、依拠する教典を持たない事が指摘されている[11]。この事は逆に言えば、玄旨帰命壇が中世の日本で独自の発展を遂げた、特殊日本的な教義に基づく事を示していると考えられる[12]。

玄旨帰命壇は、中世の天台教学と深い関連を持ちつつ形成された。後に詳述するように、内容的にも本覚思想を中心の教義としている。そこから、中世仏教の特色形成のあり方を、玄旨帰命壇に注目することで分析していきたいと考える。それはまた、時代の枠を超え宗派の枠を超えて存在する、日本における宗教の特性とも関連していくと思われるのである。

なお檀那流の中でも、玄旨帰命壇の中心勢力を成すのは恵光房流[13]と言われる。本章ではこの恵光房流に伝わる『玄旨壇秘鈔』[14]、その他恵光房流の文献を用いて、考察を進めていきたい。

一　儀礼の本尊

玄旨帰命壇は、正確には玄旨壇灌頂と帰命壇灌頂に分かれる。両者の内容としては、血脈伝授・起請・本尊礼拝・公案・説法・印信伝授などが挙げられる。本節ではまずその中で、本尊についての記述に注目したい。何故なら本尊とは、その儀礼で獲得される能力の理想化された姿を示す存在であり、その儀礼の性格を最も良く表すと考えられるからである。

玄旨壇の本尊は摩多羅神、帰命壇の本尊は阿弥陀如来であり、後述するように両者は一体とされる。そこで、どのような性格づけにより両者は一体とされるかについて、『玄旨灌頂私記』[15]（以下『私記』と略記）の、本尊に関する一連の記述（Ⓐ〜Ⓗで表示）に従って見ていくこととする。

Ⓐ摩多羅神ノ玉殿ノ前ニ引入シテ示云、玄旨ノ本尊此神明ニテ坐ス、伝レフルコト之ヲ価超二タリ千金一ニモ。先摩多羅ハ梵語、此ニハ大日ト翻スル也。大ハ吾等カ六大ノ貌、日ハ我等カ六識ノ姿也。凡六識大体ヲ其任ニ本来ノ恵日ト顕ハス也。（八四二頁）

まず、「摩多羅神＝大日如来」が示されるが、記述ではそれを解釈して、六識がそのまま恵日であることを顕わしている、という。「六識」とは眼耳鼻舌身意、即ち一般的な、感覚器官を拠所とする〈心の認識作用〉を指す。それが「恵日」つまり仏の智恵であるという。そこからⒶの部分では、一般人の日常的な心と理想的な仏の智恵が連続する事、そして摩多羅神によって二つの連続性の体現される事、の主張が読み取れる。

(B)抑中尊ハ六識ノ心王、脇ノ二童子ハ六識麁細ノ心数也。謂ル小鼓ヲ以テ早玉フハ細念ノ貌、袖ヲ翻シテ舞玉フハ麁強ノ念也。一義ニハ摩多羅神ハ八識心王、丁礼多ハ七識ノ念、爾子多ハ六識念ナリ。我等本心ハ九識ノ静都ニアリシヲ、心王ノ大鼓細念ノ小鼓ニハヤシ立テラレテ、麁強ノ心数ガ十二因縁ノ舞台ニ舞ヒ出シタル貌也。（八四三頁）

摩多羅神は、常に、左右に二人の童子を従える形で描かれる。記述はそれに触れて、中央の摩多羅神は心王、両脇の童子は心数を示すと言う。「心王」と「心数」は、心の本体としての側面と作用としての側面を意味する。つまり摩多羅三尊は、我々の心の有様を形象化したものであると言うのである。そしてそれは、舞を舞い、鼓を打つ姿で示されている。

さらに「一義」に言う、「我々の心は本来は『九識』に安住している筈であるが、心自体が生み出す音楽に囃されて『十二因縁』に登場するのである」と（取意）。

仏教の唯識説では心の主体としてのあり方として、日常的な六識の上に、七識・八識を立てる。一例として、鎌倉時代の法相宗の学僧良遍の『法相二巻鈔』の記述を挙げる。

七ニハ末那識。凡夫心底常ニ濁テ前ノ六ノ心ノ清ク起ル時モ、我身我物ト云差別ノ執シテ不レ失、心ノ奥イツトナク酔ルガ如ナルハ、コノ末那識ノ有ニ由リテ也。八ニハ阿頼耶識。是一切諸法ノ根本也。諸法ノ種子ヲ摂シテ持テル心也。(16)

六識までは心の自覚された段階であるのに対して、七識＝末那識は無意識の領域に入る。自覚されない自己保全の心を七識と言うのである。そして第八の阿頼耶識は、自己と世界を一元的に統合する、主客の融合した心のあり方を指す。様々な法（存在）(17)は、心に認識された形で存在すると考えられ、存在の拠所としての心の側面を、仮に阿頼耶識と名づけると言うのである。(B)の記述もとりあえず、その考えを前提としている。

さらに「一義」では、八識の上に「九識」を措定する。通常各宗派では、八識にとどまる。[18]それに関して、南北朝時代の檀那流の文献には、次のような解釈が見られる。

尋テ云ク、一家ノ意但タ立二八識一ヲ意有レ之耶。

仰ニ云ク、是ハ可レ有二用意一事也。所レ詮ル以二テ第九識一ヲ、名二ル第八識ノ清浄分一ト事モ無二相違一子細有ル也。[19]

（円観『宗要白光』）

ここで述べられているのは、九識とは「八識の清浄分」であるという事である。八識は究極の悟りの境地であると同時に、現象界の差別相の拠所でもある。その為に清浄と染汚の両面を持つ。檀那流ではそのうちの「清浄分」だけを選んで、九識と名づけるという。我々の心の究極的なあり方が「真妄和合」（八識）でなく「清浄」なものとして、全く肯定的に捉えられていることから、「一義」は具体的には檀那流の説であると考えられる。

檀那流の心のとらえ方に基づき「一義」では、本来清浄である心が「十二因縁」の舞台に登場するという。十二因縁とは縁起説とも言い、仏教の基本となる考え方である。もともとは、人間の苦しみがどこから生じるかについて考察を行った結果、本来的な無知（無明）から十二の段階を経て最終的な苦（老死）が生じる、という論理であった。（十二の段階とは(1)無明、(2)行、(3)識、(4)名色、(5)名処、(6)触、(7)受、(8)愛、(9)取、(10)有、(11)生、(12)老死、を指す）。ところが、阿毘達磨仏教以後の縁起説は、苦の生じる有様のみならず、存在の生ずる由来も示すこととなった。[20]また唯識学派では「三界は虚偽にして唯心の所作のみ」[21]が強調され、世界は無明の心から段階を経て、三世（過去・現在・未来）にわたって生滅を繰り返すと考えられた。このようにして縁起説は〈人間にとっての苦〉だけでなく、〈存在一般〉の成立を示す論理としても、用いられていた。従って「一義」のいう「十二因縁の舞台に登場」するとは、究極の存在である心が世界を形成すること、つまり、日常的な現象世界の差別のすがたが、究極的な心の悟りの境地と連続性を持ち、心によって形成されることを意味するのである。これが檀那流教学に基づく玄旨帰命壇の立場であった。

(C)伝教大師入唐帰朝ノ時、今此神明影向シ下ヒテ。我ハ是円宗擁護ノ神明ニシテ、在二テハ天竺一ニ金毘羅神、在二テハ仏果一ニ弥陀ノ三尊、在二テハ衆生一ニ成二ト奪精鬼一ト云云。（八四三頁）

ここで述べられているのは、摩多羅神の由来譚である。摩多羅は、最澄（伝教大師、日本天台宗の開祖）が入唐し帰朝する際に、天台宗（円宗）を守護するためと称して出現した、と述べられている。そして、摩多羅と同体とされる仏神が列挙されている。金毘羅と摩多羅は、出現する地域での区別であろう。阿弥陀と摩多羅は、本迹の関係である。「奪精鬼」と共に、この後に詳しい説明がある。

(D)弥陀ノ三尊ヲ以テ一心三観ノ本尊、四種三昧ノ通修トスルユヘニ、サテ道場ヲ妙観察智ノ西方ニ寄セテ東向キニ建立スルナリ。又南向ニモ建立スル方有レ之。而ルニ以二弥陀一ヲ雖レ可レ為二本尊一、今六識凡報其任ニ顕二ス三観一ト故ニ垂迹同塵ノ神明ヲ為二本尊一ト也。（八四三頁）

玄旨壇の本尊について、本来は阿弥陀如来を用いるべきところを摩多羅神とする理由について述べられる。「六識凡報」が「其任」に「三観」であることを示すためであるというのである。六識は既述のように日常的な心の働き、それに対して「三観」とは一心三観、即ち、後述するような理想的な心を指す。つまり(D)では摩多羅神を本尊とする事で、(A)でも指摘された、日常的な迷いの心と理想的な悟りの心との連続性が強調されているのである。

阿弥陀と摩多羅が一心三観を通じて一体と見なされることに関しては、『玄旨壇秘鈔』にも記述が見られる。

……入壇ノ本尊ニ摩多羅神ヲ可レト用フ云事ハ、一心三観ノ本尊ナル故也。中央ノ本尊ハ中道、左右ノ童子ハ空仮ノ二法也。中央ハ生死即涅槃ヲ顕シ、左右ハ煩悩即菩提ヲ顕ス。（九六頁）

ここでは摩多羅三尊について、それが「生死即涅槃」・「煩悩即菩提」を表すものであることが説かれている。ともに「迷い＝悟り」の主張である。何故迷いが悟りであるのかと言うなら、それは「一心三観」だからである。この場合の一心三観とは、空観・仮観・中観を同時に備えた心の働きを示す。空観とは存在の本質的側面であり「涅槃」・「菩提」に当たる。仮観とは存在の現象的側面であり「生死」・「煩悩」に当たる。中観とは、空・仮ともに一面的であり、両者を統合した所での〈存在を全体として捉え得る視点〉を示す。したがって、空であり、仮であり、しかも中である「一心三観」によって、「煩悩」と「菩提」、「生死」と「涅槃」は統合される。摩多羅神は、その「一心三観」を表すというのである。

摩多羅神ハ煩悩生死ノ妄想顚倒ヲ顕シテ狂乱舞歌ノ形ヲ顕シ玉フヲ、此一大事ノ本尊ガ我等ガ守護神ト成テ一期ノ化導ヲ授テ、終ニ一心三観豁爾開明シテ来迎引接ノ阿弥陀ノ三尊ト顕ル也。（同前、九六頁）

摩多羅神の舞い歌う姿は、「煩悩生死」という、存在の現象的側面を表している。しかもその現象的側面と本質的な側面は、別のものではないという。摩多羅神が阿弥陀如来に変化することは、その現象としての側面（生死）が理想的・本質的側面（来迎引接）に連なることを示している、と述べられる。二つの本尊——摩多羅と阿弥陀——はこのようにして、一体のものとして説かれているのである。

(E)サテ大壇ノ釈迦弥陀妙法教典、北方ノ法華曼荼羅ハ自レ本宝塔会ノ化儀、境智冥合ヲ所レノ移ス灌頂ナルカ故也。大師先徳ヲ掛ルハ為ニメ証識一ノ、神祇ヲ勧請スルハ為ニナリ守護一ノ。（八四三頁）

本尊について詳述する前に、周囲にも一言触れられている。玄旨壇の儀場では、本尊の周囲に様々な図像・経典等が配置されるのだが、ここではそれらについて「悟りの境地（境智冥合）を表す」・「証識・守護の働きである」などと説明されている。

(F)仍此中尊ハ無量寿仏ナリ。是即我等カ息風ノ出入ヲ以テ弥陀ノ来迎引接トス。息風切断スレハ死ニ帰スル故ニ、弥陀垂迹ノ摩多羅神ヲ以テ奪精鬼トモ云也。又息風ハ虚空同体ニシテ無辺際ナレハ無量寿ナリ。弥陀ヲ六識転シテ仏果ト云モ此心也。
（八四四頁）

この部分が、阿弥陀と摩多羅の関係を端的に示しているように思われる。記述の初めの「無量寿仏」とは阿弥陀如来の別号である。そして、その阿弥陀如来の活動が、我々の呼吸と一体のものとして捉えられている。即ち、「我々の呼吸は、阿弥陀が人々を極楽へ往生させる活動である。何故なら呼吸が止まれば人々は死ぬ＝往生する、からである」と述べられている（取意）。ここでは阿弥陀は、呼吸を掌ることで極楽往生を保証する存在として、とらえ直されている。

常識的には、死ぬことは決して歓迎すべき事ではないだろう。ところで仏教では、輪廻の世界からの解脱を説く。解脱は決して死と等しいものではないが、往生という形で説かれるなら、死に接近したイメージとなる。この部分での「死＝往生」という記述は、そのような仏教の論理の読み替えの行われている事を暗示するように思われる。その結果、理想的存在（阿弥陀）は、同時に我々の生命に即した具体的な形（呼吸のはたらき）で把握された。

摩多羅神は〝このような〟阿弥陀如来と同体とされる（「弥陀垂迹ノ摩多羅神」）。その事は「奪精鬼」の表現からも読み取れる。

「奪精鬼」とは、人がまさに死のうとする時に来て精気を奪うという、恐るべき存在である。[22]ところがここでは、人々に往生を遂げさせる有り難い存在として読み替えられている。このように(F)では、我々の生命活動を掌る存在として阿弥陀如来・摩多羅神が捉えられる事で、我々の生命活動という「迷い」が、往生という「悟り」と連続したものとして考えられている。何故日常的な心が悟りの心と結びつけられるのか、という問い対しては、ここに見られるような生命活動のとらえ方が注目されるのである。

(G)所詮、摩多羅ノ三尊ハ我等カ貪瞋痴ノ全体ナリ。而ルニ今ノ示ニヨリテ三尊即チ法身般若解脱ナリ。サレハ鼓ハ如来法輪ノ鼓、舞ハ自受法楽ノ舞ナリ。（八四四頁）

(F)までの記述に基づき、摩多羅神は「貪・瞋・痴」（むさぼり・いかり・おろか）に満ちた、我々人間の欲望そのものと等置される。そしてその摩多羅神が、「法身・般若・解脱」であるという。何故ならば、我々の欲望は生命活動から生じるが、その生命活動が同時にそのまま、悟り（往生）へ到る条件でもあるからというのであろう。したがって摩多羅神という形象を通じて示されるのは、我々の日常的な欲望がそのままで悟りの境地である事である。それは、続く記述からも確認される。

先述のように摩多羅三尊は、鼓をたたき舞を舞う姿で表される。それは同時に、我々の煩悩が盛んな様でもある。ところで『私記』はそれについて、「如来の真理」・「如来の得る楽しみ」を表す、と記す。煩悩即菩提が示されたことにより、摩多羅神の鼓こそが、舞こそが、真理の顕現であるというのである。

(H)今、各々ニ二尊舞楽ノ歌ヲ示サン、中尊ノ歌ニハ摩多羅神ハ神カトヨ歩ヲハコベ皆人ノネガイヲミテヌコトゾナキ、左ナル童子ノ歌ニハシ、リシニシ、リシト、右ナル童子ノ歌ニハソ、ロソニソ、ロソト、此歌ノコトハニハ深妙ノ口決アレトモ可レ期ニ口決一。（八四四頁）

最後に摩多羅神の神歌が示されている。まず中尊の歌に、摩多羅神は人々の参詣に応じ願望を満たす神、という神の姿が描かれている。摩多羅神が利益をもたらすことについては、『玄旨壇秘鈔』にも記述が見られる。

摩多羅神事、只是三宝荒神ト習也。是又三宝荒神即三諦本有無明即明法性ナレバ、元本無明ハ荒神ト習フ間、誠以テ本尊トスベシ。サレバ本山ニ摩多羅神ヲ最極大事ニ祭、修正ナンドモ慇懃ニ山王祭事ノ根元トナシ玉フ、此謂也。所詮本覚法身ノ妙体ニシテ御座ス故也。随テ利生モ新タ也。（一〇四頁）

「三宝荒神」とは火の神・竈神の姿で知られるが、本来は荒々しい自然の形象化であったらしい[23]。ここでは荒神＝摩多羅神とされ、さらに、世界の本来的な性格である「無明」や「法性」であるとされている。この点本書では詳しくは触れられないが、摩多羅神は世界の根源である「法性」と同一視され、人間の態度に応じて大きな恵みをもたらす神として捉えられている様子を窺うことができる[24]。

次に左右の童子の歌については、「口決を期すべし」とのみあって明記されていない。それについては、『玄旨壇秘鈔』に該当する記述が見られる[25]。

二童子ノ歌レフニ歌ヲ、左ノ童子ノ歌ハシ、リシニシ、リシト歌フ、大便道ノ尻ヲ歌レフ歌ニ也。右童子ノ歌ハソ、ロソニソ、ロソト歌ハ、小便道ノソ、ヲ歌フ也。男子女子童男童女振舞ヲ舞ニ舞也。殊勝ノ本尊也。生死煩悩ノ至極ヲ行ズル跡事ヲ舞歌也。所以ニシリソ、ヲ為々スル其ノ便道ヲ為スル婬欲熾盛ノ処也。（一〇三頁）

二童子の歌は「婬欲熾盛」、つまり性欲が盛んな様を示すと解釈されている。ここに私達は、(G)で説かれた煩悩こそ菩提であるという主張の、最も端的な形で説かれている事を理解するだろう。

以上(A)から(H)までの記述で、『私記』の摩多羅神の姿が明らかになったように思える。そこでは摩多羅神は、煩悩肯定という主張を示す神として描かれている。その主張が持つ論理は、〈呼吸から性欲に及ぶまでの生命活動は煩悩として捉え得るが、同時にそれなくしては悟りに到り得ないという点で、悟りの必須条件と考えられる〉というものであった。人間にとって、生命活動は迷いの原因であるが、同時に悟りの源でもある。二つの側面を別々に扱うことは、却って生命活動自体の否定につながりかねない。そのように考える時、盛んな煩悩（＝摩多羅神）はむしろ、悟り（阿弥陀如来）と一体なのである。つまり摩多羅神とは、生命活動を徹底的に肯定する立場の象徴として捉えられるのである[26]。

二　口伝書の論理

前節では玄旨帰命壇の本尊に関して、生命活動を肯定し人々に利益をもたらす神観念の存在する事を指摘した。次に、その神観念はどのような論理に支えられているのかについて、見ていきたい。

恵光房流に伝わる『玄旨壇秘鈔』には、玄旨帰命壇に関する口伝及びその解釈が集められている。それらの口伝の中でも最も基本になるのは、智顗・最澄・良源・覚運等に仮託された「五箇ノ血脈」であろう。[27] 五箇とは、①「天台灌頂玄旨」、②「天台宗相承一心三観血脈」、③「一心三観伝」（慈恵記）、④「一心三観記」（覚運述）、⑤「鏡像円融口決」、を指す。以下この「五箇ノ血脈」、及びそれについての解釈を記した「天台灌頂玄旨私聞書」（『玄旨壇秘鈔』所収、以下「私聞書」）を対象にして、考察を行う。

まず「玄旨」という名称について、「私聞書」に次のような解釈が見られる。

円人ハ凡位カラ極果ノ内証ニ乗リ居タル故ニ、名字観行カラ仏果也。……仍テ名字観行ノ凡夫カラ仏果ノ灌頂ニ乗リ居タル也。此ノ旨ヲ境智ノ一言ニ伝ルガ天台仏教ノ深旨也。玄旨トハ深旨也。仍天台灌頂ノ玄旨ト題スル也云々。（三二六頁）

この部分は、天台教学の「六即」に基づいて記述されている。六即とは真理に到達する六つの段階で、各人に真理への可能性が内蔵されている段階⑴理即）から⑵名字即⑶観行即⑷相似即⑸分証即⑹究竟即の六段階を経て真理との一体化に到る、という考え方である。ここでは、「名字・観行」という低い段階から一気に悟りの段階（仏果）へ到る「一言」を伝えるのが天台仏教の「深旨」である、玄旨とはそのような「一言」を指すと述べられている。[28] つまり、「玄旨」とは天台教学の奥義を指すのだが、その端的な特徴は「一言」で段階を超えて悟りの境地を獲得する所にある、という。

一般に仏教のイメージと言えば、多くの経典を学び長い時間を費して悟りに到る、というものであろう。何故「一言」で、段階を経ずに悟りに到ることができるのだろう。私見ではそれは真理のあり方――世界のどこに真理が存在すると考えられるのか――に関わるように思われる。

真理は何よりも、経典によって解き明かされると考えられる。ところで「私聞書」では天台宗の所依の経典である『法華経』について、「法花一教の事広しと云へども、大綱を取て云へば境智より外は之れ有るべからず」（三九頁）と述べ、真理に到る教えを「境」と「智」の二つに要約している。記述は更に次のように続く。

故ニ両門雖レ広、境ト智ト境智不二ヨリ外ハ不レ可レ有レ之。サテ其ノ境智ト被レ云物ハ何物ゾト云ヘバ、正報ヲ云ヘバ色心也。色ハ境、心ハ智也。依報国土デ云ヘバ動静ノ動ハ境、静ハ境《ママ》也。是ヲ説相デ云ヘバ、色ハ多宝、心ハ釈迦也。（三九頁）

ここでは全ての悟りに到る教えが境・智に二分され、依報（修行者の環境）・正報（修行者自身）・説相（修行者を導くもの）について、それらが配当されている。即ち、

境……色・動・多宝如来
智……心・（静）・釈迦如来

となる。智は主体の側面、境は対象の側面を表し、さらに主客未分の真理として「境智不二」が説かれる。そして境智不二に到るあり方として示されるのが「一心三観」と「無作三身」である。

本迹ノ境智ヲ習ニ、迹門ニテハ一心三諦ハ境、一心三観ハ智、是ガ冥ハ境智不二也。本門デハ無作ノ三身ハ境、

是ヲ行者ガ証レバ一心三観、是ガ智也。一徹スル所ハ境智不二也。　（四四頁）

口伝の真意を考えて、迹門は措く。本門で述べられているのは「境智」、つまり客体と主体それぞれにおける真理について、客体の側では無作三身、主体の側では一心三観が挙げられ、さらに両者は一致する（不二）という事である。つまり「境智不二」（主客が一体となる究極的な真理のあり方）を、主体の側から実現するあり方が一心三観、客体としての認識で言うなら無作三身であるというのである。そしてこの二つが、玄旨帰命壇の口伝の中の「簡要」とされる。

此五箇ヲ促《ツヽメ》テ簡要ヲ抜テ両箇ニ相伝ル時ハ、一心三観・無作三身也。一箇ノ時ハ覚悟ノ心要也。一心三観ハ迹門ト習（智カ）也。無作ノ三身ハ本門境也。覚悟ノ心要ト者境智不二ノ内証也。　（四〇頁）

さて、以上のような記述から、玄旨帰命壇の口伝の中心は「一心三観」と「無作三身」により「境智不二」へ到達する事、と考えられる。そこで「一心三観」と「無作三身」の内容を見ていきたい。

まず、「一心三観」という主体のあり方について、説かれている部分を挙げる。「天台灌頂玄旨」（五箇血脈の第一）に、「文殊の利剣は六輪に通じて、十二の生類を切断す」という口伝がある。それについて「私聞書」の解釈は次のようである。

「文殊ノ利剣」ト者一心三観也。「六輪」ト者六道也。……「十二ノ生類」ト者、十二ハ十二因縁也、生類ト者衆生也。此六道ノ衆生ト者過去ノ二因現在ノ五果、現在三因未来両果ヲ三世常恒ニ十二因縁ノ故ニ衆多ノ生死ヲ送ル也。然ルニ此迷ヲバ以二一心三観ノ観恵一ヲ止ルト云事ヲ「切断ス」ト云ヘリ。　（三六頁）

ここでは一心三観は、十二因縁を「止る」ものとして捉えられている。現世の衆生は十二因縁の法則に従って輪廻を続ける。一心三観は、その輪廻を断絶させる働きを持つと言われている。

ところで、直後の記述によれば、十二因縁を断絶させると言っても、それは十二因縁の法則性を否定する事とは異なるようである。

然ニ今「切ﾆ断十二因縁ノ生類一ヲ」者、迷ハ三道ノ流転、悟ハ則果中ノ勝用デ、三道ノ当体則三徳ト達ル也。（三七頁）

迷の三道と悟の三徳の関係であるが、決して迷界を抜けた別の所に真理が存在するのではない。むしろ「三道の当体則ち三徳」と言うように、十二因縁の中の存在がそのまま真理であるかのように記されている。その事は、次の記述からより明らかになる。

十二因縁ハ三道也。三道ト者色心也。然ルニ無始色心本是理性妙境妙智ト向ヘバ、三道ノ迷ノ外ニ三徳ノ悟リ無レ之。（四五頁）

「色心」とは、客体と主体を指すのであろう。主客の対峙は、まだ執われのある迷いの段階である。しかし、主体も客体も本来的に主客一体への可能性を持つという意味で、「理」であり「妙」である。だから、迷いの十二因縁（三道）と別の所に真理（三徳）がある訳ではない、というのである。このように「一心三観」は、十二因縁の生み出す迷いの世界を真理の世界に変える働きを持つが、注目されるのはそれが十二因縁の〈否定〉によってではなく、十二因縁のいわば〈転用〉によってなされるという点である。十二因縁の連鎖は残されたまま、その連鎖自体が真理の発現とされているように、読み取れるのである。

次に「無作三身」について。この場合の「無作」とは、〈作為のない、本来的な〉の意である。「三身」とは法・報・応の仏の三つの側面。つまり「無作三身」とは、〈真理（仏）は作為によるのではなく、本来的に備わっている〉という主張である。「私聞書」はその解釈——どこに、どのように備わっているのか——について、三種に分けて説いている。

此流ニ事成ノ無作ノ三身、始本冥一ノ無作ノ三身、唯本無作ノ三身ト三重ニ約束シテ習也。（四三頁）

「無作三身」には三つの解釈があるという。続く記述ではそれについて、釈迦の教えとして認識される真理の働きを「事成」、釈迦の成仏の状態として観念される真理のあり方を「始本冥一」と名づけている。それでは「唯本」とは何を指すのか。

第三ニ唯本無作ノ三身ト者、化身ノ功徳法門也。是即九果ノ当体我等ヨリ外ハ無作ノ三身トテ別ニ無レキ之也。（四三頁）

「唯本無作三身」とは、我々こそが無作三身である事を指すという。前の二種の無作三身では真理は仏に即して理解されていたが、ここでは仏でなく、我々こそが真理のあらわれとして考えられているのである。ではこの三つの解釈は、どのように関係づけられているのだろうか。

唯本無作ノ三身ト云ガ真実ノ無作ノ三身也。依正ノ万法本来トシテ三身ノ直体ト成ル重也。……尚寿量品ニハ、事成始本冥一ノ二重ノ無作ノ三身ヲ説リ。唯本ノ重ハ中中言説ヲ不レ費サ也。此事ヲ爾カ判ル也。心ハ只信ニ仏寿長遠ヲ一計リデハ損生ノ益ヲバ不レ可レ成也。此本地雑思境智唯本無作ノ重ヲ信解シテ成ニル増損ノ益一ヲ也。（五五頁）

二番目の文で述べられているのは、「唯本無作三身」とは万物がそのままで真理である事を示す、という事である。「万法」（全ての存在）が真理であることを我々に即して解釈するなら、「我々こそが真理」となるのである。以下それに対して、「事成」「始末冥一」のように、個々の存在以外の所に真理を説くのは、「損生ノ益」をもたらさず良くないと言われる。「損生」とは「増道損生」の謂である。[29] 自身の内部に仏を求めることにより、初めて自分自身のものとして、真理を獲得しうると説かれる。そして引用の冒頭にあるように、この「唯本無作三身」こそが、真実の無作三身—真理のあり方—とされている。

以上のように「一心三観」・「無作三身」に注目するなら、「私聞書」の主張は、〈自らの身体に即して、十二因縁を転じ真理を獲得する〉である事が理解される。それを端的に示すのが、以下述べるような心の性格づけである。

例えば「私聞書」には「第五意識心王」について、「我々について言うなら、みぞおちの辺りに八分の肉団がある」（取意）と述べ、さらに次のように記している。

此ノ八分ノ肉団ヲ託胎ノ時最初伽邏藍ト云也。此肉団ガ鳩尾巨闕ノ間ニ在テ、生ル時モ此ヨリ生ジ、死ル時モ此ヨリ死ル也。迷時モ悟ル時モ此ヨリ起ル也。故ニ是ガ生死根本迷悟ノ根源也。此ノ肉団ヲ十二因縁ノ時ハ名レ識ト云也。（四八頁）

我々の生死や迷悟の根源として心がある、それは抽象的な目に見えないものでなく、「八分の肉団」として実体的に捉えられるものだというのである。さらにそれは、十二因縁の中の一段階（識）とされているのが注目される。[30]

また別の箇所では九識との関係に言及された記述も見られる。

胎内ノ五位ノ時キ、最初伽邏藍ト者、赤白二渧和合シテ二色不二ナレバ黄色ニ成ル、ソコニ託二シテ虚空ノ識神一ガ色心一体ナル処ヲ最初伽邏藍ト云也。其ノ形ハ八葉ノ蓮華也。……赤白二渧ノ色法、ソコニ託二シテ識神一ガ成二ル色心一体一ニ也。其ノ色ノ方ハ法身也、多宝也。心ノ方ハ報身也、釈迦也。又心ノ方ハ妙、蓮ハ光ナリ。色ハ法、花ハ寂也。此ヲ本来ノ如来トモ云ヒ、第九識清浄無染ノ当体トモ云也。不レ具レ之衆生ハ一衆生モ不レ可レ有レ之。仮令居レ迷二時キ不レ知二此理一、悟ル時キハ是ガ即三諦共無作三身トモ顕ル、也。（六三頁）

父母から受けた「赤白二渧」[31]が個体を生じる時、虚空の識神が宿って蓮華の形となる、その「色心一体」の生命の始まりが、仏（如来）であり、第九識であると言うのである。そのように「私聞書」では我々の心は、生命の始まりであり、清浄なものとして説かれている。それは別の言い方として、「真如」とも呼ばれている。

仰云、第三ニ唯法相ノ二真如ト者、随縁不変共ニ事相縁起ノ上ニテ云也。仍テ人間ノ一生涯ノ仕立即両種ノ真如也。胎内ノ五位、胎外ノ五位ノ生年盛年マデモ随縁真如、老年ニ成終ニ帰レル滅ハ不変真如也。（五〇頁）

「真如」は真理と言い換えても構わないだろう。我々の一生は真理のあらわれである。生きている間は「随縁真如」、つまり真理の展開過程であり、死後は「不変真如」、即ち真理の固定した形である。生命の始まりも終わりも、真理のあらわれである。生も死も、真理のあらわれという点で一体視され得る。そして〈真理のあらわれ〉とは決して抽象的な意味ではなく、生命活動の実体そのものが真理であると考えられていた。

以上のように口伝書では、我々の身体と真理が一体のものとして把握された。先の引用文に見られたように、〈真理を備えていない人は一人もいない〉のであるから、本来備わっている真理に〝気づきさえすれば〟、悟りが獲得される。何故段階を経ずに悟りに到り得るのかという問いには、このような〈自身に即して真理が存在する〉という考えによる、と答えることができるであろう。

ところで見てきたような真理観は、縁起説の変形として捉え得るように思う。仏教の唯識説では、世界の根源を心に置く。心から様々な存在が生じることを、十二因縁を用いて示すのである。その事については――心から存在が生じることについては――口伝書においても変わりはない。十二因縁の法則性自体は、決して否定されてはいないのである。

一方口伝書では、十二因縁がそのままで真理のあらわれとされた。この点、無明（迷いの根本）が差別の世界（迷いの世界）を作り出す、という唯識説と全く異なる。どこからこの違いが生じたのだろうか。私見ではそれは、心のとらえ方に関わるように思われる。

唯識説で世界を形成する心は、第八識（阿頼耶識）である。阿頼耶識は真妄和合であり、世界の迷いの根源でもある。ところが、口伝書では第九識（菴摩羅識）を立て、清浄なる菴摩羅識から世界が形成されると考えた。その結果、十二因縁は真理の展開過程となり、生命活動は真理のあらわれと見なされるに到ったと考えられる。

以上から理解されるように、口伝書の論理は縁起説に基づくものであった。縁起説に基づくからこそ、我々の身体が心と連続して捉えられる。我々の身体は十二因縁の中で、過去現在未来と生滅を続けるのだが、その拠所が心（第一番目の無明）であることを説くのが縁起説なのである。そして縁起説を基としながらも、それを変容させたのが、心のとらえ方である。心を迷（無明）でなく悟（真如）と見なすことにより、我々の身体に即して真理を考えることが可能となる。このようにして見ていくと、心を「清浄」と性格づけることこそが、この口伝書の論理の焦点であると考えられるのである。

おわりに

玄旨帰命壇について、儀礼と口伝書の二方面から考察を行った。その結果明らかになったのは、
①摩多羅神は、「欲望に代表される生命活動が、そのままで悟りである」という主張の形象化である事
②前項を論理づける時に、仏教の縁起説が用いられている事
③縁起説を生命活動肯定の方向へ変容していく時に焦点となったのは、心を「清浄」と見るとらえ方であった事
などである。最後に第三点を中心に、多少の考察を試みたい。即ち、このような心のとらえ方はどのような広がりを

持っていたか、についてである。

既述のように玄旨帰命壇の「心」は、第一義的に「清浄」で真理と一体のものであるが、同時に日常的な心とも連続性を持ち、一面では「煩悩」であり「生死の苦」でもあった。ここに見られる心の性格として、本来良いものでありながら善・悪の両面性を持つことが挙げられる。さらに、摩多羅神が心の形象化であることを考えるなら、利益と共に害を与える事も、その属性として付加し得るだろう。摩多羅神は行者を悟りに導くと共に、生命を奪う恐ろしい神でもあるからである。

心のこのような両義性（善と悪）を思う時に興味深いのは、摩多羅神の本来の性格である。玄旨帰命壇に組み込まれる以前の摩多羅神は、当初は善よりも悪、恵みよりも祟りをもたらす神として知られていたらしい。摩多羅神についての最古の明証は嘉元二年（一三〇四）の『摂津勝尾寺行事連署置文』と言われるが[32]、そこに登場する摩多羅神は、寺物を守護し、侵犯する者を排撃する性格で描かれている。また同じ頃、天台宗の寺院で、常行三昧堂の守護神として摩多羅神が祀られたようだが[33]、そこでも摩多羅神は念仏者の守護だけでなく、本来の恐るべき神としての側面を残していたようである。例えば南北朝時代の叡山で著された『渓嵐拾葉集』には、次の記述が見られる。

摩多羅神者、即摩訶迦羅天是也。亦是荼枳尼也。彼天本誓云、経云、「欲二臨終一時、我行二テ彼所一食二肝屍一故得二臨終正念一、若我不レ食レ肝者不レ得二正念一不レ遂二往生一ヲ」云リ。此事随分秘事也。人都テ不レ知事也。サレハ彼堂僧等尚不レ知。何況余人ヲ耶。不レ可二口外一大事也[34]。

『玄旨灌頂私記』の「奪精鬼」とも一脈通じるような、摩多羅神の姿である。本来は人の肝を食う恐るべき鬼であったのが、念仏往生の守護神として位置づけられた事から、このような解釈を加えられたのであろう[35]。守護神としての反面、災いをもたらす神でもある事は、引用文の直前の記述にも窺われる。

覚大師自㆓大唐㆒引声念仏御相伝アリテ帰朝之時、於㆓船中㆒有㆓虚空ニ声㆒告テ云、「我ヲハ名㆓摩多羅神㆒ト、即障礙神也、我ヲハ不㆓崇敬㆒者、不㆑可㆑遂㆓往生ノ素懐㆒ヲ」云。仍常行堂ニ被㆓勧請㆒也。(36)

ここに登場する摩多羅神は、人々の祭祀に応じて利益（往生）を与えるが、祭らない者に対しては、往生を阻む神として描かれている。

そこで考えるのだが、この、相手に応じて善と悪、恵みと災厄を使い分ける性格を、「祟り神」と言うことはできないだろうか。というのも、実際に摩多羅神は、祟り神の一種として近世まで伝承されていたようなのである。(37)寛永十八年（一六四一）成立の林羅山撰『本朝神社考』には、比叡山の伝承として次の文が引かれている。

最澄将㆓入唐求法㆒、詣㆓葛城神祠㆒祈㆑之。神告曰、是大願也、我力所㆑不㆑覃也。宜㆑祈㆓天神地祇㆒。但三輪大明神者、我邦之地主、而三国共崇㆑之。宜㆓詣㆑彼而崇㆒㆑之。澄帰㆓叡山㆒、山有㆓大杉樹㆒、見㆓三光認㆒㆑光、而行以識焉。其後赴㆑唐、到㆓青龍寺㆒。其鎮守曰㆓摩多羅神㆒、又名㆓金毘羅神㆒。澄問、何神歟。答曰、三輪金光。於是始覚、向叡山三光者是也。帰朝後、就㆓光処㆒而立㆓神祠㆒、所謂日吉大宮也。天台山之青龍寺、准㆓天竺霊鷲山㆒、叡山亦准㆓青龍寺㆒。昔仏在㆓霊鷲山㆒、祭㆓十二神㆒。十二神之中、有㆓金毘羅神㆒。是吾朝三輪大明神也(38)山家要略。

ここでは摩多羅神は、三輪神の別名とされている。三輪とは言うまでもなく、記紀を代表する祟り神であり、中世の文献にもしばしば登場する（第一章参照）。この記述の中でも三輪は、祭ることにより現実的な利益（入唐求法の守護）を与える神として描かれている。摩多羅神は、〝その〟三輪神と同体とされているのである。

玄旨帰命壇に組み入れられる以前の摩多羅神を、このような〈祟り神〉として捉えることは、我々に大きな示唆を与えてくれるように思われる。

既述のように玄旨帰命壇の仏教受容は、特に縁起説を中心になされた。そして縁起説を受容しながらも、それを変容し、最も独自性を発揮したのが心の捉え方である。善悪ともに心から生じることは縁起説にも見られるが、その心を清浄なもの、良いもの、利益を与えるものと捉える所に、玄旨帰命壇の独自性がある。

ところが一歩目を転じてみると、日本古来の神観念の中には、善悪（利益と災厄）ともにもたらすが本質的によいもの（畏い、聖なるもの）として捉えられてきた伝統——大物主神以来の祟り神の系譜——が存在するのである。そして玄旨帰命壇は、その祟り神を本尊とし、心の形象としている。

これは単なる偶然とは思えない。

玄旨帰命壇を特徴づける心の捉え方は、摩多羅神、祟り神として形象化されてきた観念が、人間に内在する真理として自覚された事を意味するのではないか。もしそうであるなら、本覚思想を形成した重要な要素の一つに、祟り神として表象されてきた神観念があるのではないか。

筆者にはそのように思われてならない。

註

（1）『福澤諭吉全集』四（岩波書店、一九五九年）一五六頁。

（2）福沢は宗教について論じながらも、「兎に角に古来日本に行はれて文明の一局を働きたる宗旨は、唯一の仏法あるのみ」と、専ら仏教で日本の宗教を代表させている。

（3）島地の本覚思想への注目は、明治三十九年（一九〇六）の講演「本覚門の信仰」（後に『思想と信仰』に再録）に始まる。

（4）「中古天台の学語として見たる本覚の概念」（『山家学報』一—一、一九一六年、後に『教理と史論』に再録）。

（5）「日本古天台研究の必要を論ず」（『思想』六〇、一九二六年、後に『教理と史論』に再録）。

（6）代表的な論考として、天台本覚思想が鎌倉時代以降の仏教・神道・修験・文芸・芸能にまで影響を及ぼした事を指摘した、田村芳朗「天台本覚思想概説」（『天台本覚論』〈日本思想大系9〉岩波書店、一九七三年、解説、後に『本覚思想論』〈田村芳朗仏教学論集1〉に再録）や、それに基づいて、天台本覚思想を中世宗教界（「顕密主義」）の中核と位置づけた、黒田俊雄「中世における顕密体制の展開」（『日本中世の国家と宗教』岩波書店、一九七五年、所収）などが挙げられるであろう。

（7）密教からの影響については、既に註（5）の島地論文に言及が見られ、硲慈弘「慧壇両流に於ける天台教義の特色」（『日本佛教の開展とその基調』下、三省堂、一九五三年）で明確に指摘された。その上に立って黒田俊雄は、「帰するところ本覚法門とは……一種の密教であったということができる」と、結論づけている（註（6）黒田著作四四五頁）。また、宋朝禅からの影響については、田村芳朗「日本天台本覚思想の形成過程」（『印度学仏教学研究』一〇―二、一九六二年、後に『本覚思想論』に再録）に言及が見られる。最近では、浅井円道編『本覚思想の源流と展開』（平楽寺書店、一九九一年）所収の諸論文が中国仏教の受容（『釈摩訶衍論』、天台、華厳、禅）とその後の展開に即した思想形成を各方面から論じている。

（8）新田雅章「仏教受容をめぐる思想的諸問題」（橋本博士退官記念佛教研究論集刊行会編『佛教研究論集』清水堂、一九七五）、同「本覚法門形成の思想史的意味」（古田紹欽博士古稀記念会編『仏教の歴史的展開に見る諸形態』創文社、一九八一年）。なお、「つぎつぎになりゆく」は、丸山眞男の用語に基づく。

（9）檀那流における玄旨帰命壇の位置づけについては、註（7）硲著作一三五頁以下の記述に従った。なお、硲は同書で玄旨帰命壇の教義について、密教・禅・円戒・神道・陰陽道などを要素として挙げた上で、「然らばその主体たり眼精たるものは何であるか、それは言ふまでもなく天台法華の教学であり、特に三観三身の法門である」と、天台教学が中心である事を指摘している。なお、玄旨帰命壇の本拠地としては神蔵寺と帝釈寺が知られている。両寺の思想的環境や相互交渉の様子については、尾上寛仲「比叡山東塔別所神蔵寺の教学」（『印度学仏教学研究』一五―一、一九六六年）参照。

（10）『妙立和尚行業記』（元禄三年刊）には、「本国の台密中古稍衰て、近世特に甚し。学者妄に伝て三重玄旨を以て究極の極説と為し、仏祖の真教を反て方便仮説と謂ふ。故に山中の諸悪論者、和尚の仏制を厳奉して教観の正旨を唱るを見て、謗て小乗の比丘大乗を混乱すと為て、遂に之れを逐ふ」という記述が見え（原漢文）、妙立達の活動が何よりも玄旨帰命壇と対抗する性格のものであった事が理解される。

（11）光謙の『闢邪編』（元禄十一年刊）には「蓋し其の壇場の軌式は、固に経論に見えず疏鈔に載せざる時は、則ち実に牽合附会の説に出て、其の杜撰たること弁論を待たずして明なり」と記されている（原漢文）。

(12) この点に関連して、近年の本覚思想の扱いを一覧する。梅原猛「日本人の『あの世』観」（『中央公論』一〇三―五、一九八八年）等の、日本固有の「深層」との関連で本覚思想を讃美する論調に対し、細川涼一「梅原猛氏の日本人の『あの世』観論によせて」（『歴史評論』四九〇、一九九一年）は、「固有」性への疑問を実証的に述べるとともに「ナショナリズム的権威主義」傾斜の危険性を指摘している。また、袴谷憲昭『本覚思想批判』（大蔵出版、一九八九年）・松本史朗『縁起と空』（同）は、原始仏教との比較から、本覚思想を〈仏教に非ざる土着思想〉と位置づけ思想内容についても同様に批判を加えた。それに対し、末木文美士「中世天台と本覚思想」（『アーガマ』一一八、一九九一年、後に『日本仏教思想史論考』に再録）や佐藤弘夫「本覚思想の日本的展開」（『仏教』二五、一九九三年）は、袴谷の主張の思想理解上の有効性を認めるとともに、他方歴史上の役割を実態的に把握していくことを提唱している。曽根原理「霊空光謙の玄旨帰命壇批判」（『歴史』七五、一九九〇年）は、そうした問題意識に立ち、本覚思想が体制側の寺院統制に対抗する方向性を持ったことを示した論考である。近年の研究蓄積を示すものとして上記の他、大久保良峻「本覚思想」（『日本仏教論』〈シリーズ・東アジア仏教4〉春秋社、一九九五年）等がある。

(13) 叡山を中興した良源の高弟のうち、源信が恵心流、覚運が檀那流を始めたと伝えられる。澄豪を祖とする恵光房流は、檀那の嫡流とされる。主要僧侶の法系を示す（但し経祐以下については史料により混乱が見られる）。

覚運―遍救―清朝―澄豪―永弁―円輔┬祐円（門跡方）―公性―尊恵―恵尋―恵顗―興円―円観
　　　　　　　　　　　　　　　　　└弁長（住侶方）―禅雲―定仙―経祐┬定厳―厳俊―吽鎮
　　　　　　　　　　　　　　　　　　　　　　　　　　　　　　　　　├祐然―静什―什覚
　　　　　　　　　　　　　　　　　　　　　　　　　　　　　　　　　└玄吽

先行研究によれば、玄旨灌頂の記録は経祐に始まり、彼の前後で形式が整えられたと思われる。その後、玄吽の時初めて摩多羅神を本尊に用い什覚から激しく非難された。帰命壇の成立は更に遅れ、あるいは一六世紀かと言われる。また檀那流に限らず、恵心流学匠の間の受容も確認されている。以上、硲慈弘『日本仏教の開展とその基調』下（三省堂、一九五三年）「三、恵壇両流口伝法門の種々相とその体系」、大久保良順「天台玄旨帰命壇灌頂について」（『三蔵』一七一・一七二、一九七九年、後に塩入良道・木内堯央編『伝教大師と天台宗』〈日本仏教宗史論集三〉に再録）、野本覚成「玄旨灌頂より戒灌頂へ」（村中祐生編『天台思想と東アジア文化の研究』山喜房仏書林、一九九一年）、参照。なお、関東の在地社会への浸透・交渉の様子について、湯浅治久「中世東国の『都市的な場』と宗教」（峰岸純夫・村井章介編『中世東国の物流と都市』山川出版社、一九九五年）に言及がある。

（14）玄旨帰命壇に関する事書等を集成した書。各部分の識語から、一六世紀前半までの叡山に成立していた口伝群で、一六世紀後半に関東天台（仙波・月山寺など）の僧が集録したものを、慶長末年に筆写した本であることが知られる（第三部第二章参照）。本章では『信仰叢書』（国書刊行会、一九一五年）を底本とし、引用箇所ごとに同書の頁数を表示した。

（15）上杉文秀『日本天台史』別冊（破塵閣、一九三五年）所収。識語には、神蔵寺存海・帝釈寺心海らを経て元和八年に書写、という記事が見られる。註(14)同様に、引用箇所ごとに頁数を表示する。

（16）仏書刊行会編『大日本仏教全書』八〇、四一六頁。

（17）法 dharma は、通常は仏の教えの意味で使われることが多いが、本来は「自相を持」つもの（『倶舎論』第一）「軌持」（『成唯識論』第一）というように、〈そのものの性格を保持して変わらないもの〉の意味を持つ。

（18）第九識については『翻訳名義集』に、「唐三蔵此の識を許ず云ふ、第九は是れ第八の異名なりと。故に新訳摂論にも第九は存せず、地論文中亦た第九無し」と、玄奘以降主として法相系の間で、第九識が認められなかった事が記されている（『大正新修大蔵経』五四、一一五八頁、原漢文）。日本仏教における「九識」の扱いについては、天台教学との関わりでは武覚超『天台教学の研究』（法蔵館、一九八八年）第三章「天台の九識説と『起信論』」、唯識教学との関わりでは楠淳證「日本唯識思想の研究」（『龍谷大学論集』四四二、一九九三年）、など参照。

（19）『天台宗全書』一八（大蔵出版、一九三六年）三二九頁。

（20）こうした変化の背景として、「一気に世界観が有情中心から、宇宙を含めた器世界全体に広が」り、「救済論中心から、客観的真理」に縁起説の重点が移ったことが指摘されている。森章司『原始仏教から阿毘達磨への仏教教理の研究』（東京堂出版、一九九五年）五五一頁参照。
(21) 『大乗起信論』（『大正新修大蔵経』三二、五七七頁）。
(22) 奪精鬼に関して『佛説地蔵菩薩発心因縁十王経』には、人の臨終に際して閻魔王の派遣する三鬼の一として記されている。
(23) 鈴木正崇「神楽と鎮魂」（守屋毅編『芸能と鎮魂』〈大系仏教と日本人7〉春秋社、一九八八年）一一八頁。なお、鈴木は同論文で荒神について、祟り神的性格や後戸に祭られる事例の見られる事を指摘している。摩多羅神と共通する点として、今後注目していきたい。
(24) 無明・法性と摩多羅神の関係、その担い手などについて扱ったものに、牧野和夫『中世の説話と学問』（和泉書院　一九九一年、「無明法性のこと」その他の既発表論文を再録）、同「摩多羅神と東国」（『春秋』三二一、一九九〇年）がある。
(25) 双厳院本『玄旨重大口決』に同じ記載の見られることを、景山春樹「摩多羅神信仰とその遺宝」（叡山文化綜合研究会編『比叡山』星野書店、一九五四年、後に村山修一編『比叡山と天台仏教の研究』〈山岳宗教史研究叢書2〉に再録）が指摘している。
(26) 摩多羅神を扱った先行研究には他に、有知山剋果「摩多羅神考」（『東洋哲学』二四―一一～二六―一〇、一九一七～一九年）、喜田貞吉「摩多羅神考」（『民族と歴史』三―一、一九二〇年）、服部幸雄「後戸の神」（『文学』四一―七、一九七三年）、同「宿神論」㊤㊥㊦㊥補（『文学』四二―一〇・四三―一・二・六、一九七四～七五年）、榊泰純「摩多羅神と歌謡」（『仏教と民俗』一一、一九七四年、後に『日本仏教芸能史研究』に再録）、高取正男「後戸の護法神」（大谷大学国史学会編『日本人の生活と信仰』同朋舎出版、一九七九年、後に『民間信仰史の研究』に再録）、小田雄三「後戸考」㊤㊦（『名古屋大学教養部紀要』A（人文科学・社会科学）二九・三〇、一九八五・一九八六年）、鈴木正崇「祭祀空間の中の性」（『文化人類学』四、一九八七年）、山本ひろ子「中世叡山と摩多羅神」（『遊行』二、一九八七年）、同「摩多羅神の姿態変換」（『西方の春』〈日本歴史と芸能三〉平凡社、一九九一年）、三崎義泉「翁猿楽と摩多羅神をめぐる本覚思想について」（『池坊短期大学紀要』一八、一九八八年）、内藤正敏「夢幻王権論」（『民俗宗教』二、一九八九年）、浅田正博「玄旨帰命壇の本質と愛色の思想」（『大倉山論集』二九、一九九一年）、野本覚成「玄旨灌頂の成立と流伝」（『天台学報』三三、一九九一年）、山田

雄司「摩多羅神の系譜」（『芸能史研究』一一八、一九九二年）、曽根原理「禁じられた信仰」（源了圓・玉懸博之編『国家と宗教』思文閣出版、一九九二年）、福原敏男『祭礼文化史の研究』（法政大学出版局、一九九五年）第三部、などが挙げられる。この部分については、特に三崎論文に示唆をうけた。

(27) 「五箇血脈」が玄旨帰命壇の口決の根幹であることは、註(7)硲著作一六四頁以下で論じられている。また、大久保良順「玄旨帰命壇灌頂」（『天台』四、一九八一年）でも、特に玄旨帰命壇との関係で言及されている。

(28) 最澄撰『顕戒論』第一の、道邃からの受法を記した場面に、「和上、慈悲にして、一心三観を一言に伝へ、菩薩の円戒を至心に授く。天台一家の法門、已に備はる」の記述がある。この「一言」が即ち「玄旨」であると、後代に解釈されたのである。

(29) 智顗説『法華玄義』序「衆聖の権巧を発して本地の幽微を顕す。故に増道損生して位大覚に隣る。一期の化導事理倶に円なり」（『大正新修大蔵経』三三、六八一頁、原漢文）などに見られる。中道の智が増進するに随い、変易の生が次第に損滅し、仏と一体化していくことをいう。

(30) 『倶舎論』第九に「母胎等に於いて、正しく結生する時の一刹那の位の五蘊を識と名づく」（『大正新修大蔵経』二九、四八頁、原漢文）とあり、「識」は生命の発生時に配当されている。

(31) 赤白二渧については、『大智度論』巻一九などに原型が見られ、『摩訶止観』巻七上に「この身は他の遺体、吐涙の赤白の二渧が和合するを攬って、識をその中に託し、以て体質と為す」とある（『大正新修大蔵経』四六、九一二頁、原漢文）。

(32) 註(26)小田論文参照。但し、天台系に限らなければ、守覚法親王撰『北院御室拾要集』（治承四年〈一一八〇〉成立）に、東寺の夜叉神を摩多羅神とする記事が存在することも述べられている。

(33) 註(26)服部一九七三年論文。

(34) 『大正新修大蔵経』七六、六二三頁。なお、光宗・『渓嵐拾葉集』・荼枳尼天法などを扱った論考に、註(26)山本一九八七年論文、田中貴子「外法と愛法の中世」（『日本文学』四〇―六、一九九一年、後に『外法と愛法の中世』に再録）、などがある。

(35)　ここに見られる「肝を食い往生を遂げさせる」摩多羅神の姿は、荼枳尼と習合されている事からも理解されるように、例えば『大日経疏』の「荼枳尼真言」などの影響下に形成されたと思われる（『大正新修大蔵経』三九、六八七頁、参照）。
(36)　『大正新修大蔵経』七六、六三二頁。
(37)　『本朝神社考』よりは下るが、例えば元文三年（一七三八）、東叡山真如院の覚深によって書かれたという識語を持つ『摩多羅神私考』（上杉文秀『日本天台史』別冊に翻刻あり）には、「摩多羅神ハ行疫神ニシテ、一切ノ人ノ為ニ大疫ヲ為スニ、此ノ神ヲ以テ三所ノ内ニ勧請シ玉フ事如何ト思フニ、其神秘ハ測リ難ケレトモ、天下泰平子孫繁昌ヲ祈ルニハ此神ニシクハアルヘカラズ。無道ノ人アリテ国家ヲ乱シ、万民ヲ苦ル時ハ、剣戟ヲ以テ之ヲ治メ之ヲ害ス、此神、流行神ト成テ、一念モ逆心ヲ起スモノアルトキハ、刃ヲ用スシテ大疫ヲ以テ是ヲ罰シ、天下泰平ヲ作サシメ玉フ」の記述が見られる。『日本書紀』における三輪神の祟が「疾疫」であったことが思い返される。覚深と当時の天台教団の思想傾向については、註(26)曽根原論文参照。
(38)　『藤原惺窩・林羅山』〈神道大系論説編二十〉（一九八八年）九一～九二頁。

第二部　中世の関東天台と日光山

第一章　『日光山縁起』と東国の〈仏教〉

はじめに

『日光山縁起』の研究史は、柳田国男に始まると言って良いだろう。

大正九年（一九二〇）に出版された『神を助けた話』(1)は、各地の猿丸伝承の紹介とその分析を主題とする。柳田は、日本全国に見られる猿丸伝承の中でも特に加賀・近江・下野のそれに着目し、共通して見られる「勇士は蛇体の神を助けて、敵の蜈蚣を打退けた」話について、田原藤太を遠祖と仰ぐ蒲生氏・小野氏を挙げ、彼らがその伝承形成に関わった事を示唆した。その中の、下野における「神を助けた話」として示されたのが、『日光山縁起』である。

柳田はそこで『日光山縁起』について、「朝日長者の筋を引く猿丸太夫の話が、悉く二荒山の信仰に、基いたものであることは、先疑が無いやうである」と述べ、また「此山の信仰が弘く東北に及んで居たことを示して居る」と指摘した。柳田によって、日光と結びついた猿丸伝承の、関東から東北にかけて広く分布する事実が発掘されたと言える。

猿丸伝承の一例として着手されたためか、以後の『日光山縁起』研究は、伝承の担い手集団の解明を中心に進められていった(2)。その結果、直接に唱導を担った小野系神人団の盛衰(3)や、日光権現を奉じる狩猟民と諏訪系狩猟民との対抗関係(4)などが指摘されるに到っている。一方それらと関わりつつ、『日光山縁起』自体は狩猟信仰を表す作品として

扱われた。『日光山縁起』の独自性は、貴種流離譚の中でも狩猟民に伝承された点に求められている。(5)

以上のように、『日光山縁起』の研究は現在の所、作成者の側に重点を置いて考察されてきた。それによって明らかになった事実は尊重されるべきである。ただ、さらに考えてみたいのは、そのような狩猟信仰に基づく作品が、当時の社会の中でどう受容されていたか、という問題である。

今更述べるまでもないが、作品は当該年代の状況の中で形成される。相似た基盤を持ちながらも『山立由来』などとは異なり、『日光山縁起』は狩猟民以外の人々とも広く接点を持っていたのだから、その方面との交渉の様子を無視する事はできないだろう。中世の在地社会の人々に対して、『日光山縁起』は単なるお伽話以上の意味を持ち得たのだろうか。その点を探るために、『日光山縁起』諸本の中で、特に実川本に注目したいと考える。

二荒山神社（日光・宇都宮）の祭神に関する縁起で、主に南北朝から近世初期に作成されたものを、『日光山縁起』と総称する。諸本については細矢藤策・久野俊彦両氏により、目録が作成されている。(6)ところで諸本の中で最古の奥書（至徳元年〈一三八四〉）を持つ実川本は、また「金剛仏子貞禅」によって書写されたとの記載を持つ。(7)この貞禅に関しては既に古谷清により、南北朝時代の宇都宮西経所に実在した人物である事が確認されている。(8)そして、その後に飯田真は、「所謂、貞禅は当時宇都宮二荒山神社西経所に於て、同社参社の人々に同縁起の画かれた絵障子又は絵巻物を見せながら、其の説明を語り聞かせる絵解きを職務の一つとした同社の社僧の一人だったのではあるまいか」と指摘した。(9)また丸谷しのぶも、貞禅が真言系の密教僧として、日光山入峯修行者や日光・宇都宮の信者と接しつつ活動を行った事を明らかにした。(10)各氏によって実川本は、南北朝期に貞禅を媒介とし、在地社会（宇都宮）との接触の中で育くまれたテキストである事が示されたと言えよう。そこで次に、この実川本によって『日光山縁起』形成の土壌を考えていきたい。

一　『日光山縁起』の構造

従来『日光山縁起』というと、ともすれば狩猟信仰の影響や、民間伝承との共通性を指摘する事で済まされてきた嫌いがあるように思われる[11]。しかし、様々な信仰や伝承との接点を認めた上で、しかもそれらの要素を組みこんで、本縁起が何を主張したかを構造として捉えなければ、本縁起が当時の社会の中で意味していたものは読み取れないであろう。そのためにまず、後に日光の神となる主人公、有宇中将の登場の様子から見ていきたい。

抑花洛に一人の雲客おはしき。有宇中将と申き。才芸世にすぐれ、忠勤人にこえ給ひしかば、御門の御おぼえ、人のおもくする所、まことに肩をならぶる人なかりき。(a)然にいかなる宿縁にや、明暮鷹をこのみ給ひけり。さるほどに霞立春の朝にはかたむきゞすのおちかたを尋て日をくらし、嵐ふく秋の夕には初鳥狩の野遊に興をもよほして時を移し給ひしほどに、(b)花下に筆硯をならす御遊には、竜顔にまみえずして日を送り、月の前に絃歌にたづさわる興宴には、鳳闕をへだてゝ夜を重ね給しあいだ、律は懲粛を宗とし令は勧誡を本とするならひなれば、御勘気のよし宣下あり[12]。（二七八頁）

ここで有宇は、秀れた才能を持ちながらも勅勘を受け、都を逃れる人物として描かれている。都を離れ漂泊する人物像自体は決して新しいものではない。しかし、ここで注目したいのは、都を逃れるに到る原因である。

本文では傍線(b)に見られるように、「御遊」・「興宴」に参加せず、その結果「御勘気」を蒙ったと記す。直接的には勤務怠慢がその原因であったと言うのだが、実際はそこに止まらない。勤務怠慢をもたらしたものとして示されているのが、傍線(a)の「鷹」である。有宇は鷹狩に熱中した結果、勤務を怠り勅勘を招いたと記される。さらに興味深いのは、その後の彼の行動である。

中将おぼしけるは、夙夜の勤労なければつみをかぶる。これ君をも世をも恨奉べからず。野遊をとどめんとすれば、鷹も犬も心ある事人倫にすぎたり。かれらが心ざしをもださんも不便なり。しかじ、いかならん野のすゑ山のおくにもたちかくれんにはと、おぼしめし……

（二七八頁）

勅勘を受けた場合、宥免があるまで謹慎するのが普通であろう。ところが有宇は、勤務を放棄し東へ下ってしまう。何故有宇は、このような異常な反応[13]をしたのだろうか。その答として、本文では鷹や犬の「心ざし」を挙げている。有宇は動物たちについて彼らの「心」は「人倫」よりも秀れていると述べ、そうであるからこそ、たとえ天皇に対して罪を蒙るとしても、彼らの狩猟を志向する心を見捨てるわけにはいかないと決心するのである。そして引用に続く部分では、有宇が鷹・犬・馬を連れ、「人は一人もめし供」さず、「ともになみだを流して」都を出ていく姿が描かれている（二七八頁）。

有宇自身の心情に即して言えば、彼は都に心を残しつつも東へ下って行くのである。ところがそれとは別に、読者の立場に立つのなら、この記述に都を選ぶか東を選ぶかの二者択一の結果を読み取る事が可能であろう。作者は有宇の登場場面で二つの生き方を提示し、結果的に有宇に、その選択をさせたのである。一つは天皇への奉仕に励む生活、もう一つは、地方で動物と共に狩猟で暮す生活である。そして有宇は後者に荷担した。ではこの二つは、一体どのような意味で対立し、また何故有宇は後者を選んだのだろうか。その問いに答える鍵は、有宇の前生譚にある。

浄頗梨の鏡を見るに、有宇中将業因のがれなし。しかれども過去に宿願あるによて（ママ）、無間の苦患をばのぞかれけり。其故は、中将は先生に二荒山の猟士なり。かれが母、子をやしなはんために山に入、爪木をとり菓を拾けり。猟士は鹿をからんために山に入ぬ。母は寒さふせがむために、鹿の皮をきたりけるが、木の下草のふかき所にて菓をひろひけるを、猟士鹿と思て射てんげり。立よりて見れば鹿にはあらず。我母なり。れうし、「かなしきかなや、母子もろともに貧苦なかりせば、鹿をかり、たき木をとるわざなからまし。しからば目の前に母をゐころさんや」母申けるは、「われ年老よはひかたぶきぬ。ながらふるとも余命いくほどならじ。かつは前世の宿業なり。たゞ汝が五逆罪こそいたはしけれ」とて、いきたえ、まなことぢぬ。（二八四頁）

一度東へ下った有宇中将は、母の死の報せに驚き、上洛を志す途次に病を得て客死する。地獄で閻魔王の裁きを受ける時に明らかにされたのが、右の前生譚である。それによれば、有宇は前世では貧しい猟士で、貧しさの故に誤って母を殺してしまったという。話は次のように続く。

「猟士は死苦をばうくるとも貧苦をばうくべからず[14]といへるもことはりなり。我ねがはくは、この山の山神となって、生々世々貧窮のものをたすけんといふ願あり。いそぎかへしてこの願はたさせよ」と、炎魔王の給ひければ、やがてよみ帰りにけり。此猟士は有宇中将と生れ、母は青鹿毛と生れぬ。雲上といふたかは子なり。阿久多丸といふ犬は妻也。（二八四〜二八五頁）

誤って母を射殺した嘆きの中で、有宇の前身である猟士が立てた願は「（山神＝狩猟の守護神となって）貧窮のものをたすけん」と記される。閻魔王の処置に見られるように、それこそが有宇の生存の意味であり、行動原理である。そして馬（青鹿毛）・鷹・犬といった動物たちは本来有宇の家族で、有宇の行動原理を助ける存在として性格づけられているのである。

さて、先程指摘したように本縁起の中には、両立し得ない二つの生き方が提示されている。有宇が支持した側には、動物と共に狩猟する人々が当てはまる。一方それに対抗するのは、天皇に奉仕する人々の姿であろう。そして、前者を狩猟を通じての貧窮からの脱出を目的とする立場、後者を（有宇の二者択一の如く）それと相容れない立場と捉えるならば、後者は狩猟を妨げる事で生活の向上を阻害する存在として性格づけられている事が考えられる。そこから、この場合の「天皇」とは、仏教の不殺生主義に基づき、狩猟を禁遏する理念の象徴であった事が予想される。それに対して有宇は、たとえ天皇に背くとしても、狩猟によって生活を向上させる側に荷担した。その際に、有宇の側の拠所となったのが「利生」という行動原理であった事は、次の一文から読み取れる。

夫鶏子のごとくまろがれ、遊魚のごとくたゞよひし世には、混沌あひわかれず乾坤いまだあらはれざりき。其後すみあきらかなるは天となり、をもくにごるは地となり、二儀こゝについで万物こゝにそなはりしより、天神地祇ひかりを秋津すにやはらげ、宗廟社稷あとを瑞穂国にたれつゝ、八百万神あまねく四海八挺のかためとなり、三千余座いづれも五畿七道のまぼりとなり給て、鎮護国家の宗神として済生利物の善巧ましますといへども、東山道下野国日光山満願大菩薩の利生、ことに余社にすぐれ給へり。（二七六頁）

混沌たる世界が秩序づけられていくのに伴い様々の神が登場し、「鎮護国家」・「済生利物」の動きを成す。その中でも特に、有宇の後身である日光の神は、すぐれた「利生」の活動を行うと説かれている。同時に見逃せないのは、その利生の担い手が、「菩薩」の語で呼ばれている事である。有宇たちの行動原理は必然的に生き物の命を奪うにもかかわらず、それでも「利生」は菩薩の活動、つまり、仏教に則った活動の原理であると判断されている。本来仏教の教理の中には、殺さないという事と人々に利益を与えるという事が同居しているのだが、本縁起では、京都の不殺生の仏教と日光の利生の仏教が明確に区分けされた上で、利生の仏教の立場——狩猟の生活に肩入れする——が支持されているのである。ここには、京都で天皇が広める仏教とは異なった種類の〈仏教〉が存在し、それを自らの拠所とする主張を読み取る事が可能であろう。

そして利生の〈仏教〉は、また、東国の〈仏教〉とも読み解き得るものであった。

さて中将殿上洛ありて、次第の昇進か丶はらせ給わず大将にうつり給ぬ。東八ヶ国ならびに陸奥迄しらせ給けり。みちのくをばあさ日の君の御父長者どのにたばせ給ふ。（二八五頁）

閻魔王の計らいで、利生実現のため蘇生した有宇は、上洛を果たす。そして「東八ヶ国ならびに陸奥迄しらせ給けり」と記されるように、有宇は関東・東北の統治者ともなる。この事は、有宇が体現する利生の〈仏教〉こそが東国の支配原理にふさわしい、という主張の文学的表現であるとも考えられるのである。

有名な猿丸の神戦譚も、本縁起の構造の中では、有宇の活動の延長線上で捉えられる。

権現御敵をば猿丸うちおほせぬ。しかるに権現、彼忠節のいたりをかんじおぼしめして、猿丸におほせけるは、「汝が弓箭のちからをもて、我宿意をとげて敵をほろぼし国をとりぬ。汝がはじめをおもへば我孫なり。此国を今よりゆづるなり。我子太郎明神と共に、此麓の一切衆生を利益すべきなり。汝をばこの山の神主となすなり」と仰ければ、猿丸いさみをなし……（二八七頁）

有宇が姿を変じ日光の神となった後、有宇の孫の猿丸が、赤城の神と戦い日光を守るのだが、その際の猿丸の行動原理も「一切衆生を利益すべき」と記されるように、利生（利益衆生）という名の〈仏教〉なのである。実際、猿丸はその〈仏教〉に則る事で、遂には「恩の森の神」となり「彼麓の衆生を導」くに到ると記される（二八七頁）。ここから本縁起において、前半の有宇の流離譚と後半の猿丸の神戦譚を貫通するのは、利生という仏教原理の主張であった事が推測されるのである。

以上の様な諸点から一つの解釈として、本縁起に、二つの立場の対立を通じて利生の〈仏教〉を主張する構造を想定する事ができるだろう。対立関係を示す図と、要点の箇条書きを次に示す。

天皇 人 都 不殺生	⇔	有宇 馬・鷹・犬（人倫にすぎたり） 地方（東八ヶ国・陸奥） 殺生・利生

①本縁起の構造として、まず、都で天皇に仕える人々と地方、とりわけ東国で狩猟を営む人々との、二種類の生き方の対立が提示され、

②都の人々が唱える〈生き物の命を奪わない事を重視する価値観〉に対して、〈自らの生活向上により重きを置く価値観〉を対抗させ、

③東国の地は、後者の価値観に基づいた支配が行われるべきであるという主張を持つ。

ところで、もし上記の点が認められたとするならば、この主張は、本来は、都を中心とする正統的仏教の殺生戒を受容する中で、東国の狩猟民の間に生まれてきた劣等感と、その裏返しとしての自己弁護に根ざすものと捉え得る。不殺生を説き、（誤って母を殺すに到るような）貧窮を強制する者達に比し、むしろ鷹や犬の方が「人倫にすぎた」「心ざし」を持つものとする感覚は、狩猟民のものであろう。しかも見逃してはならないのは、本来そうであったとしても、本縁起の段階ではそこに止まらないという事である。何故なら、仏教の概念と結びついた時点で、彼らの主張は単に狩猟民の間だけでなく、生活する者すべてが認めざるを得ない普遍性を得たからである。利生、即ち仏教の原理に則った活動であるなら、たとえ天皇や天皇の支援する教えであっても、背くのに躊躇は無用である。そう考えるなら、本縁起における利生は自己弁護に止まらず、京の王権に対抗し得る価値の創出に到った段階（自己主張の段階）と

解釈されるのである。

二　実川本テキストの位置

前述の仮説を考える時に気に懸るのは、諸本との関係である。『日光山縁起』には既述のように、数種類の異なる諸本が存在する。上記実川本に基づく解釈は、実川本のみに認め得るのか、あるいは諸本にも広がりを持ち、『日光山縁起』の骨格と見なせるのだろうか。その点に関して、諸本との比較を試みたい。

実川本に見られた利生の主張は、二つの立場の対立に基づいている。そこで比較する項目としては、(a) 有宇と天皇、(b) 動物と人、(c) 地方と都、(d) 利生と不殺生、の四つの対立を考えた。具体的には実川本に見られる、

(a) 有宇中将登場時点での、狩猟(鷹狩)による天皇との反目

(b) 東下りの際に動物のみを供とする

(c) (利生を体現した) 有宇が、東国の統治者となる

(d) 有宇の前生譚で、有宇が利生の原理を体現することが示される

の記述に対応する部分について、実川本との異同を見ていきたいと考える。

比較の対象としては、久野俊彦[15]の区分を参考に、「因位縁起系」から①日光二荒山神社蔵『日光山権現因位縁起』、②柴田豊久氏蔵『日光山縁起』、③林羅山撰『二荒山神伝』、「二荒山縁起系」から④内閣文庫蔵『下野国日光山縁起』、⑤東北大学附属図書館狩野文庫蔵『犬飼物語』、の五点を選びたい[16]。いずれも各系統を代表する諸本である[17]。なお、残された「縁起絵巻系」の実川本以外の二本は、いずれも実川本と殆ど異同が無いと言われる事[18]から除外する。

右の要領で諸本について（a）～（d）の各々の実川本との異同を示したのが次の表である。（○は一致、△はほぼ一致、×は該当記述無しを示す。いずれも内容の点で）

	①	②	③	④	⑤
（a）	△	△	○	○	○
（b）	○	○	○	○	○
（c）	○	○	×	○	○
（d）	△	△	×	△	△

全体としては、内容的に、実川本と殆ど重なる事が確認できる。次に細かく見ていきたい。

まず（a）について。③～⑤の諸本は全て、狩猟が原因となり、有宇と天皇との反目が生じたと記している。

昔在宇《（ママ）》中将好二田猟一、一日忤二上旨一左遷。　（③一二七頁）

何ナル前世ノ宿業ニカ依リケン、中将殿犬鷹狩猟を好き玉ひて、明暮ハタ、山野ニノミ御心を入レ玉ひて、其事トナク麓《（禁カ）》闕立ニ交リ《（ルカ）》コトヲモウクサセ玉ひしかば、月乃前の宸宴花ノ下ノ御遊ニも折々外給イケル程ニ、何シカ御門ノ御気色も不快、遂ニハ勅勘をカウフラセ玉ひしかは……　（④九九頁）

いかなる前世のしゆくこうにか、中将犬鷹をてうあいし給ひ殺生をこのミ給ひ、あけくれ山野に日をくらしなくさミ給ふ。禁裏のつとめハうとく、月の前のえん花のもとの御あそひにも折々はつれ給ふほとに、みかとの御きそくも心よからす、ついにハちよくかんの身とそなり給。　（⑤一丁表～裏）

それに対して①・②は〈狩猟が原因〉の部分に欠ける。

本甲賀権守諏胤ト申、今有宇ノ中将ト申也。中将蒙二リ御門ノ勅勘一ヲ給テ思食ケル、……　（①六五頁）

夫、殿上に大将殿と申大臣おはします。御子に《(有脱カ)》宇の中将殿と申わたらせ玉ふ聖人有けるが、有時、大王の勅堪《(勘カ)》を蒙り奉りて、みやこに住べきにあらずと有ければ、……　（②九頁）

次に（b）・（c）については、特に問題が見られない。③以外は諸本殆ど一致するので省略する。

（d）について。③に見られず、①と②、④と⑤がそれぞれ近似している。いずれも、有宇の前身の猟士が誤って母を射る所までは実川本と一致するのだが、その後が異なる。代表して②と④を挙げる。

猟料《(ママ)》師あきれはてて、こはいかに、誠の鹿と思てあやまり申たりとて歎事限りなし。母はやう〳〵目をひらき、たがへ《(ひカ)》見合て母のいわく、汝を七日の間みざる間、山に入てうへにのぞみてふしたりしが、あやまちなればくるしからずと申。亦は丶のいわく、我此山の神と也《(成カ)》、貧なる者をりやくせんといわく《(ママ)》、矢《(失カ)》せにけり。りやう師是を驚き、直に弓のつるきをきりて母の骸をかくし、我この山の神也《(と成カ)》、衆生を利益せんため御供申さんとて、腰の刀をぬき、はら十文字にかきやふり矢《(失カ)》せにけり。　（②二八～二九頁）

死玉ひて後閻魔王宮ニ詣テ見給ひ一人宣宦《(冥官カ)》アリ、中将殿《(二脱カ)》向テ曰説戒シ給ひケルハ、……其時猟師悲愧シケルハ、吾カ、ル貧家に生ルレハコソ、一人之実母ヲ育マン為ニ狩猟ヲハ成ツレ。実不レ貧ハ妻木をも拾フマシ。サラハ何レニ此過ハ有ヘキ。寧死苦ヲハ受ル共貧苦をは可《(不脱カ)》レ被レ受とハ誠ニ理リ也。我ネカワクは再生に此山之神と成テ窮困ノ者ヲ救と云大願ハ起シケルカ、此一念之善心便過去ノ果因トナリ、現当に界シテ有宇中将とハ生れ玉ひ共、彼業因未レ書《(尽カ)》キシテ、今ナヲ宿酬ノ業ヲ令レ好者ナリ。早く《(娑脱カ)》婆ニ立カヘリテ、此因果ヲコト〳〵ク滅シテ前家《(世カ)》ノ所願を令レ満玉フヘシ……　（④一〇九～一一〇頁）

それぞれの実川本との異同を指摘しよう。まず②は、誤って母を射るまではほぼ一致するのだが、その後で死に臨んだ猟士の母が、「我此山の神と也、貧なる者をりやくせん」と告げ、猟士がそれを追う形で「衆生を利益せんため」に「御供」をしたと述べられる（この点①も同様である）。つまり、実川本では利生の願の主体は猟士（有宇の前身）なのだが、①と②では、猟士の母が先行し主導権を握っているのである。[19]

次に④について。こちらでは利生の願の主体は有宇（猟士）に限定され、その点は実川本と変わらない。異なるのはその意義づけである。④では「冥臣」の言として、「業因」が尽きず今でも「宿酬の業」を好むに到っている、早くこの「因果」を滅せよ、と説かれる。（⑤にも同一の記述がある）。これだけではこの「業因」の正体が解りにくいが、②の引用文の直後に「母をいころしけるは、死のさいく（罪苦カ）はのかれさるむくへなり」（三〇頁）の句が見られる（①も同様[20]）事から考えて、④の「業因」とは、生業としての殺生を指す事かと考えられる。つまり④と⑤、さらに①と②も、殺生を悪業と考える見方を含んでいる事が言えるのである。この点で、当該部分でもその他でも、殺生が罪であるという主張の見られない実川本とは全く異なる。

以上（a）～（d）の異同から、次の諸点が導かれるであろう。

1 ③のみ他とは大きく異なるが、それ以外の諸本は大枠として実川本の主張を支える要素を備えており、同様の構造で捉え得る。

2 同じ構造を持ちながらも、〈二つの立場の対立に基づく利生の主張〉という点では、実川本（縁起絵巻系）が最も完成度が高い。

3 特に（d）に注目すると、「因位縁起系」（①・②）は有宇の主人公性を考える時、話の筋が不自然であり、有宇が利生を体現するという主張を少しく弱めている。また「因位縁起系」・「二荒山縁起系」ともに、〈殺生＝罪悪〉

の見方も説かれる点に、実川本に比して王権（＝京の仏教）を克服しようとする姿勢の稀薄さが看取されるのである。

4　ここから実川本は、『日光山縁起』諸本中、京の王権に対する対抗・克服の志向が最も強く発揮されていると言える。

以上1～4の結果から、実川本から推測された前述の構造・主張は『日光山縁起』の基本的な枠組である事や、その中でも実川本は特に明確な主張を持つ本である事が確認される。第一節で示した解釈は、ほぼ妥当なものと認められる。

さて、諸本の異同を確認の上で第一節末尾の仮説に基づき、「因位縁起系」・「二荒山縁起系」の〈殺生＝罪悪〉観の残存を狩猟民の自己弁護の段階、実川本等「縁起絵巻系」をそれを克服した自己主張の段階に対応させるなら、「縁起絵巻系」が在地の唱導に用いられた事はほぼ明らか[21]なので、実川本に見られる利生の〈仏教〉の主張に在地社会との交渉の影響を考える事は、あながち的外れでもないだろう。そうであるなら、その事は、当時の在地社会に不殺生にたいする利生の主張が、まだ根強く残っていた事を示唆するのではないだろうか。

諸本の成立年代等、残された問題は多いものの、現時点では右のように推測しておきたい。

おわりに

最後に実川本に見られる利生の〈仏教〉の主張が、中世の関東でどの程度現実性を持ち得たかを、特に鷹狩に着目しつつ見ていきたい。

武士の発生について、国司に所属し編成された狩猟民を源流と見る戸田芳実[22]は、貞観五年（八六三）三月十五日の宮符を挙げ、彼ら国司配下の「猟徒」が、狩猟によって百姓を苦しめた様子を指摘した。

今聞、或国司等、多養㆓鷹鷂㆒、尚好㆓殺生㆒、放以㆓猟徒㆒、縦横部内㆒、強取㆓民馬㆒、乗騎駈馳、疲極則棄不㆑帰㆓其主㆒、黎庶由㆑其悲吟、農耕為㆑之闕怠、苟云㆓朝寄㆒豈当㆑如㆑斯、

（禁制国司并諸人養鷹鷂及禁野事）[23]

戸田はさらに、彼らの屠殺者的暴力がしばしば百姓に向けられた結果、百姓の間に〈武士＝狩猟・殺生〉の存在そのものを罪悪視する思想的基盤が形成されたと述べている。ところで注目しておきたいのは、そのような形で発生した事により、引用（傍線部）に見られるように、武士と鷹狩とは切っても切り放せない関係を有していた事である。またその事は、殺生を罪悪視する価値観が常に彼らに否定的な圧力をかけていた事でもあった。

一方、保立道久[24]は、平安初期に東国に「留住」した貴族により武士団が形成される中で、貴種流離譚の発生が見られたと指摘した。流離譚に見られる中央との関係は、東国に住む武士団成員にとって、中央からの排除と地方での自立という、彼らにとっての現実を背景としていた、と説明される。これに従えば、中央と対抗し狩猟・殺生に自己の拠所を求める理念は、中世の関東武士にとって、自己の源流を示すものと親しく感じられた事が推測される。

さらに考えなければならないのは、鷹狩が持った意味である。京の中央政府が度々鷹狩の禁令を出した事[25]は良く知られているが、その多くは「私」に行う事を禁じたものであった。聖武天皇以来、禁令の中には「被㆑禁㆓殺生㆒」[26]等の文言が見られ、仏教の不殺生主義に基づくと解され易い。しかし実際は、禁じられたのは政府の意向に添わない鷹狩であるらしく、許容される範囲で鷹狩を行うのは充分認められていたらしい。例えば『大鏡』に、源公忠が鷹狩に熱中し非難を受けた話がある。人々の非難に対し醍醐天皇は、公事を怠ったなら罪があるが、勤めを果たした上での事なら何の問題も無い、と答えたと伝えられる[27]。『日光山縁起』の有宇中将とて、趣味に止めて勤務を果たしたのな

ら、鷹狩をめぐる天皇との軋轢は回避し得たであろう。ところが有宇は、自ら問題を拡大し、東国への出発という形で天皇との対立を表面化させた。この場面を羅山撰『二荒山神伝』のように左遷（の婉曲的表現）と見、有宇の天皇に対する態度を対立性より求心性（その反面としての左遷の悲劇性）で捉えようとする見方も、一見可能に思われるかもしれない。しかし、どうであろうか。実際は有宇は、ここで動物たちを「人倫にすぎた」ものと断定しているのであり、動物たちとの狩猟生活に、都とは異なる、しかもより秀れた価値を置いていると読み解くのが自然ではないか。[28]したがって有宇の鷹狩への志向には、単に戒律に従わない以上に、王権（を支える価値観）との主体的な対峙を読み込めるように考えられるのである。

以上のように捉えるなら、実川本における有宇中将の〈鷹狩をめぐる天皇との反目〉・〈天皇に公認されての東国支配〉という像は、中世の関東武士たちの姿と非常に対応する面があるのに気づかされるであろう。「留住」貴族の延長線上に位置する東国武士が、結局「中世天皇制の枠の中でしか存在しえなかった」[29]のと同様に、有宇中将は天皇と反目しつつも、東国の支配権を〈天皇から与えられる〉事に甘んじたとも言える。しかしながら、その「中世天皇制」の枠内にとりあえず止まりつつも、逆にその枠を潜在的に脅かす志向性が〈有宇の行動原理＝利生の《仏教》〉に潜んでいた事は否定できないのではないか。鎌倉幕府や室町時代の鎌倉公方が、日光に特別の敬意を払った事が指摘されているが、[30]『日光山縁起』に見られた東国の〈仏教〉の主張がどの程度それに関わり得たか、調査の余地がなお残されているように思われる。

在地社会との接点を考えることで、『日光山縁起』の狩猟信仰に止まらない普遍的側面を指摘した事が、本章の成果であろう。それがどの程度の広がりと有効性を持ち得たかについては、なお今後の課題としたい。

註

（1）本章での引用は、『定本柳田国男集』一二（筑摩書房、一九六三年）所収のものによる。

（2）研究史については、久野俊彦「『日光山縁起』文献目録」（『栃木史心会会報』一五、一九八四年）を参照。

（3）高崎正秀「唱導文芸の発生と巫祝の生活」（『国学院雑誌』三八―四～一〇、一九三二年、後に『高崎正秀著作集』5に再録）、千田孝信「『久次良』考」（『栃木史論』六―一、一九七四年）など。

（4）小島瓔禮「日光山縁起と狩猟信仰」（『日本民俗学会報』二五、一九五二年、後に『中世唱導文学の研究』に再録）、福田晃「神道集〈諏訪縁起〉の方法」（『立命館文学』五〇五、一九八八年）。

（5）大島建彦「『日光山縁起』の構造」（『文学論藻』三三、一九六六年）。

（6）細矢藤策「翻刻二荒山縁起」（『野州国文学』一五、一九七五年）、久野俊彦「『補陀落山祖秘録』翻刻」（『東洋大学大学院紀要』一九、一九八三年）。なお細矢は、本縁起の内容から「二荒山神社縁起」と呼称すべきと説く。

（7）柳田国男・萩原龍夫両氏は、至徳元年の奥書の信憑性について懐疑的である（柳田『神を助けた話』、『寺社縁起』〈日本思想大系20〉岩波書店、一九七五年、四三九～四四〇頁、萩原補注）。それに対して細矢藤策の反論があり、嘉元四年（一三〇六）成立の『拾果集』の記述から、猿丸譚が当時既に成立していたことを指摘する（註（6）文献）。筆者は、萩原も認めるように「底本の内容全般がすべて後代のものということはできない」のであり、後述のように本縁起の構造・主張は諸本に広く見られる事から、実川本の内容は「かなり古い要素」と考え得るように思っている。

（8）古谷清「日光山縁起に就て」（『考古学雑誌』一四―九、一九二四年）。

（9）飯田真「『日光山縁起』とその周辺」（『栃木史心会会報』一四、一九八三年）。

（10）丸谷しのぶ「日光山縁起の成立」（『文学史研究』二七、一九八六年）。

（11）その他、細矢藤策「日光・宇都宮の神々の変遷」（『野州国文学』三〇・三一、一九八三年）は中世の領主宇都宮氏への配慮に触れ、同「二荒山神社の日神信仰」一二（『野州国文学』五一・五三、一九九三年・九四年）、「二荒山神社の日神（太陽）信仰」（『歴史と文化』四、一九九五年）は、本縁起成立の背景としての太陽信仰を扱う。

(12)　以下実川本からの引用は、註(7)の『寺社縁起』を底本とし、引用箇所ごとに同書の頁数を表示した。なお、この引用文中の「律は〜、令は〜」の文は『弘仁格式』序の冒頭に見える。

(13)　どこまで遵守されたかについては疑問が残るものの、『律令』〈仮寧令第十一条〉には京官が私的に畿外に出るのを禁じた条項があり、近衛中将〈従四位下〉は当然その対象となる。

(14)　『宝物集』巻第三に「毘沙門天王は『死苦にあふとも、貧苦にはあはじ』とぞのたまふなり」とある。『宝物集・閑居友・比良山古人霊託』〈新日本古典文学大系40〉〈岩波書店、一九九三年〉一三二頁。典拠と思しき逸経については、牧野和夫「十二巻本『表白集』編集とその四周」〈『実践国文学』四七、一九九五年〉の「附」参照。

(15)　註(6)久野文献。

(16)　底本には、①と④は註(6)細谷文献、②は高藤晴俊「翻刻柴田家蔵本『日光山縁起』」〈『栃木史心会会報』一五、一九八四年〉、③は『日光・二荒山』〈神道大系神社編三十一〉〈一九八五年〉、⑤は東北大学附属図書館狩野文庫蔵写本、を用い、引用箇所ごとに頁数または丁数を表示した。

(17)　久野紹介の十八種諸本のうち、野口日枝神社蔵A・B本は①と殆ど一致する〈註(6)細矢文献〉。同様に『補陀落山祖秘録』・『日光宇都宮因位縁起』〈神宮文庫蔵本・赤城文庫蔵本〉は②と〈註(6)久野文献・註(16)高藤文献〉、『前々太平記』所収「下野国日光山開闢事」は③と〈註(6)久野文献〉一致すると言われる。

(18)　註(9)飯田論文。

(19)　他の地方と同様に、日光の信仰圏の狩猟民の間にも、山の神は女神であるという伝承が確かに見られた〈『南会津・北角沼地方における熊狩雑記』〈アチックミューゼアムノート13〉一九三七年、一七頁など〉。あるいは理由の一端を示しているか。

(20)　本文では「亦射《イ》二敬シ母一ヲ報二生死一ハ云リ」。「亦た敬し母を射しは生死に報ゆとは云へり」と訓じ、②該当部分の意に解すのが適当と思われる。

(21)　註(9)の飯田論文参照。また、中世に縁起絵巻が教学大衆化の役割を担った事について、佐藤弘夫『日本中世の国家と仏

教』（吉川弘文館、一九八七年）四四頁以下参照。
（22）以下は戸田芳実「国衙軍制の形成過程」（日本史研究会史料部会編『中世の権力と民衆』創元社、一九七〇年）による。
（23）『類聚三代格・弘仁格抄』〈新訂増補国史大系25〉（吉川弘文館、一九六五年）五九八頁。
（24）以下は保立道久「古代末期の東国と留住貴族」（中世東国史研究会編『中世東国史の研究』東京大学出版会、一九八八年）による。
（25）『古事類苑』遊戯部一四「放鷹」の項参照。
（26）『日本紀略後篇・百練抄』〈新訂増補国史大系11〉（吉川弘文館、一九六五年）五六頁、『百練抄』大治元年六月廿一日条。
（27）『大鏡』〈日本古典文学大系21〉（岩波書店、一九六〇年）二五六～二五七頁。
（28）この価値の延長上に、斉藤利男「中世における正統イデオロギーと民衆的認識の世界」（地方史研究協議会編『交流の日本史』雄山閣出版、一九九〇年）、誉田慶信「本地垂迹の体系と中世民衆神学」（羽下徳彦編『中世の政治と宗教』吉川弘文館、一九九四年）、の指摘する「民衆神学」が考えられるように思う。
（29）伊藤喜良「『東国国家』と天皇」（前掲『中世東国史の研究』）の結論部分から引用。
（30）日光山の座主が建長五年（一二五三）から応永二十七年（一四二〇）にかけて、鎌倉の勝長寿院別当と京都本覚院（または法性寺）門跡を兼帯し、しかも九条家・皇族・足利一門の職とされた事について、「後年徳川氏が、家康の遺骸を此処（日光）に遷葬して、皇胤を迎へて座主とし、江戸東叡山の貫主と京都毘沙堂門跡とを兼董する制を立てたのも、一に其例を茲にとったのである」と指摘されている。藤井萬喜太「日光山常行堂安置源頼朝遺骨の検討」（『歴史地理』六八―五、一九六三年）参照。

第二章　関東天台の教学
――月山寺恵賢を中心に――

はじめに

本章では、常陸国月山寺を拠点に活動した恵賢をとり上げ、中世関東天台の教学の一端を窺うこととする。恵賢に関する本格的な研究は、まだ着手の段階と言って良いだろう。彼は僅かに、近世初期に天海に近侍し、常陸国月山寺の中興を果たした人物としてのみ知られている。月山寺は近世、僧正格の寺院としてそれなりの勢力を保持していたものの、所詮地方の一寺院に過ぎず、それだけでは恵賢に注目する積極的理由は見出し難い。だが、恵賢が一時期天海と対立していた事実を知れば、事情は多少なりとも変化する。実は恵賢は「本寺に背き新義を企み灌頂執行」した事により天海に糾弾されているのである（宗光寺文書、後出）。従来恵賢は、寺院存続のために家康・天海といった権力者へ接近した側面で捉えられてきた。しかし単なる取り巻きでなく天海と対立する契機をも有していた事実は、彼の評価の見直しを迫る。恵賢の天海に対する対応は、どうやら葛藤を秘めつつある種の基準に基づき行われていたように思われるのだ。

恵賢に関して、しばしば天海の弟子である旨が説かれている。[2]ところが、ある時期の恵賢は天海に対して対立的であった。今までこの二側面が整合的に説明されたことは無い。それは、地方寺院の僧侶が本山の支配下に入ることを殆ど自明の理（多少の抵抗があったとしても）とする先入観によるものであったかもしれない。しかし本当に恵賢は天海の弟子だったのか。また、もしそうならどのような意味で弟子であったのだろうか。上述の事情から、〈天海の弟子〉説は検討の余地が存在すると考えられる。

一体、恵賢は何に基づき天海の弟子と見なされてきたのだろうか。従来の見解をたどってみた所、意外にもその根拠は時代が新しいことが分かった。

……恵賢ハ隣村友部ノ産ニテ、幼ヨリ月山寺某和尚ニ仕テ法弟トナリ、カシコキ性ニテ遂ニ世ニ知ラレシコトニテ、后年コノ寺ノ住持マデニセラレタリシニ、神君モ恵賢ガコトヲ聞シメサレ、関原ノ御陣ノミギリ、当敵調伏ノ御祈禱ヲ命ゼラレ、御勝利ノ話、恵賢御陣ニ召サレ其労ヲ賞ラレ、……〔按ニ恵賢ハ天海ノ法弟トナリテ、月山ヲ開基シ、天海ニ従テ関原ニイタリシコト、碑文ニモ見エタリ、……〕(3)

右は、近世末の中山信名以来書き継がれた『新編常陸国誌』「小塙」からの引用で、「恵賢は天海の法弟」とある。実は引用部分は近代になってからの栗田寛の増補で、典拠は『月山寺歴代案書』（近世末成立か、後出）と思われる(4)。したがって〈恵賢＝天海の弟子〉の文言は、管見の限り近世末以前には遡らない。そうであるなら恵賢と天海の関係について、後世の記録でなく同時代史料に基づいて検討する余地があるだろう。その観点から本章では、まず恵賢に関する史料を一覧・点検し彼の事蹟を確定する。次いで彼の思想史的位置を考察し、最後に彼の活動の意味を再考することで、恵賢と天海の関係の見直しを行いたい。

一　恵賢に関する史料の検討

恵賢に関する史料はそれ程多いとは言えず、また彼は独自の教学や思想を主張した訳でもないので、自ずから解明には限界がある。その中で比較的恵賢への接近を行った例を一つ挙げよう。

……その（恵賢の動向の）主なるものを挙げると、「倶舎世間品私」（『天台書籍綜合目録』一〇〇頁所収）巻五の奥書によると、天正十一年（一五八三）に下野皆川地福寺で同書を書写している。「授菩薩戒作法」（『天台書籍綜合目録』三七四頁所収）の袖書をみると、天正十九年（一五九一）に恵賢は生歳三十三とある。「神代巻私鈔」（『天台書籍綜合目録』九七九頁所収）の奥書に、慶長十一年（一六〇六）に常陸月山寺住持恵賢とある。

これらの恵賢の履歴から考えて、永禄十一年（一五六八）に本寺中院の命に背いて勝手に灌頂を執行した吉祥寺の住持は什誉ということになる。なぜなら恵賢は当時十歳であり、恵賢が灌頂を執行できるわけがないからである。しかしこの恵賢も江戸時代になってから、吉祥寺の什誉と同じように常陸の月山寺で、本寺長沼宗光寺に背いて勝手に灌頂を執行して、天海から厳しく譴責されている。[5]……

右は宇高良哲による考察である。ここで宇高が触れている吉祥寺とは、現在の埼玉県浦和市の天台宗寺院で、中院文書に「永禄十一年・新義の灌頂執行」の記事が見られる。[6]宇高はこの灌頂執行の住持を恵賢（吉祥寺中興第六世）でなく什誉（同五世）とし、その根拠として「天正十九年・生歳三十三」の記事を挙げている（傍線部）。さて、ここに見られる恵賢の年齢推定は果たして妥当だろうか。

宇高も用いている渋谷亮泰編『天台書籍綜合目録』（以下「渋谷目録」）所載の恵賢に関する記事は、以下のようである。

（恵賢に関する年代を含むもの）

「天正四丙子年三月十三日武州仙波仏地院住持／舜慶法印ヨリ高照房恵賢相伝畢／同六戊寅年七月十九日書写之畢／従恵賢　尊慶相伝畢」『諸流名目仕』奥書（真如蔵）[7]

×「天正十一癸未年皆川地福寺三位恵賢書之　六月廿五日」『倶舎世間品私』奥書（真如蔵）[8]

×「天正十四丙戌年四月十日申剋／右筆下野皆川恵賢　三智坊／年薦二十八歳」『修儀式』奥書（真如蔵）[8]

×「天正十七年……於柏原成菩提院下野恵賢写」『御廟決』（妙法院＊）

×[a]「三智房恵賢竪者／生歳卅三下野皆川之住人／天正十九辛卯七月廿三日帰寂訖遺付光栄内供奉」『授菩薩戒作法』巻子見返し（真如蔵）[8]

「慶長八年五月晦日竪者恵賢示　山門西塔北谷正観院探題法印舜慶在判示恵賢」『帰命壇伝授事』（真如蔵）[9]

「慶長八癸卯年孟夏朔日／於山門西塔正観院／探題舜慶法印御下相伝之／竪者恵賢」『青紙西聞ム』奥書（真如蔵）[10]

[b]「慶長九甲辰年三月中旬授恵賢了五十八才／于時同十三戊申年三月十四日授広海了」『河田谷十九通傍正』奥書（田島＊、原本写福田蔵本による）[11]

「慶長十一丙午年二月吉日常州中郡荘小塙郷於／月山寺恵賢法印様御足下堪忍砌御／自筆御本預書写畢／式部卿高盛」『神代巻私鈔』奥書（正教蔵）

（同　含まないもの）

「講師恵賢記」『法華教主』（叡山天海＊）

「永禄五年　授与舜慶　実全示実賢　法印恵賢在判」『妙見一心三観』識語（真如蔵）

（＊は筆者未見）

まず『授菩薩戒作法』巻子見返しの記事に目を向けよう（傍線部(a)）。宇高はこの中の「生歳卅三」に基づき恵賢の年齢を推定した。ところが引用のように、それに続く部分には「天正十九年七月廿三日帰寂し訖ぬ」と記され、同年この恵賢は死去したことが分かる。実際、同書には釈迦から智顗、さらに真盛以下に到る相承の系譜が記され、「遺付」にふさわしい内容が見てとれる(12)。ここから天正十九年に死去した下野皆川地福寺の恵賢は、慶長年間に活動した月山寺恵賢とは別人と考えざるを得ない。そこで前掲史料の上に、下野の恵賢に関するものは×印を付した。月山寺恵賢については残りの史料から検討すべきと考える。そこで注目したいのが『河田谷十九通傍正』の記事である（傍線部(b)）。

傍線部(b)の中には「五十八歳」の文字が見られる。従来見過ごされてきたが、これは恵賢の年齢を示すのではないだろうか。その確認のために、渋谷目録が省略した部分も含め次に識語全体を示す(13)。

于時応永十一年甲申四月二日無動寺住常乗坊／法印聡栄示了
依猷海法印遺付常乗坊授頼秀了
于時文禄四年乙未六月廿七日授舜慶了七十三才
于時慶長九年甲辰三月中旬授恵賢了五十八才
于時同十三年戊申三月十四日授広海了

ここでは「授舜慶」・「授恵賢」の下にそれぞれ「七十三」・「五十八」の年齢が記される。それは授けた側（頼秀・舜慶）と授けられた側（舜慶・恵賢）のどちらの年齢を示すのだろうか。

舜慶の年齢が決め手となる。『西塔堂舎並各坊世譜』によれば、舜慶は慶長九年（一六〇四）八十三歳で死去している(14)。文禄四年（一五九五）時点では七十四歳である。一年のずれが生じるものの、細字は授けられた側の年齢を示していることが解る。従って恵賢は慶長九年段階で五十八歳であったことが確定されるのである。『河田谷十九通傍正』の識語から、恵賢の生年は元文十六年（一五四七）と計算される。永禄十一年（一五六八）は二十二歳である。既に加増啓二により、同年の吉祥寺における灌頂執行は脊芸の可能性が強いとされているが、(15)（同寺第六世が同一人物であるなら）後に同寺住持を嗣ぐ恵賢が一時そのもとで研鑽していたことも考えられる。恵賢の年齢に関する宇高説が成立しない以上、月山寺恵賢が若き日吉祥寺で新義灌頂執行に関わった可能性を指摘しておきたい。

次に、従来恵賢の事蹟を考える際に見落とされてきた史料として、『玄旨壇秘鈔』の識語を取り上げる。

（天台灌頂玄旨）

康永三年二月十七日於本院北谷八部尾西松井房南／丈間部屋伝授之畢
永禄五年壬戌二月吉日帝釈寺実全上人示法印舜慶了
天正四年丙子九月一日仙波仏地院竪者舜慶判／示法印恵賢
慶長十九年甲寅十二月九日示亮椿了是ハ関東ニテ慶賢ヨリ亮椿ニ示ス年号云々／月山寺法印恵賢判

（帰命壇）

明応七年七月廿六日探題法印玄成伝授存海
永正三年七月晦日夜事業奉伝授畢存海／月山寺舜海判
永正十四年十月廿四日奉面授口決畢尊像付存海上人
永禄五年壬戌八月八日授与舜慶　実全在判
慶長八年癸卯五月晦日伝授之　恵賢示／比叡山延暦寺西塔正観院探題法印舜慶判

慶長十九年甲寅極月九日伝授之亮椿／月山寺法印竪者恵賢

（内院安置）

御本云宝徳二年六月廿六日

右口決相承後非師匠面許不可披見穴賢々々

本云永正十三年丙子十月十六日於山門東塔西谷書之相承訖／関東下向紛失之間重而求書而已

本云御本損間文字無正体追而以他本可校合者也／右筆祐舜五十四歳

享禄三年大歳庚寅十一月廿一日八ケ市小屋草結向寒窓深雪吹筆端染筆訖

私云、御本ニ厳吽ト有ル処ニ舜慶ガ名ヲ書替ル也。本来ハ厳吽／抄物得解心地有ノ儘ニ御遊物也。雖然玄旨口決何モ如此ナルニ相伝ノ者ノ名乗ヲ書載事可思之／永禄五年壬戌八月十三日／竪者舜慶書訖

本云慶長八癸卯年季春為大会執行雖令登山　山門／勅勘之間入宝山空手帰間於西塔正観院檀那一／流相承致之令下着之条歎中之喜謂之此歟／六月初六日　月山寺法印慶（恵）賢判有

慶長十九甲寅極月九日ヨリ常州中郡月山寺恵賢之於御下、檀那一流之相承令致之者也。誠雪中ニシテ筆墨氷リ雖難叶、二世成就為令如此也。仍多生宿縁広劫之宿習有之耳／宿ハ羽黒南泉房十八日夜中ニ書之畢／以他本加一校了／探題僧正豪親

（信仰叢書本、但し／は大谷大学本に従う、両書異なる部分傍点）

右に掲げたのは、『玄旨壇秘鈔』中の識語の例である。同書は玄旨帰命壇灌頂に関するいくつかの口伝書の集大成として知られる。今まで恵賢の関与について特に注目された事はない[16]が、各識語に見られるように、本書の成立に恵賢も深く関わっている事が認められる。現存の本書は亮椿・豪親等の筆写になり、共通して遡れるのが舜慶―恵賢の師弟なのである。『玄旨壇秘鈔』は恵賢が存在した事により伝存し得たと言えるだろう。また既出の史料からも恵賢

の二度にわたる受法（天正四年・慶長八～九年）が知られるが、本識語からさらに、慶長年間の受法が竪者として登叡の際の出来事だったこと等が窺える。

舜慶―恵賢の相承譜について、既に『青紙西聞ム』・『妙見一心三観』等の識語に見られた（前掲）が、それについて本書からも確認できる――しかもより詳しい状況を――事が第一点。そこで伝授された教学の内容については次節で検討することとし、本識語から確認できる事をもう一点挙げておきたい。

既出『新編常陸国誌』には恵賢が天海の弟子であった事のほか、家康に寺領六十石を与えられた記事が見られる。それらに関する同時代史料として、次の二種が存在する。

巳刻、於二仙波一南光坊論議（ママ）、大御所御参詣、題妙覚位入重玄門之儀乎。　（慶長十八年十月二十九日条）

中院
講精　月山寺
師義　西運寺
春南
日光
問坊　法輪寺
真光寺

……入レ夜天台南光坊論議（ママ）、常陸笠間郡月山寺依レ為二学匠一寺領三百石御寄附云々。　（慶長十九年一月六日条）

右はともに『駿府記』からの引用である。[17] 前者は、天海が主宰する家康の御前論義の席に「月山寺」が登場した初例で、以後慶長二十年十月までの二年間に、「月山寺」は十六回御前論義の席に祇候している。[18] 後者は、丁度その期間中の寺領獲得について「月山寺学匠たるに依り」と記す。家康の学問奨励策[19]と合致する形で寺領を得たことが確かめられる。[20] この二つの記事から、慶長末年の月山寺住持が家康・天海に近侍し寺領を獲得したことが分るものの、その住持が誰かは特定できなかった。しかし前出『玄旨壇秘鈔』の識語から、少なくとも慶長十九年十二月九日までは恵賢は生存し、しかも他寺へ移ることなく「月山寺法印」と自称していた事が認められる。従って慶長十八・十九年の論義参加・寺領獲得は確かに恵賢の活動であり、従来未確認だった家康・天海との交渉の一部が確定されたと言えよう。

さらに想像するなら、師舜慶が自己の法流を弟子に伝授したのが死の数ヶ月前であったことから、恵賢の死もこの慶長十九年十二月をさほど下らない時期であったと考えられる。その点に関して、後世の編纂書[21]ながら『月山寺歴代案書』に次の記述が見られる。

十世中興恵賢

師者　慈眼大師弟子也。慶長五年於関ヶ原御勝利節拾石拝領。同七年八月廿三日以伊奈備前守殿於㆓磯部村㆒拾石之領地御渡被㆑下後、元和元年大坂ノ御進発砌於㆓伏見　御城㆒御手柄種々拝領物並小塙村五拾石御加増、依㆑之当所移住。元和二辰年八月廿日寂。拝領之内陣鐘壱口・牧渓墨絵観音十王畫（画カ）像・師笈今猶現在　古什物帳、云㆓観音・十王共神君ヨリ拝領有㆒之。[22]

文中、恵賢について「元和二年・寂」の記事が見られる。寺領関係の記述は比較的信用できる上[23]、他に疑う材料も存在しない事から、恵賢の没年についてはこれに従う。

以上、渋谷目録所載書及びそこから漏れた『玄旨壇秘鈔』、そして月山寺に伝わる『歴代案書』から恵賢の生涯を確認した。彼は元文十六年（一五四七）の生まれで、永禄十一年（一五六八）新義灌頂に関わった可能性があり、天正から慶長にかけ主に舜慶から教学伝授を承けた。そして慶長末年に月山寺住持として家康・天海と接触し、元和二年（一六一六）七十歳で死去したものと思われる。その生涯を意義づけるのは、住持としての活動と同時に教学の中継を果たした事と考えられるので、次節では彼が舜慶から相承した教学の内容を扱うこととしたい。

二　恵賢の教学

恵賢は師の舜慶から二度にわたり教学を相承している。まず天正四年（一五七六）に川越仏地院（中院）で「天台灌頂玄旨」以下の「五箇血脈」を[24]、次いで慶長八〜九年（一六〇三〜〇四）に『河田谷十九通傍正』や『青紙西聞ム』、『玄旨壇秘鈔』所収口伝書の大部分、などを受法している。その他年代不明の『妙見一心三観』等、書名を列挙すれば気づくように、これらは殆どが所謂口伝法門に分類される書（『河田谷十九通傍正』が恵心流、他は檀那流と言われる）で、内容的にも各々近い関係と思われる。以下代表的な二書を取り上げ、その特徴を分析し、恵賢が相承した教学の傾向性について検討を加えたい。

①　『玄旨壇秘鈔』

初めに本書の内容を列挙するなら、上巻が天台灌頂玄旨・天台宗相承一心三観・一心三観伝・一心三観記・鏡像円融口決（以上「五箇血脈」）・帰命壇・相伝誓規・止観心要・顕密一致口伝・閉眼写瓶密授（亦名帰命壇）・玄旨灌頂私記・玄旨灌頂私聞書、下巻が玄旨血脈面授口決・持経本尊口伝・法華相承口決・玄旨重大事・内院安置（・紅葉赤山影響秘奥密記—大谷大学本のみ）から成る。伝本として大谷大学本・信仰叢書本の二書があり、前者は舜慶—恵賢—亮椿の相承、後者はそれを一部省略し豪親が書写したものである[25]。

本書は全体を通じ恵光房流（檀那嫡流）口伝の範囲内にある。中心となる「五箇血脈」及びその註釈の「玄旨灌頂私聞書」については第一部第三章で内容分析を試み、その結果該当部分の主張として「自らの身体に即して、十二因縁を転じ真理を獲得する事」が唱えられている旨指摘した。主として現象世界における真理の在り方に着目し、主体の心が全てを一元的に統合する点に特徴を見出したのである。

本章ではその成果を踏まえつつ、さらに違った角度から分析を進めていきたい。例えば心を究極的な拠り所とする事で、世界はどのように体系づけられていったのだろうか。恵光坊流の教義を追いつつ探っていくと、まず「五箇血脈」中に次の記述が見つかった。

……山家ノ云ク、鏡像円融ノ喩ハ非ニンバ口決一ニ不レ可レ知云々。意ロ何ン。示シテ云ク、是レ天台宗ノ玄旨只ダ在ニリ此ノ一段一ニ、所謂ル「明喩即空・像喩即仮・鏡喩即中」ト。此等常ノ所談ハ是レ分喩也。正キ口決ト者、謂ク鏡ニ所レ浮影ト是事鏡ト是事、鏡ト影ト倶ニ事法ニシテ而互具ノ法体也。是ヲ云レ喩ト者無レ有ニルコト是ノ処一コトワリ。(26)

（鏡像円融口決、二二頁）

天台宗の奥義（玄旨）として「鏡像円融の喩」が挙げられ、それは「分喩」（一側面を表す喩）ではない、「鏡と影と倶に事法」である、と述べられる。「倶に事法」の解釈について「玄旨灌頂私聞書」では、まず妙楽湛然の言「事を以て法を喩ふ皆是れ分喩」（『止観輔行伝弘決』巻一之五）を挙げた上で、それは「譬喩の鏡像」にすぎず真実の姿（当体の鏡像）では「鏡像円融の当体が其の儘法体なり」と説く（七三頁）。鏡に映った影は実は本体の影ではない、その影こそ本体であるというのだ。さらに「都率先徳（覚超）」の説（「介爾も心有れば即ち三千の法門を具す」『己心中記』）に依拠して次のようにも述べている。

密室ニ東西ニ懸レ鏡ヲ、西ニハ本尊ヲカケ、東ニハ行者ヲ置キ、中ニ燈明ヲ置ケバ、本尊ト行者ト燈明ト鏡ト互ニ移ル相ヲ以テ十界ノ事具ノ法門ヲ示玉ヘリ。謂ク西ノ鏡ハ仏界ノ己心ヲ表シ、東ノ鏡ハ表ニ生界ノ己心一ヲ、燈明ハ表ニスル依報一ヲ也云々。而ルニ都率二面ノ鏡ニテ事具ヲ示玉ヘリ。サテ此ノ流ニハ事具ヲ云ヲ規模ト申也。

（玄旨灌頂私聞書、七四頁）

ここでは、「互具の法体」について具体的なイメージが語られる。密室に燈明を置くことで東西の鏡に影が映る。西の鏡に映る本尊の姿は「仏界の己心」を示し、東の鏡に映る行者自身の姿は「生界の己心」を表す。燈明の存在により東西の鏡が互いに相手を映し出すように、この現実世界という場で時には煩悩に悩まされまたある時は真実に魅かれていく心が重なりあい、さらに心と形（万象）両者の互具一体の映像が、世界の真実の姿と説かれる。重要なのは、像ではなく鏡に映った影の時点（＝心の位相）に重点を置いて現象世界が説かれていることで、それが「事具」と示される。「鏡像円融」は心の真理性を拠所に、万象のそれと連動する側面に重点を置く世界観を示すとも言えよう。

「互具」と言いつつ心の側面に重点が置かれていることは、「仏と心王と何れか勝劣と為すや」という問に、「心数の三千の仏は一心の法王に及ばず」と答える「止観心要」の一文が端的に示す（二五頁）。前後から「勝劣」とは本質性が基準と思われ、心の主体としての側面（心王）と作用としての側面（心数）の比較を通じ、心王がより本質的存在とされる。さらに、仏はそれに及ばないとも述べられる。ここでは仏でさえも心に比べれば相対的な位置にとどまる。こうした心の把握に基づくことで、以下のような世界の在り方が観念されていくのである。

……起滅再岸ト者事相ニ習レ之。天ハ起岸地ハ滅岸、是ヲ云二再岸一ト也。心ハ、一切衆生ハ日月衆星ヨリ生ゼリ。然レバ日月衆星ノ三魂也。此三魂ノ下テ衆生ノ主ト成レリ。次ニ衆生滅ル時、還テ本元祖日月衆星ニ帰ルナリ。此理ヲ地ニ下テ現ルヲ名二霊山会一、十界皆帰ニル虚空ニ本分ヲ説時ヲ云二虚空会一ト也。

（玄旨血脈面授口決、七八頁）

右は「起滅再岸」の印信を説明する中で、衆生の生成が語られる部分である。人間も他の生物も、全ては日・月・

星（三光）から魂が降って生じ、死の時は逆に魂が昇天していくと説かれる。さらに続く部分では、「日輪は釈迦」「月輪は多宝」「衆星は（仏の）分身」と、三光が仏に置き換えられる。従って、我々の本体は三光即ち仏となり、究極的には心に収斂するのである。同趣旨の部分をもう一箇所示す。

尋云、我等衆生衆星和合ノ体ナル事如何。口伝云、父母交壊シテ赤白ノ一滴ヲ下ス時、本命元神ノ二星下二父母肩一経二七日一入レ耳ヨリ、経二一月一ヲ成二赤白二水一ト、男女ノ赤白合シテ根門ニ浮ブ、其量七分ノ円形也。此ノ円形次第々々長テ成二我等衆生一ト也。此故ニ衆生皆七星ノ変作ニテ有ル也。

（法華相承口決、九〇頁）

ここでは北斗七星との関連で説かれているが、基本的な文意に大差はない。衆生は星（の精）が下界に降り、父母の体を借り和合して生じると述べられ、続く部分ではそれについて、「一切衆生皆な天星の精」と示される。そして、この星と衆生の関係を儀礼化し形に表したのが帰命壇灌頂である。

サテ壇ノ上ニ一面ノ鏡ヲ置タルハ我等ガ心法ナリ。……去程ニ我等ガ心法々々モ事ノ鏡也。明喩即空・鏡喩即中ナレバ仮《ママ》中ノ二也。此上ニ天文ヲ浮バ像喩即仮ナレバ仮諦也。而ニ七星ノ影ヲ浮ヲ、天ヨリ是ニカゲヲ浮ルト云ハ他宗他門ノ得レ心、一家天台ノ心ハ、地ノ五行ノ精ガ天ニ登リ、取ツテ返テ又地ノ鏡ニ影ヲ浮ル也。

（同前、九三頁）

これは「相伝ノ法門」として「帰命壇」を説明している部分の引用である。真夜中（丑寅時）に天の七星を鏡に映し、真理の感得が求められる。そこで示されるのは、天の星が映っているのでなく、地の精が天を経由し映っているという論理である。続く記述で地は行者の心に喩えられ、「元来我等が心見れば三諦一諦非三非一の体なりと今夜相伝る、是を成仏とも開悟とも云なり」と結論づける。世界の究極的本質である心が仮に星＝仏の姿をとり、我々はそこから生じそこを拠所として生きていくのである、その体得が即ち「成仏」「開悟」である、と説かれる。ここには心を基盤としつつ、天の三光に導かれ衆生が活動するという世界の仕組が示されていると言える。
なお「法華相承口決」の末尾には、「右此抄は檀那一流深秘の法門」と記される（九三頁）。ここから、述べてきたような心と世界に関する見方は、檀那流の中核となる観点であることが理解される。

② 「青紙書」

慶長八年（一六〇三）舜慶から恵賢への伝授を示す「青紙西聞ム」は、現在叡山文庫真如蔵に一軸の巻子本として残っている。同軸には他に四書が含まれ、各書の識語は次のようである。

(青紙血脈口決)

永享伍年閏七月日令書写／叡岳住侶静澄供奉在判

于時永正三年壬寅七月十五日／於山門本院旦那院令伝授了／遂業竪者舜海

天正十七年己丑菊月吉日／竪者舜慶相伝了

慶長八年癸卯首夏朔日／於山門西塔正観院書写之了／竪者恵賢／竪者長舜／竪者算雄／竪者乗鎮

(青紙血脈相伝)

応永十四丁亥卯月廿六日　松尾寺／受法登山之仁円能房乗海本有寺安養沙門尊救

永正三年丙辰七月十五日／於山門本院東谷旦那院之内蓮華院奉値源栄法印令伝授了／遂業竪者法印舜海

天正十七年己丑菊月吉日／竪者舜慶相伝了

慶長八癸卯年卯月朔日／於山門西塔正観院探題／舜慶法印御下相伝之了

(青紙血脈私)

天正十七年己丑菊月吉日

慶長八癸卯年更衣月／於山門西塔正観院探題舜慶法印御房書之畢

（𑖪𑖽字抄）

永正三年丙寅七月十五日／於山門旦那流便授了

天正十七年己丑菊月吉日／竪者舜慶相伝了

慶長八癸卯年首夏朔日／於山門西塔正観院／探題法印舜慶御下相伝了

（青紙西聞ム）

永正三年丙寅七月十五日　以歓喜日／於山門本院伝授了

天正十七年己丑菊月吉日／竪者舜慶相伝了

慶長八癸卯年孟夏朔日／於山門西塔正観院／探題舜慶法印御下相伝之／竪者恵賢

慶長拾乙巳暦首夏十二日／竪者長舜

元和五天己未六月廿一日／竪者算雄

寛永三丙寅天七月廿七日／竪者乗鎮

長々しく引用したが、一覧して分かる通り殆ど全てに永正三年（一五〇六）・天正十七年（一五九八）・慶長八年（一六〇三）の三度の伝授が記録されている。ここから一軸に収められた五書は共通した経路で伝授された事が考えられる。即ち舜海─舜慶─恵賢の系譜である。従来恵賢との関係は『青紙西聞ム』のみ知られてきたが、以下では、この五書を仮に「青紙書」とし、一括して恵賢の相伝した書として取り扱う事としたい。

青紙書を特徴づけるのは、何と言ってもその書名である。「青紙」とは何を意味するのか。次に関係する部分を挙げる。

・此事ハ浅略・深秘有レ之。先云二教相一ヲ者、青紙ハ水色本性湛然トシテ・平等・不二ナル表相也。約二証道一ニ即有二己証一事也。青者青而非レ黒、此則薄墨色中道一実ノ色也。爰以一流薄墨ノ中道ト云事ヲ習、甚深ノ相承也。所詮我等出入息薄墨色也ナリ。則乃遍二他国一本有命息全体依正連持シテ皆此色ト習也。

（青紙血脈口決「青紙事」）

・師仰云、此血脈ノ正意ハ即身成仏也。青紙ハ海中ノ所表龍女所居ヲ顕也。……伝云、不ニシテハ即身ノ成仏ト云事無レ之。意云、我等念々去来心王心数ノ所縁ノ境界悉我等カ色身相応ニシテ、心々所ニ無色身ノ如ニ成ス也。心ヲシテ色ニ乗セシムル処也。所詮境智冥合重也。

（青紙血脈相伝）

・青色不動尊最可二思合一事也。青色ハ黒色ニシテ非二黒色一ニ、白色ニシテ非二白色一、不二中道ヲ顕也。依レ之聊付二顕密一薄墨ト云事習子細在レ之。

（青紙血脈私）

・先青紙事、此秘法以二言語一不レ可レ述故、𑖪𑖽字言説不可得ノ水ノ色ヲ表シテ此色ヲ顕歟。

（𑖪𑖽字抄）

順番に見ていこう。まず『青紙血脈口決』には、浅略（教相）では水で示される平等不二の本性など、深秘釈（証道）では青＝薄墨色で中道一実を示すと説かれる[27]。さらに我々の呼吸も薄墨色、その他薄墨色が世界中に遍く行き渡る様が示される。〈息が薄墨色〉とは生命のエネルギーが薄墨色で象徴されていると解釈され、そこから世界が薄墨色とは、世界を成立・変化させるもとを〈薄墨＝生命力〉と捉えていることが考えられる。もしそうなら、引用部分では水の表面的性格（清浄でどこへも浸透し潤す）が敷延され、世界に遍満し支えるという哲学的意義が付されていると考えられる。

二番目以降の書にもそれは認められ、また展開される。『青紙血脈相伝』では青は海中＝龍女の住居、を表すと言われる。その「血脈」がなぜ即身成仏につながるかについては、龍女成仏との関係で考えられる。例えば『青紙血脈口決』「釈尊左右脇士事」には「竜女南方成覚シテ十界衆生ノ手本ト習フナリ」の一文が見られ、さらに続く部分で「竜女ハ女性ニシテ女性ニ非ズ、是レ則チ男女不二中道一実ノ相表ス者ナリ」と記される。ここから、海に不二中道・即身成仏の意義を与える論理が看取される。

『青紙血脈私』も「不二中道」「薄墨中道」を標榜する。引用に続く部分では、前出の「出入の息」「大海印文」などによって顕密の「子細」が重ねて論じられている。

『𑖀𑖽字抄』でも以上の趣旨に大差はない。ここから青紙書の「青紙」とは、世界に遍満し世界を支える生命力を仏教の奥義とする論理の象徴であることが理解される。

では、その血脈はどのように伝授されたのだろうか。『青紙血脈口決』「青紙事」には「凡そ此の相承無くんば何に由り己心高広を知らん、何に由りて教寛模統に達せん、惣じては天台一宗の髻中、別しては三学倶伝の宝号なり」と伝授の重要性と観心的性格が記される。実際の様子については、『𑖀𑖽字抄』『青紙西聞ム』の二書[28]が比較的詳しく伝えている。

『𑖀𑖽字抄』によれば、道場四間ばかりの所に屏風一双か二双を廻らし、中央に高座を設ける。そして畳か礼盤の上に十面の鏡と灯火を用意する。一方『青紙西聞ム』では、壇上に宝珠を置き、本尊は用いず香華のみ供えるという(『𑖀𑖽字抄』では「聖観音也」と記され相違する)。そして特徴的なのは、蓮華の図絵を供える(𑖀𑖽字抄「蓮華所座事」)ことの意義づけである。

頂上蓮花胎内ノ胞也。立ニ頂上ニ不レンハ遮ニ寒温一ヲ即其身損壊シテ不レ可レ入レ成ニ人身一ト間、成ル事ハ併彼功也。彼形即蓮花也。此蓮花斎(臍カ)ヨリ生シテ左ヨリ上ヘ々レリ頂ヘ覆フナリ。出胎ノ後是ヲマン中ヨリ切レ之、其上ノ分即胞也。是ヲ能裏ミ安置ル也。根本大師生源寺ニテ御初生ヨリ其胞裍塚ニ埋ト云々。蓮花ノ下ノ分臍付テ有ルカ後ニ落ル也。其蓮花ノ茎也。臍ハ其ノ茎ノ跡也。人ノ身ハ惣シテ蓮花也。胸ノ間ノ蓮花可レ思レ之。此胞即荒神也。不レ知レ恩者ヲ障碍シト誓玉フ也。尤可レ致二荒神法楽一ヲ也。サテ臍ハ五大ノ中ニ水大ニ当ル故、彼ヨリ蓮花生ル也。（青紙西聞ム）

蓮華は胎内の胞衣を表している。人間が無事成人できるのは胞衣の「功」と言われる。ここでの「胞」も生命の本源を示すと思われ、そこから「人身惣じて蓮花なり」、また〈胞＝荒神〉の論理が展開する。そして蓮華は水から生じることで、前出の〈青＝薄墨＝生命力〉と結びつけられる。

『青紙西聞ム』では続けて胎内五位（羯羅藍・阿部曇・閉尸・健南・鉢羅奢佉）を、蓮華の成長と重ねて説明する。このように青紙書では、世界のより根源的な法（青＝薄墨）の存在を想定すると同時に、それが人の生命現象そのものに即して理解されている。

青紙血脈で相承された教学の立場は以上のように考えられる。相承の儀式の具体的な様子についても興味深い点が見られる[29]。機会を改め考察を試みたい。

『玄旨壇秘鈔』と「青紙書」を一覧した。両書は檀那流口伝法門の奥義として舜慶から伝授され、内容的にも心に重点を置く一元論、生命活動の重視といった点で共通性の見られたことが確認される。

三　恵賢と神代紀

本節では檀那流仏教教学と並ぶ恵賢の思想のもう一つの側面――吉田流神道の受容――について紹介を行う。

恵賢は慶長十一年（一六〇六）高盛なる人物に『神代巻私鈔』[30]（上下二巻）を伝授している（前出）。同書は『日本書紀』神代巻の注釈書で、随所に「吉田沙汰は」「吉田は」「吉田秘説なり」等の文言が見られる。果たして下巻末の「唯授一流血脈」末尾には「兼右―恵賢」の相承が見られる。ここから、本書は吉田兼右（永正十三年〈一五一六〉～天正元年〈一五七三〉）の神道説に基づく書である事が理解される(31)。

本文中に「吉田」と並んで多出するのは「纂疏」の文字で、従って本書解読のためには一条兼良撰『日本書紀纂疏』・吉田神道書との比較・検討が求められる。本章では、まず全体の傾向の概観を試み、本格的な分析は次回に譲ることとする（その一端については第三部第一章参照）。

本書を一読しまず気づくのは、価値の基準が「無私」「自然」に置かれている事である。いくつか例を示す。

・此日本紀ハ第三番目ニ記玉リ也。雖レ然ト以二此書一ヲ為二正意一ト也。其故ハ『旧事紀』『古事記』ハ神代ノ意ハ有レトモ作者カ私ノ語ヲ入レテ書タル也。此日本紀ハ神代ノ事ヲ其儘集テ無レ私篇タル書ナレハ、第三ニ撰シ出シタレトモ以二此書一為二肝要一也。（上巻二丁裏）

・一切ノ書籍ニハ序分有レ之。而ルニ此書ニ無二キハ序分一如何ント云ニ、常ノ沙汰ニハ「古ヘ天地」ヨリ「故曰」ト云所迄序分ト云也。吉田ニハ序分ハ無レト之云也。其ハ故ハ作者ノ私ヲ不レ交ヘ神語計ヲ載故序分ハ無レト之云々。（上巻二丁裏）

・神ニ付テ義理沙汰スル事ハ、吉田家ニハ不レ用也。当家ニハ自然天然ノ神号ソト沙汰ル也云々。（上巻三丁表）

最初の例は、三部の神典（古事記・旧事本紀・日本書紀）の中で『日本書紀』最重視の理由を述べた部分である。当時は三書の中で書紀が最後の成立と考えられていた。それなのに書紀に加担する理由が、前二者は「作者が私の語を入れたる書」、書紀は「私無く篇たる書」であるから、と記される。私意の有無が基準となって、書紀が宣揚されているのである。

二番目の例は序分の有無についてで、通常は書紀にも序分（話の導入部分）を想定するが、吉田流では序分無しと解釈する。それは書紀が「作者の私を交へず」書かれているから、と説かれる。

三番目の例は神号解釈の部分から引用した。「豊斟淳尊」の一字ごとに意義づける（「豊とは足なり」「斟とは手を以て水を汲む義なり」等々）通例に対し、吉田では神号を一々解釈せず「自然天然」のものとして受容する、と述べられている。

ところで、ここに見られる「無私」「自然」の主張は、後世の解釈を排除する点で共通しながらも、漢字を後世・外国の作り物とし『古事記』にこそ真実を見る近世国学者流の見方[32]と著しく相違している。それはまた、仏教に対する態度にも顕著である。

此書ハ神代ノ書ナラハ仮名ニハ不レシテ書何テ漢字ニハ書ソト云時、上宮王ノ太子仮名ノ傍ニ漢字ヲ付ル事ハ、日本ノ人ニ為レ令レ知也。無ニシハ漢字一儒仏ノ二教ハ不レ被レ知也。此儒仏ノ二教為レ弘ンカ初テ此書ノ仮名ノ傍ニ漢字ヲ付玉リソト可ニ意得一。恵賢私難云、此義相違リ。聖徳太子ハ人王卅四代推古天王廿九年ニ薨御也。而ニ此書ハ九十年計リ後ナレハ也。私会云、以ニ『旧事紀』一ヲ素文トスルト云義有レ之故ニ、『旧事紀』ニ其ノ分ニ仮名ノ傍ニ漢字ヲ付ヲク歟。

（上巻三丁表）

右は『日本書紀』の漢字表記に対する非難に反論している部分である。漢字表記は「漢字を日本人に知らさんがため」のもので、その目的は「漢字無くんば儒仏の二教は知られざるなり」と言われるように、儒教・仏教に親しむことにあった。ここでは近世の国学者たちと同様に漢字・儒教・仏教が一連のものとされ、しかも逆にそれらを排除せず、却って価値を認める態度が見られる。何故その違いが生じるかにつき、次の一文は「文字」の側面から手がかりを与えている。

所詮伊弉諾・伊弉冉ノ尊陰陽和合有テ万物ヲ出生シ玉フ時文字モ出来タル也。必ス白ヒ紙ニ黒ヒ文字ヲ書ク計リカ文字ト思フ狭キ也。森羅万像《(ママ)》皆文字也。春ハ陽気ヲ保テ千草万木ニ青ヲ文字ヲ顕シ、秋ハ紅葉ト文字ヲ顕ス也。万物ノ性音声ヲ備ヘ、鶴唳風声鶏鳴狗吠モ皆喉唇舌肉ノ音色ニ非耶、此時ハ万物ノ性霊皆自然ノ文字也。　（上巻五丁表～裏）

文字とは白い紙に黒く書くものだけではない、「森羅万像皆文字」である、春の草木の芽ぶくのも秋の紅葉の見事さも、鶴や鶏や犬の鳴き声も……、全て本性からの霊妙な働きは文字である、と説かれる。そうであるなら仮名と漢字の違いはどれほどのものでもない。このように吉田流の解釈では、文字とは世界の現象全てを指すのである。

さて、文字とは何かを表現するものであろう。もしそうならこの「文字」は何を表現するのだろうか。

神ト云ハ天地元気万物ノ性衆生ノ心本也。故天ニ置時ハ気ナリ、万物ニ置則ンハ松竹桜梅等ト振舞也。我等カ一心ニ置ク則ンハ心王不起本源也。故ニ有情非情皆神明ノ反作也。サレハ『老子経』ニ「有レ物先ニテ天地一ニ生ス」ト云ヘル是也。サテハ神ト云ハ天地ノ上ノ陰陽精気也。万物ノ源ヲ云ヘハ神也。　（上巻一七丁表）

右は神についての説明だが、注意すれば単にそこにとどまらない事に気づく。神とは「天地の気」「万物の性」、同時に「松・竹・桜・梅等の振舞」とも説かれる。松や竹などの成育・開花等が神の作用ならば、それは先程の「文字」と重ねられるのではないだろうか。即ち万物の源として神があり、その働きによる現象が「文字」と考えられる。神は「文字」と密接なつながりを持つようだ。その性格をさらに詳しく見ていこう。

国常立尊、『纂疏』ノ心ハ「国」ト者指二天地一ヲ云ヘル言也。「常」ト者不易ノ名也。「立」ト者独リ立ノ義也。「尊」ト者名也、是則君父ノ称也云々。雖レ然、吉田ニハ此義不レ用。此国ノ常立尊ハ常住不変ノ神ト沙汰スル也。依レ之無名ノ名、無相ノ相ト云也。天地没スルトモ此神ノ形ハ不レ没也。天ニハ一霊ノ元、地ニハ一霊ノ元、人ニハ性命ノ元、是ヲ大元ノ尊神ト云也。此神ハ得一不二也、故一ニ形無シ。挙足下足・行住坐臥・造次顛沛ノ体、無量無辺・無始無終・常住不変ノ神体也。
（上巻三〇丁表～裏）

国常立尊は、書紀で最初に世界に登場する神である。ここではその性格が、現象世界を超越した絶対性で示される。他の神に対しては「此の神八百万の神とも成り、また八百万の神が国常立尊とも成るなり」（上巻三六丁表）と根源・統合的位置にあり、同時に天・地・人を支配する原理的な存在でもある。特に興味深いのは人間との関係で、「我等が一念不起の処は国常立尊なり」（上巻一九丁裏）と説かれるように、国常立尊は我々（の心）に内在する存在とも言われる。神と人の一体視は、次の一文にさらに著しい。

我等カ上テ天神七代ヲ沙汰スル時、父母交懐スルハ国ノ常立ノ尊也。又姪水凝テ母ノ胎内ニ宿スルカ国ノ狭槌ノ尊ナリ。胎内ニテ動ク処ハ火徳ナレハ豊斟淳ノ尊、母ノ胎内ニ堅マル処ハ泥土・沙土ト云也。木火土金水ノ五行地水火風ノ四大満足スルヲ面足・惶根ノ尊ト云也。生レ出テ成人シ家ヲ持ッ処ハ大戸之道ノ尊・大苫辺ノ尊ト、在家ノ子ヲ持チタルハ早ヤ人ノ父母ト成ル故ニ伊弉諾・伊弉冉ノ尊也。如レ此談スレハ我等カ一身カ其儘天神一（ママ）代也。
（上巻四〇丁裏～四一丁表）

ここでは人の一生が天神七代に配当される。父母の交わりが国常立尊で以下順々に段階を経、成人して自身が父母と成るのが伊弉諾・伊弉冉尊であるという。その内容はともかく、こうした発想のもとに神が人の根源であり、人の活動がそのまま神の現れであるという論理の存在を想定する事は、今まで見てきた所からさほど不自然ではないだろう。

そして神の性格は、また仏教教理と通じ合う面を持ち得た。

神道ニ葦ノ譬ヲ取ル事ハ、仏家ニ以二蓮花一ヲ顕二法体一ヲ也。蓮花ニハ因果不二・浄穢一体ノ旨ヲ沙汰スル也。今此ニ葦ニ譬ル事ハ、此一ノ草ノ中ニ善悪ノ二ノ名有レ之、ヨシトモ云アシトモ云也。是則善悪不二・邪正一如ノ処ヲ可顕深

義也。依レ之ニ譬ニ用ル也。（上巻二九丁表～裏）

右は書紀本文「時に天地の中に一物生れり、状葦牙の如し」の解釈である。神仏一致が説かれ、一致点は「善悪不二・邪正一如」と記される。既に国常立尊の性格として「得一不二」等を知った上は、両者の接点は自ずと理解される。つまり、現象を超越し世界を運営する根源的存在（神）を想定し、その現れである「文字」を手がかりに、理想的境地（善悪不二、等）へ到ることが求められる、それこそが神代巻の主張であり神道であり、同時に仏教でもあるというのだ。恵賢の神代紀受容はここに集約される。

四　恵賢と天海

慶長末年の恵賢が、天海に近侍し寺領を獲得した事は既に述べた。この時点の恵賢を天海の弟子と看做すのは、むしろ自然なことだろう。では恵賢は、どのような形で天海の弟子となったのだろうか。事情解明を期し、それ以前の段階から検討したい。

去年月山寺恵賢背ニ本寺一、企ニ新義一、灌頂執行之間、以ニ目安一令ニ言上一候処ニ、御裁許場にて、僧俗如ニ前々一ニ与御取扱之間、任ニ其義一候処ニ、無ニ幾程一被ニ相翻一、一座之出仕与被レ申ニ付而、不レ能ニ対顔一候。内々重而御裁許相待之処ニ、以ニ上意一与レ風令ニ登山一候間、相延候。此上雖ニ遠境候一、聊不レ可レ存ニ疎意一候条、急度本末起ニ尽乱一之儀、可レ被ニ相糺一候。尤可レ為ニ御同前一候。

恐々謹言。

十月三日　天海

宗光寺御常住(33)

右は宗光寺文書所収の天海書状である。大意は、恵賢の灌頂執行について禁止する方向で働きかけた所、仲々思うようにいかず、そのうちに叡山に赴くこととなってしまったが、宗光寺のことは心がけている、本末を乱さないように、という所か。以下この書状の内容を検討するに当たって、①「新義」は「灌頂執行」を指している事、②天海がこの時点で「風と登山」している事、の二点に注目していきたい。

まず灌頂執行について。当時の関東では寺院間の本末関係をめぐり、従来の秩序に大きな動揺が見られた。それまでの師弟関係に重点を置く本末が、寺院間の固定した関係に変わりつつあった。そして本末関係の基準となったのが法流の正統性で、密教の分野ではそれが灌頂執行権の争奪という形で表面化していた。本寺であることが同時に末寺に対する灌頂執行権の占有を意味する事は、例えば天正十二年(一五八四)の「諸国末寺中法度」に端的に表れている。この叡山復興翌年の座主の命では、本寺の上裁を経ない灌頂執行を「我執」「己情」「非例」の「新儀」と決めつけ、今後そのような者は「盗法の印信に処す」と述べられる。もっとも末寺の側は決して素直に従った訳ではなく、その結果各地で相論が相次ぐ事となる。

さて、月山寺の本寺は下野長沼の宗光寺である。ところが文禄から慶長にかけて、宗光寺は千妙寺(常陸黒子)との間で、在地領主をも巻き込んでの本末をめぐる相論を引き起こす。その混乱の中で宗光寺の末寺に対する支配が弱まった様子が、例えば慶長二年(一五九七)の青蓮院から宗光寺末への書状に窺える。そこでは末寺に対し、宗光寺は復興成ったのだから本寺として遇すべき所「出仕」「馳走」の行われていない点が咎められる。こうした本末関係再編時の一時の空白に、末寺である月山寺の独立への動きが見られ、それが灌頂執行ではなかったかと思われる(以上本末関係については第三章参照)。

恵賢の行為が新義として糾弾された背景には、以上のような法流が本末形成の際に重要性を発揮した状況が挙げられる。そして恵賢の教学相続や灌頂執行の活動は、これらの状況のもとでの自己主張として捉え得るだろう。相承を承け正統的な法流に連なりそれを表現する事が、当時の学僧の自己実現の手段だったのである。恵賢の師の舜慶は、その点についても恵賢に先行していた。

山門既及二再興一仏閣・寺院起立雖二庭眼（ママ）一、本書・抄物無レ之論談之法味難レ叶、決択之精題忽暗。然処舜慶聖経繁多求得之由無二其隠一候。幸西塔院旧住之由緒候。所持之抄物等於二寄進一者一山之珍味当院可レ為二本意一候。則衆徒中以二連署一申越候。必此度於二送上一者尤可二悦入一候。来春者令二登山一万緒馳走可レ然候。猶楽音坊可レ申候間不レ能二一二一候也。

九月十六日　花押（尊朝法親王）

月山寺法印[34]

右は天正の叡山再興に当たり、座主尊朝（青蓮院門跡）より舜慶に出された令旨である。そこでは典籍を焼失した叡山の窮状が述べられ、舜慶の「聖経繁多求め得」た活動が高く評価されている。さらに後世の伝記では、「多く本宗の秘籍を貯え」た事から叡山への移住と教学の指導を要請されたという[35]。このように当時は、法流相続が単に学問の世界にとどまらず、教団内秩序の再編と深く関わっていた事が理解される。恵賢の灌頂執行もそうした意味での自己主張・自己実現の営みで捉えられ、一方、天海の糾弾も教団側からの秩序編成、換言すれば天台教団の自己実現の意義が込められていた事と思われるのである[36]。

では、こうした対立はいつ頃起り、どう解消したのだろうか。手がかりの一つに、天海登叡の時期がある。先の天海書状には、月山寺の灌頂執行から時を経ず天海が登叡した旨記されている。この書状の年代比定の例を知らないが、天海の長沼宗光寺管領は慶長九年、叡山南光坊への移住が同十二年と言われ、一見、慶長十二年以降と考えられる。しかし「風と登山」と南光坊定住とは違和感があり、天海書状から直ちに宗光寺管領以後とする必要は認められず、さらに慶長二年当時の宗光寺末の状況（前出）から、月山寺が「本寺に背」いた時期はより早められる可能性が高い。そこで注目したいのが舜慶の伝である。

度々引用した舜慶の伝記には、慶長七年に「慈眼大師南光坊を領し、師東関に往き之れを迓ふ」の記事が見られる。舜慶は同九年に死去しているので同十三年の南光坊移住とは混同し得ない事から、後世の編纂書ながらこの記事の信憑性は高いと考える。もしそうなら、天海はこの年登叡した可能性が想定できる。

材料不足の中〈慶長七年天海登叡〉にこだわるのは、舜慶から恵賢への教学伝授の意義に関わるからである。恵賢と天海の対立が、教学伝授（慶長八～九年）以前か以後かで天海の弟子となった意義が多少なりとも変化する。以前なら天海の弟子化と教学伝授の平行して行われた可能性が強いが、以後なら檀那嫡流の継承者として強力な対決を挑んだことが考えられるからである。

結論的には、天海書状の時期は確定できない。だがそこに示された内容は、恵賢と天海が共通のもの（灌頂執行権）を求める似たもの同志であった事を示しているように見える。両者の接点はここに求められるのではないだろうか。

おわりに

恵賢の口伝教学相承・灌頂執行の活動は、天台宗内の秩序再編の動きの中で、自己の位置を獲得していくための営みとして捉えられる。上述のように恵賢は、正嫡でないとしても檀那流仏教教学・吉田流神道の嫡流であった。そして二つの思想潮流は、心に重点を置く世界観という点でごく近い関係にある。一方、天海も実全より玄旨帰命壇の伝授を承けたと伝えられ、(37)そうであるなら恵賢と天海は教学的に殆ど重なり合う。天海にとって恵賢は充分〈使える存在〉であり、恵賢にとってもその位置は月山寺自立のために有効であった。〈天海の弟子〉説の実態は、こうした時代状況の中でその姿を確かめていく必要があるだろう。

註

(1)『本光国師日記』寛永九年（一六三二）三月十九日条参照。
(2)吉田一徳「関東に於ける天台談所の業績」上（『歴史地理』九〇―一、一九六一年）等。
(3)『復刊　新編常陸国誌』（宮崎報恩会、一九六九年）二三八頁。
(4)鈴木暎一「『新編常陸国誌』の成立」（瀬谷義彦・鈴木暎一『新編常陸国誌 解題』〈宮崎報恩会版・新編常陸国誌 付録〉崙書房、一九七六年）では、中山信名の稿本になく全く栗田寛の増補と見られる箇所を列挙するが、引用部分を含む「村落」部門もその中にある（八頁）。
(5)宇高良哲『江戸幕府の仏教教団統制』（東洋文化出版、一九八七年）三三二〜三三四頁。
(6)『新編埼玉県史』資料編18〈中世・近世宗教〉（一九八七年）所収「中院文書」五号〜一一号。
(7)渋谷目録では「(相伝) 山門亮舜―仙波舜慶―恵賢―尊舜」。現本閲覧の上、年代を含む部分と差し替える。
(8)渋谷目録では省略されていた部分を現本閲覧の上補った。
(9)渋谷目録では「(相伝) 亮珍―舜雄―隽好―舜慶―恵賢」、書名も『帰命壇伝授』であったのを、真如蔵には他に該当書の無い事を確認の上、書名を訂正し同書の年代をふくむ部分を記す。
(10)渋谷目録では「(相伝) 永正三年　舜慶―恵賢―長舜―算雄―乗鎮」。現本閲覧の上、年代を含む部分に差し替える。
(11)渋谷目録の省略部分を現本閲覧の上補う。
(12)同書奥書は以下の通り。「永正第二年三月廿三日辰時／右彼円戒之義記者於而元応／国清寺従慈玄大和尚令伝授／畢伝授

以後於後日第二代従／盛全上人賜御本書写畢後輩者慈玄大和尚　盛全上人同／真恵上人同証仏果廻向可有者也云々」。ここから同書が、元応寺三十二祖明弁（慈玄）や西教寺二代盛全らの流れを汲む円戒の相承に際し伝えられた書であることが解る。

(13) 福田蔵本では『天台宗全書』所収部分に続き四十五項目の目録が一丁分あり、次の丁の最初に「原本ニハ河田谷十九通ノ次ニ前掲目録ノ如キ四十五通ノ口決ヲ記セリ、此紙数九拾九枚ナリ、而シテ巻尾ニ」とあり、次いで識語（本文参照）が記され、「以上墨付百八丁／河田谷泉福寺十九通私　広海」、丁の裏に移り「舅氏権僧正広海授与宗順証月、ト記セリ／昭和四年夏、以東京市外西巣鴨町正法院田嶋徳音師所蔵本写之了／台宗末学　福田堯頴」と記されている。

(14) 『天台宗全書』一三（第一書房、一九七四年復刻）一一三頁・一三〇頁。

(15) 加増啓二「戦国期東武蔵の兵乱と祈禱」（『戦国史研究』二四、一九九二年）。

(16) 主として誤写を見過ごした渋谷目録記載が原因か。同目録には信仰叢書本・大谷大学本の二本が記載されており、大谷大学本の部分には恵賢は登場せず、信仰叢書本の部分では「〔巻上奥〕慶長八癸卯年五月廿八日／山門西塔正観院相伝之書写畢／月山寺法印慶賢」と記され（三一一頁）、索引も「慶賢」の項に含めている。しかし大谷大学本ではその箇所は「恵賢」となっており、前後の識語との整合性からも慶長八年の受法は恵賢と考えられる。一方慶賢という人物は渋谷目録に登場するが、この部分との適合性は低く、そこからも「慶賢」は「恵賢」の誤写と見られる。

(17) 引用は『史籍雑纂』二（国書刊行会、一九一一年）による。

(18) 『駿府記』慶長十九年一月六日・五月四日・十五日・六月六日・十三日・十七日・七月三日・七日・十一日・八月九日・十五日・二十一日・二十七日・九月四日・二十年七月四日・十月二十八日、の各条参照。

(19) 辻善之助『日本仏教史』八〈近世篇之二〉（岩波書店、一九五三年）二一九頁以下。

(20) ただし家康から与えられた寺領は六十石で諸史料一致し、「寺領三百石」は誤伝と思われる。

(21) 『歴代案書』は歴代住持を列挙し多少の説明記事を付す体裁をとる。第五十世純薫まで登場するが、実際に記事が見られるのは四十三世孝典の「天保十四年二月九日　隠居」までで、本書の成立もその頃と思われる。

(22) 東京大学史料編纂所蔵写本、二丁裏。
(23) 月山寺の寺領に関しては、『月山寺文書』中に「御加増五拾石の所は元和元年卯御寄進に候」と記した「寛永十三年十一月浅野内匠頭証文」（常陸国中郡庄天台宗寺社領之事）が見られる（東京大学史料編纂所蔵本を閲覧）。
(24) 『諸流名目仕』は辞書的性格が強く、今回は特に触れない。
(25) 亮椿については未詳。豪親の伝は『東塔五谷堂舎並各坊世譜』に見られる（註(14)文献、六六頁）。
(26) 『玄旨壇秘鈔』の引用は『信仰叢書』（国書刊行会、一九一五年）により、以下引用箇所ごとに頁数を示す。
(27) 〈薄墨＝中道〉の理由については未詳。良遍撰『観念発心肝要集』の「中道事」に、中道の譬えとして「黒白二水の和合せるがごとし。二辺別なりといえどもその体は一物にして、これただ黒にあらず、これただ白にあらず、白すなわちこれ黒、黒すなわちこれ白」とある（北畠典生『『観念発心肝要集』の研究』永田文昌堂、一九九四年、二二二頁）。当時この種の譬喩の広まっていたことが知られる。
(28) 『青紙血脈私』末尾に「私云、是迄以別本令交、凡相違処多之、別本三巻是ナリ」とあり、後二書は遅れて成立の可能性もある。
(29) 上杉文秀『日本天台史』別冊（破塵閣、一九三五年）には、実修も含めた青紙血脈の概要が記されている（八三二〜八三三頁）。
(30) 引用に際し西教寺正教蔵写本の巻・丁を表示する。
(31) 本書同様、兼右講説の聞書である異本については、第三部第一章参照。
(32) 例えば「書紀は後の代の意をもて、上つ代の事を記し、漢国の言をもて、皇国の意を記されたる故に、あひかなわざること多かるを、此の（古事）記は、いさゝかもさかしらを加へずして、古へより言ひ伝へたるまゝに記されたれば、その意も言も相称ひて、皆上つ代の実なり」（本居宣長撰『古事記伝』一「古記典等総論」）など。
(33) 『栃木県史』史料編〈中世一〉（一九七三年）一一七〜一一八頁。
(34) 『月山寺文書』所収（東京大学史料編纂所蔵本）。舜慶の事蹟等については、曽根原理「舜慶の研究」（『東北大学附属図書館研究年報』二七、一九九四年）参照。

（35）註(14)文献、一三〇頁。

（36）なお、当時の天台教団内部の豊臣派・徳川派の対立が指摘されている（『関城町史』〈史料編Ⅰ　千妙寺関係史料〉一九八三年、解説、渡辺荘仁『千妙寺』筑波書林、一九八〇年、など）。恵賢や天海の動きも、個人的動機と同時に周囲の状況との関係を考慮するべきであろう。

（37）『東叡開山慈眼大師伝記』『武州東叡開山慈眼大師伝』（いずれも『慈眼大師全集』上巻所収）など。

第三章　関東天台諸寺と日光山

はじめに

日光山は中世の関東において、どのような権威として存在していたのだろうか。

この問題に関して、既にいくつもの事実が明らかにされている。たとえば古代以来の山岳信仰の痕跡(1)、源頼朝による三昧田寄進(2)、日光座主の勝長寿院別当兼帯(3)、動乱の中での大般若経奉納(4)、等々。これらは日光山が、中世関東での重要な宗教拠点の一つであったことを示すのに充分なものといえる。

ところで当時の関東には、日光山の他にも鎌倉五山や箱根・三島・鹿島・香取など多くの有力な宗教勢力が見受けられる。とりわけ鎌倉の鶴岡八幡は、頼朝以来の格式と崇敬を誇っていた。さらに視野を大きく広げれば、伊勢の神宮や京の周辺の諸寺院等、多くの有力な寺社勢力の存在が認められる。このような諸勢力の中で、日光山はどう位置づけ得るのだろうか。関東の一つの権威であることは間違いがない。しかし関東、さらには日本全体の様々な宗教的権威の間での序列や役割については殆ど考察された事もないし、その為の研究蓄積もまだ不足していると言わざるを得ない。まず、誰がどのような立場でどのような言葉によって日光山への信仰を示したかを、具体的に明らかにし積み重ねていく必要がある(5)。

本章ではこのような状況を踏まえ、主として戦国期の関東諸寺の動向から日光山の権威のあり方について考察を試みる。将来中世日光山について総合的な検討を加えるための一つの準備作業を目指して、以下いくつかの事例に即してのスケッチを行いたい。

一　絹衣相論と日光山

本節では、天正年間の絹衣相論[6]を通じて日光山の位置づけを考えてみたい。

絹衣相論とは一六世紀後半、素絹着用[7]の可否をめぐり常陸国の江戸氏領内（現在の水戸市周辺）で起こった真言宗・天台宗の相論をいう。まず先行研究に従って、事件の概要を整理しておこう[8]。

①素絹の着用について常陸の天台宗寺院に「自宗に限って許されている」という意識のあったところ、天文二十四年（一五五五）同地の真言宗寺院で着用していることが表面化し、天台宗の総本山延暦寺からの抗議によって、その旨に沿った形で綸旨が出された。

②その後天正二年（一五七四）に至り、真言系勢力の働きかけにより、彼らの素絹着用を許容する綸旨が出された。

③天台側（薬王院を中心とする水戸十ケ寺）が反発し、天正二年綸旨は取り消され、関与した大納言柳原資定は勅勘を蒙った。

④翌天正三年（一五七五）、改めて常陸の天台・真言両派に対して各々綸旨が出された。その内容は、真言側に対しては本寺に従うべき事を説き素絹着用の可否には触れない一方、天台側に対しては天文二十四年綸旨を認め真言側の素絹着用に否定的、という曖昧さを残すものであった。

⑤同年、醍醐寺戒光院の深増は、受領の口宣を江戸重通に渡す使者として常陸に赴き、対面の場で素絹を着した。そ

の件につき天台側が抗議したところ、既に破棄された筈の天正二年綸旨を持ち出すなどして従う様子が見えないため、年末に到って天台側は京に使者を送り朝廷に訴えた。

⑥朝廷と醍醐寺三宝院の協議の結果、常陸の真言宗寺院の素絹着用は全く正当性のない行為と判定され、天正四年（一五七六）七月までに裁定が下された。

⑦戒光院深増に対しては同年九月、織田信長による「成敗」が行われた。

さらに事件の周辺に関しても、次の諸点が指摘されている。

⑧この事件の背景には、常陸の江戸氏による地元の真言宗寺院への肩入れが存在したらしい(9)。

⑨この相論の影響は、単に江戸氏の勢力範囲ないし常陸国にとどまらず、日光、関東天台、関東両宗門、さらには関西にまで及んだ。

⑩相論中の上洛や相論後の本寺への礼物等の費用は、紛争当事者の諸寺が中心となり、周辺の天台宗寺院も助成を行った。

以上、先学の業績により事件の概要を示した。

ところで、従来この相論については、天台・真言両宗の勢力争いとして捉える傾向が強かった。あるいは天台を外護する土岐氏、真言を外護する江戸氏といった在地領主間の政争の影も指摘されている(10)。しかし私見では、この相論の歴史的意義は、むしろ本末関係の形成にあるように思われる。この事件は、中央の本寺による地方の末寺支配の進展がどのように行われたかを示す、興味深い事例として捉えられるのではないだろうか。その視点から以下しばらく、論争上の実際のやりとりを見ていきたい。まず事件の当初の様子から。

〈史料1〉

近年東寺之門人素絹之衣着用之事、法中之威儀不レ可二自他混乱一之処、背二本寺之法度一令レ犯ヨ用他門之衣体一、依二新儀之張行一、及二諍論一之段、無二其謂一之由為二山門一訴申趣被二聞食一訖。所詮堅守二旧実一、可レ致二其働一旨、遍相ヨ触天台門徒一、弥可レ奉レ祈二国家安全一之由天気候所也。仍状如レ件。

天文廿四年七月十六日　　右中弁在判

常州不動院(11)

史料1は天文二十四年の後奈良天皇綸旨（写）である（概要①）。ここで、素絹着用に対する非難の言葉が「本寺の法度に背き」「新儀の張行に依」る、と記されていた事には注目したい。「他門の衣体」の「犯用」と指摘はするものの、禁止の重点は素絹着用という事実そのものより本寺の法への不服従なのである。素絹着用の可否は、本寺への服従の程度を示すものとして位置づけられている。そこに注意して、事態の進行を見ていこう。

〈史料2〉

態啓達、抑今般就レ被レ成ヨ下受領之　口宣一、為二勅使一御下着大儀之至、御神妙之由、屋裏（ママ）之方々各被レ申事ニ候。雖レ然馬頭院被レ預候　口宣於二中途一奪取候而旦那へ之直奏者、頗本意之外歟と存事ニ候。既御所持ニ候三条之西殿之御符雇戒光院、路次之間計可レ被二所持一、於レ国者従二雑掌之手一江戸へ可二相渡一と候上、御慮外者無レ紛事ニ候。(a)殊旦那被レ遂二対面一上之時分、御主伴共絹衣着服之由、為二以後一雖二訴及候一、且者応二勅宣之綸命一、且者重二受領之祝儀一、不レ及二其沙汰一事ニ候。(b)但官位僧正ニ有二昇進一御着用歟。是又無二得意一次第ニ候。既御宗旨之為二本寺一、従二御室仁和寺之禁中同座主宮一御返札ニ「出世修学者、何も着二布衣一候。自然成二僧正一候而も、香之袈裟計者免許候。於二絹衣一者言語道断之儀ニ候」、(c)御文言明鏡ニ候処、被レ枉二本寺之制法一事者、都鄙之分別、花夷之差

際歟。諒ニ大望在レ之御振舞傍若無人之至候。畢竟於下無ニ列次一之夷中上者互有ニ猶預一、時宜之落着全不レ可レ有ニ尽期一之間、不レ顧ニ深雪寒吹一、旧冬以ニ使僧一京都へ令ニ言上一候。此一到来之間者有ニ御在留一、被レ任ニ御勅裁之次第一被レ決ニ雌雄是非一、御理運之上ニ帰洛単所レ仰候。若於レ無ニ御承引一者、今度之興行皆以可レ為ニ私曲一候。恐々謹言。

仲陽六日　　　　台家之諸寺

戒光院　御伴僧(12)

天正三年二月、天台側から戒光院へ出された書状（写）である（概要⑤）。まず傍線(a)で、檀那（江戸重通）との対面の際に主僧（深増）・伴僧共に素絹を着用した事が非難されているのだが、注意したいのはその時に、本寺の法を根拠に攻撃されている点である。

傍線(b)で「台家の諸寺」の主張の大意は、聞くところでは真言宗では、僧正に到った者でさえ香袈裟が許されるのみで、絹衣の着用など許されないという規則があるそうではないか、だから、たとえ深増が僧正の位を持つとしても、絹衣着用は許されることではない、というものであった。ここでは深増の絹衣着用を非難する際に、本寺（この場合は仁和寺）の世俗的権威を借り、決して仏教的基準（経典・戒律等）に依っていないことが確認できる。その傾向は続く部分にも認められる。

傍線(c)では、本末と併せ都鄙の差異も強調されている。深増が本寺の規則を蔑ろにしたのは、「都でできないことも田舎なら」と高を括ったもので邪な本心の現れである、と説かれている。そして「台家の諸寺」自身、裁定を下し得る権威が存在しない「夷中」諸寺同志では水かけ論なので、（卓越した権威を持つ）京の本寺に訴える、と述べている。ここでは天台・真言に関係なく、京と関東の権威の上下差を強く意識している様子が窺える。本寺・都の末寺・田舎に対する優越が、既に議論の前提とされているのである。

相論から読み取れる常陸天台諸寺の論理はこのように、寺院の存在基盤を本寺とのつながりに求める強い傾向を持っていた。その理由について、次に在地領主の動向及びそれに対する天台宗諸寺の意識の両面から考えていきたい。

まず領主の動向から。相論の舞台となった水戸付近の領主江戸氏は、応永末年（一四二〇年代）通房の代に、大掾氏を追い水戸支配を達成すると同時に真言宗伊豆佐久山方に帰依していた[13]。その結果、大掾氏のもとで発展してきた天台宗諸寺は、日々圧迫を受けることとなる[14]（概要⑧）。その様子を端的に示すのが、次の二つの史料である。

〈史料3〉

就二出行一御懇切示給候。難二申尽一令レ存候。抑吉田山神宮寺之事、雖下不二始申事一候上、桓武天皇之御願所、草創已来八百余年、仍其際代々之国司・領家之御時之世々之探題・守護之時、懸無レ例之、且時剋之到来歟、且天魔之所行歟、今般題目出来無二是非一次第候。然而通泰御筋目承分道理至極候。雖レ然、於二寺家一前代未聞之事、後代之引懸、快舜一世之瑕瑾、歎有レ余事候。然間帰寺再不レ存事候、重而不レ可レ承候。巨細彼任二口上一候。恐々謹言。

備中治部少輔生害之時之案文　快舜[15]

〈史料4〉

態染レ筆候。仍常州吉田薬王院之事、当初汲二天台之法流一、為二勅願所一異二于他一霊地、当門末寺候処、先領主令レ移二住他宗一之由、今般被レ復二先規一之様馳走頼入候。於二委趣一者薬王院連々申入之旨条、宜レ預二取成一事肝要候也。

四月十一日　　御判

全阿弥陀仏[16]

史料3・4は共に年代を欠くが、保存状態[17]や内容から見て一連のものと考えられる。まず史料3は、快舜[18]（一六世紀前半期の薬王院別当）の書状（写）である。書状の中で快舜は、桓武天皇御願寺としての由緒を誇り現在の難事を歎くのだが、難事の内容が判然としない。但し傍線部を見ると、「通泰御筋目承分は道理至極」と、江戸通泰以来の「筋目」と関連することが分かる。何故通泰以来の「筋目」継承が、快舜にとって「一世の瑕瑾」で「歎きても余り有る事」なのか。それを解明するのが史料4である。

史料4の書状（写）は差出人名を欠くが、薬王院を「当門末寺」と呼ぶことから、青蓮院門跡周辺のものと思われる。そこには傍線部に見られるように、江戸氏（領主）の側に薬王院宗旨替の企てが存在したと述べられる。先述のように江戸氏は通房（通泰の祖父）の頃から真言宗に帰依しており、史料3と突き合わせれば、快舜の頃の江戸氏に薬王院改宗（真言化）の意向があったと推定される。後世本末制度の確立した頃と異なり、当時は寺の宗旨はそれほど固定されておらず、住持の個性や檀那の意向によって変る余地が充分存在した。実際、天正年間の常陸では「台宗の真言門に移るの数輩之れ有り云々。台宗陵廃の源なり[20]」と言われる状況があり、薬王院のみならず当時の常陸天台諸寺が領主の攻勢に晒され共通の危機意識のもとにあったことが考えられる。そのような中で領主に対抗する必要上、自宗の本山が浮かび上がってくることは史料4からも窺えるが、さらに端的に彼らの意識を示すものとしてもう一例挙げよう。

〈史料5〉

為二当寺一公儀代々御門跡令二言上一子細之事

倩原、仁雄応現之本懐、出二於真理無相宮一同二分段有為塵説一顕密諸教以成二衆機得益一、至二後々末代一広為レ令二流伝一也。厥聆レ法伝二於世一依レ機能行レ之也。道化二於人一依二教法相承一也。顕教者大覚世尊・飲光・阿難次第、踵継堅材師資伝来而当代盛行レ之。密教者大日覚王・金剛薩埵等相連而方守二祖業一、付法授与而不二断絶一。西震両朝者、胎金相承前後蘭菊受レ之、本朝将来、慈覚大師緬入二巨唐一、蒙二諸師印許一、三部一統伝レ之、今世流布。抑当寺為二台嶺直末一、新号二東睿山一、汲二門跡之法水一、弘三通三昧流一。就二「挹レ流尋レ源、聞レ香討レ根矣」一者高祖天台之判尺也。尤尋二秘密教流出本源一、直回二令法久住計策一者也。然間代々相続之時、毎至二必青蓮院門主一、令二言上一処也。余既覃二拾ケ年一雖レ為二居住一、炎上以後者再興営相紛、至二今歳一令二遅延一条、且者冥慮之恐其憚不レ少、且者不信之嘲嘆尚有レ余。剰逢二大乱一、無一物之体淵底分明也。此時者唯独自力耳非二可レ叶処一、所詮任二先例一遍預二一流法類扶佐一、以二衆功一、速欲レ令レ遂二願望一処也。各御入魂可レ為二歓喜満足之旨一所也。仍執達如レ件。

天文十九年弐月朔日

千妙寺
法印亮珍(21)

史料5は、千妙寺亮珍の天文十九年（一五五〇）二月一日付書状である。それによれば、千妙寺では住持相続時に上洛し青蓮院に「言上」（僧官申請）するのが慣例であったが、自分は火災の後始末や「大乱」(22)の影響等で果たせないでいる、として「一流法類の扶佐」を要請している。この書状は薬王院にも残っており(23)、千妙寺と薬王院が同じ常陸天台の「一流法類」の関係にあったことが窺える。そこで「一流法類」の意識として興味深いのが傍線部である。「台嶺直末」とは延暦寺（天台宗総本山）に直属する末寺の謂である。他の末寺に優越する宗内での地位が「東睿山」という呼称によって強調されている。それを支えるのは「三昧流を弘通」しているという、教学上の立場である。

後にも触れるが、千妙寺は台密十三流中の有力な一派である三昧流(24)を継承していた。中央の相承が途切れた時には代って伝法を行う立場にあり(25)、「東国当流（三昧流）棟梁(26)」として知られていた。そのような教学上の位置に基づき、千妙寺は叡山の「直末」を標榜した。ここに見られるのは、中央の本寺との親密な関係によって自己の立場を強化する志向と言える。千妙寺・薬王院その他「一流法類」の間でこの志向が広く認められていたからこそ、支援要請の書状にこの文言が記されたのであろう。従って当時の常陸天台諸寺の間には、危機的状況の中で中央とのつながりに活路を求めようとする傾向が確認される。それがどのように有効性を発揮したかについて、絹衣相論の裁定は示唆的である。

〈史料6〉

(A)就二真言・天台衣体相論一、去年既被レ成二　綸旨一処、重而以二両使一被レ伺、叡聞付、任二本寺之法度一可レ加二下知一之由、綸旨如レ此候。当寺之次第、至二院家一絹衣着用之事勿論候。其外於二平民一者着用無レ之事候。況末寺之者、可レ着儀曲事ニ候。然処以二五箇条一被二仰下一上者、新儀之段堅可レ為二停止一候。猶理性院僧正可レ被レ申候也。

七月廿九日　　三宝院殿判

江戸但馬守殿(27)

(B)抑当寺門徒中企二新儀一、絹衣可二着用一事、太以不レ可レ然候。殊去年両宗依二訴訟一、如二先規一可レ為二本寺之沙汰一之旨被レ加二　勅裁一之処、背二寺法一而深増法印任二愚私一、恣之所行先代未聞之事候。就レ其被レ対二当門跡一へ被レ成二　綸命一候之条、法度之次第則以二御書一被二仰下一候。弥無二猥之儀一様、諸寺江急度可レ被二申渡一之旨候。謹言。

七月廿八日　　理性院堯助　権僧正判

江戸但馬守殿(28)

〈史料7〉

(A)先度両人下国之刻、委細染レ筆候。戒光院掠二　勅命一、背二本寺之法度一、猥之所行依レ現レ形、信長被レ加二下知一、被レ処二罪科一候。此上者猶以猥之儀無レ之様可二申付一事肝要候。委曲上乗院僧正可レ被二申下一候也。

九月十八日　　青蓮院宮　御判

江戸但馬守殿(29)

(B)就二両宗衣体相論之儀一、依レ背二　綸旨・本寺之法度一従二右大将一戒光院成敗之事候。委従二門跡一被レ成二御書一候。弥法度之儀可レ被二申付一事肝要候。恐々謹言。

九月十八日　上乗院 道順

江戸但馬守殿(30)

〈史料8〉

就二常陸国天台・真言両宗絹衣相論之儀一、去年対二江戸但馬守一、任二本寺之法度一同二先規一之旨、可レ致二其沙汰一之由、被レ成二下　綸旨一之処、戒光院深増掠二　勅裁一、背二寺法一、諸末寺之族絹衣令二免許一之条、言語道断之次第也。真言宗於二制符一者、仁和寺并当院被レ対二申　禁裏御一行一歴然之上、重而青蓮院宮与二当院一江被レ成二　綸命一之条、弥可レ為二本寺之下知一。至二彼悪僧一者、可レ処二罪科一候也。恐々謹言。

九月二日　信長(31)

史料6・7・8はそれぞれ真言宗・天台宗・統一政権の立場を示している。以下一つずつ見ていこう。

史料6は醍醐寺の、(A)は三宝院義演、(B)は理性院堯助の書状（共に写）である。江戸氏領内の真言系諸寺は、宗内でも醍醐寺と親密な流派（伊豆佐久山方）であったため、醍醐寺を代表する三宝院門跡の意向が即ち本寺の命として伝えられたのである。

まず(A)では、先の「本寺の法度に従うべし」との綸旨を挙げ、本寺である仁和寺・醍醐寺の法を守るべき、と述べる。重要なのは、その上で本寺の法として「院家に至らば絹衣着用の事勿論に候。其の外平民に於いては着用之れ無き事に候。況や末寺の者着すべき儀曲事に候」と説かれていることだ。ここでは絹衣着用の資格を通じて、院家―平僧―末寺僧という階層秩序が、さらに言えば本寺と末寺の格差があからさまに示されているのである。

(A)では続く部分で新儀停止が説かれる。それは(B)でも同様である。(B)では「本寺の沙汰たるべし」という「勅裁」が示された上で、深増について「寺法に背き」「愚私に任せ」「恣の所行」は「先代未聞」と断じている。深増に対する非難の中心は、仏制を破ったことでなく、本寺の法から逸脱した点に求められる。このように真言宗本寺側の主張は、本寺に従い階層秩序を守ることに力点があった。

次に史料7には、天台宗本寺側の指令を示した。(A)は青蓮院宮尊朝法親王、(B)は同院役僧上乗院道順からの各書状(共に写)である。(A)・(B)とも趣旨は共通し、「綸旨」(勅命)・「本寺の法度」への服従を説くことに重点がある。結論として深増を非難するのは当然ながら、素絹着用の是非自体は問題にされず、天台側でも真言側と同様の論理(本寺への服従へ収束される)となっていることを確認しておきたい。

さらにこの九月時点で加わったのは、織田信長の「下知」「成敗」である。織田政権がこの相論をどう捉えていたかについて、次の史料8(信長朱印状案)で示した。一見して、ここでも同様の議論が展開されているのに気がつく。既に「本寺の法度・先規」に従えという「綸旨」の卜っていた所、深増という「悪僧」が「勅裁を掠め寺法に背」いたので「罪科に処す」、というのである。織田政権は、前述の〝本寺への服従〟を実現させるための「下知」「成敗」執行機関として、自己規定していると言えるだろう。

こうして見ると、一つのことに気づかされる。本来天台宗・真言宗・織田政権の三者は別々の立場にあるのにもかかわらず、この相論に関しては全く共同歩調を示しているのだ。即ちそこには、中央の本寺が地方の末寺に優越した権威を持ち、その具体的なあらわれとして本寺の法への服従を強制し、もし従わない場合は武力によって排除するという構造が存在し、三者はその構造を承認してその中に自己を位置づけていることが理解されるのである。

このように中央の三者が自己規定し得るのは、先にも少し触れたような地方寺院の中央志向（それなりの必然性のある）が存在したからと思われる。その点について次に、青蓮院と常陸天台諸寺の具体的な動向から見ていこう。

〈史料9〉

幸便之状令レ啓候。仍就二彼一儀一、去春御使僧無二沙汰一之条、定而不動院上洛之刻と相待申候処、無二其儀一候。公私失二面目一為レ体候。為二門跡一被レ成二御書一候。中々薬王院へ□不レ被二仰越一候、各被二仰談一、年内ニ先如レ形朝儀之御礼被二申上一様ニ御才覚肝要候。如レ此京儀と御不通之様ニ候者、定而真言宗得レ便、種々之可レ企二造意一候哉、然者宗門滅亡之基候哉、御分別肝要に候。尤以二書中一可レ申候へ共、観音寺へも右之通御意得可レ然候。以外急便ニ候之間、書状之体無二正体一候。恐々謹言。

八月十六日　　経孝（花押影）

中道院[32]　床下

史料9は、鳥居小路経孝（青蓮院坊官）から中道院[33]への書状（写）で、天正四年と推定される。内容は「朝儀の御礼」として金品を要請しているもので、絹衣相論に関わる朝廷工作の費用と考えられる[34]。「予想に反して現在まで滞っているため面目を失った」等、なかなか切迫感があり興味深い。とりわけ要路への献上について「此の如く京儀と御不通の様に候わば、定めて真言宗便を得、種々の造意を企て候べしや、然れば宗門滅亡の基に候や、御分別肝要に候」と宗門の危機感に絡めて説得する手口は、前述の常陸天台の状況（史料3・4）を踏まえたものと言えよう。紛争当事者の水戸十ケ寺のみならず、関東各地の天台宗諸寺にもこの危機感が共有されていた様子は、たとえば次の史料から窺える。

〈史料10〉

A　薬王院御同宿中　　　宗光寺

態以二使僧一申届候。当年殊外此方空鉢之故、所化衆数多退散候。雖レ然去々年以来之首尾計ニ、乍二乏少一青銅従二当寺一二百疋、自二末寺一五百疋用途推量之間、先以調進候。相残処聴而可レ令二音信一候。貴寺京都往覆（復カ）御苦労不断申迄候。此趣其地之諸寺家へ御演説任入候。子細之旨法円寺頼入候。恐々謹言。

終春廿六日　　　宗光寺 乗海（花押影）

薬王院御同宿中(35)

B就二台・真衣論一、京都之時宜思召儘相調、御綸旨等無二相違一之段、誠ニ当宗之亀鏡、真宗之恥辱不レ可レ過レ之存候。就レ其書面之体委細披閲、過分候キ。雖レ然此方乱後故、各々門中不如意、無二面目一次第候。態計一貫文表二祝儀一迄候。此内中山寺三連御心得専一候。

恐々謹言。

八月九日　　　忠舜（花押影）

謹上　吉田山　御尊報(36)

史料10のAは宗光寺乗海、Bは（千妙寺）(37)忠舜の書状（写）である。両寺は共に関東における有力な天台宗寺院(38)で、この時は薬王院に対して助成を行ったことが解る（概要⑩）。この史料を見る限り、絹衣相論が水戸十ケ寺だけの問題ではなく、各地の天台宗寺院をも巻き込んでいたことが了解されるのである（概要⑨）。とりわけ注目したいのは、裁定が下った後に「当宗の亀鏡、真宗の恥辱」（B傍線部）という意識が明示されていることで、彼ら天台宗諸寺――同様の文言が日光山・月山寺などにも見られる(39)――が水戸十ケ寺に助成した理由が端的に示されている。即ち、当時真言宗との教線拡大競争に劣勢で危機感を抱いていた彼ら天台宗諸寺にとって、絹衣相論は本寺や統一政権とのつながりを強固にし将来への展望を開く上で絶好の機会を提供したのである。この相論を通じて、常陸国内外の有力な天台宗諸寺の団結・本寺や統一政権による支援・（それらを欠く）真言宗諸寺に対する優越、といったことが形成ないし再確認された。〝強固な本末関係〟への帰属意識を示すのが「当宗の亀鏡」の語であり、それは真言宗との競合の中で天台宗諸寺が見出した生き残りのための方策をも示していたのだ。従来事実の指摘にとどまり、または真言宗への対抗意識程度に説明されてきたが、実はこの点――強固な本末関係の形成とそこへの参加――にこそ、各寺院が薬王院への助成を行った理由が見出せるのである。

以上を踏まえた上で本節の目的に戻りたい。このような天台宗諸寺の結合に対し、日光山はどのような位置を占めていたのだろうか。次の二つの史料から考えてみたい。

〈史料11〉

御芳翰具令二披見一候。如レ蒙レ仰候。去比者法円寺御登山之砌、近年御稼之絹衣之御証文共披見令レ申御大切不レ及二是非一候。就レ之従二当山一如レ形之助成をも被レ申度由、各相稼被レ申候得共、数年爰元乱入于レ今不レ調、殊此程氏政就二出張一、毎物忩之処、子細共取込無二是非一候。近比失二本意一候。於二も我々一失二面目一候。然座禅院京都へ之御請、春已来無二手透一之間、不レ被レ申候。今度御使僧ニ差越申候、畢竟無二沙汰一相似候。殊更御門跡被レ遊候、円頓者被二差越一候、祝着由被レ申候。内々以二直書一可レ被二申達一候処、取乱故無二其儀一条目も我々可レ申由被二申越一候。於二向後一者、山中相応之儀不レ可レ有二如在一由、挨拶被レ申候。委曲奉レ期二後音一候条、不具候。

恐々謹言。

六月廿二日

法門坊
綱誉（花押影）

教城坊
昌長（花押影）

謹上　吉田寺　御報[40]

〈史料12〉

依レ無二指題目一、雖下未二申通一候上、且者　青蓮院之宮并上乗院僧正、山中江為レ令二御書お進上一、且者奉レ仰二関左之日枝山一之上、為レ令二宗旨之一沙汰於披露一、当地之門葉以二連署一申達候。抑近年真言宗本山退転之見合歟、又者末世澆季之振無（舞カ）歟、企二前代未聞之新儀一、絹衣着服、因レ茲度々雖レ覃二諍論一、全無二承引一。此則者於二夷中一者、落着不レ可レ有之上、或代官或自身上洛、御門跡江令二言上一候而、綸旨如二先規一与被二成下一之上、真言之首頂仁和寺、同醍醐三宝院之御書利（理カ）運明白ニ候。其外公武白地に申調、右幕下信長殿之朱印、以二千万之気遣一申請候而、当未来際迄申閉候。然者当山為二御披閲一、数通之状共、令二進献一候。偏ニ御披覧御入魂、一山被二仰合一、一途之預二御助成一、宗旨之相続、偏奉レ仰外、各無二他意一候。誠ニ於二自今一者、当口相当之儀、可レ蒙レ仰候。努々不レ可レ存レ如在一候。委細者法円寺可レ被二申達一候。恐惶謹言

弥生廿一日

観音寺　光賢（花押）

長福寺　憲慶（花押）

吉田山　尊仁（花押）

謹々上日光山御衆徒中　御童子中[41]

史料11は日光山の衆徒から薬王院へ宛てた書状（写）で、天正四年のものと推測される。それによると、水戸十ケ寺のうち法円寺が使者となって日光山へ赴いたらしく、まず絹衣相論関係文書閲覧の次第が記され、次に日光山へも「形の如くの助成」が要請された旨が書かれている。それに対して日光山側は、ここ数年の状況悪化や北条氏政出兵による政情不安を言い連ねることに終始する。しかしそれについては「本意を失い」「面目を失」うことと自ら述べ、

また京都との交渉について相談している様子から、本心からの拒絶とは取り難い。ここは文面通り受けとって、日光山も絹衣相論の中で天台側の一翼を担っていたと見るべきであろう。前述の天台宗諸寺の団結の中に、日光山もその一員として加わっていたのである。

次に史料12は、翌天正五年三月の、薬王院尊仁等から日光山へ宛てられた書状である。差出人は三名だが、いずれも水戸十ケ寺の有力者で、実質的には紛争当事者の十ケ寺を代表していると見られる。内容は絹衣相論決着の報告で、事の起こりから信長朱印状による落着までが一通り記されている。このような報告が行われること自体、日光山が前述の諸寺結合の一員であり、しかもある種の権威を保っていたことを示唆している。それについて、書状冒頭の部分にも注目しておこう。

史料12の冒頭は、この連署書状の目的を記した部分である。そこには「青蓮院并びに上乗院僧正、山中へ御書を進上せしめんが為に」「関左の日枝山と仰ぎ奉るの上、宗旨の一沙汰披露せしめんが為に」と書かれている。京の青蓮院の書状が到り、さらに常陸天台諸寺も〝関東の叡山〟として崇敬しているのでというのだが、ここにも京都の本寺及び関東の末寺の双方が、日光山にある種の権威を認めている様子が読み取れるのである。ではその権威とは、どのような性格で捉えられるものだったろうか。

本題に入ろう。本章では、誰がどのような立場で日光山への信仰を示したかについて、明らかにしたいと考えている。絹衣相論の場では日光山への崇敬が見られたが、それは京の本寺及び本寺とのつながりに活路を見出した天台宗諸寺によるものであった。史料12では天台宗寺院は三ケ寺が登場する。しかし今までの論述を参照すれば、それは水戸十ケ寺、さらには絹衣相論に積極的に参与――「当宗の亀鏡」のための助成（史料10）――した諸寺の代表としてのものであると捉え得る。彼らの立場は前述のように、中央の三者が示した構造――中央の本寺が末寺に優越した権威を持ち、その具体的なあらわれとして本寺の法への服従を強制し、もし従わない場合は武力によって排除する（史料6・7・8）――を志向するものであった。天正年間の日光山はこのような構造を認める者たちの信仰の中にあり、積極的に自己をその中に位置づけようとしていた。つまり日光山の権威は、この〝構造〟の守護神としてのものであったのだ。

中世の日光山について、中央に対峙した東国独自の権威と見なされることが時として存在する。(42)しかし絹衣相論に関してのみ言えば、この天正期の日光山は、周囲から中央を志向する権威として仰がれ、自身もそれに同調していたのである。「関左の日枝山」とは、そのような性格の日光山を表していたことを確認しておきたい。

二　日光山の堂講相論

前節では天正期の日光山について、中央との関係強化（しかも追従的な）を志向する勢力と、積極的に連帯していた事実を明らかにした。それでは日光山では、中世を通じてそのような方向性が主流を占めていたのだろうか。本節ではその点について、堂講相論という事件を通して考察を行いたい。

堂講相論とは、一四世紀後半に常行堂堂僧と講衆との間で起こった論争を指す。その分析に入る前に、まず堂僧・講衆と一山組織の関係について先行研究により確認しておこう。

一山の統轄責任者は、……座主で、座主は本院＝座主所住寺としての光明院に在住した。ただその座主は、鎌倉中期以降、鎌倉に在住するようになり、留守役としての「御留守」が実際の職務を代行した。座主の配下にあって一山の財政と直轄領の管理を担当したのが政所であった。そして、日光山の政治・宗教諸行事の運営は、座主を中心にその支坊＝衆徒によってなされた。その評定所が常行堂であったので、同堂はあらゆる意味で日光山の象徴的存在となったのである。その構成員たる衆徒は、常行堂に堂僧として常勤するものと、諸講説の折に参堂する結衆＝講衆とに大別されていたらしい。前者の中から上下二人の執事を頂点とする見衆が選出され、常行堂にまつわる職務一般を担当した。見衆は、それ故、一種の寺務官僚としてかなりの権力を保持し行使したようである。[43]

（佐藤博信「東国寺社領の構造と展開」から）

貞治二年（一三六三）以降、堂僧と講衆の間で激しい対立が見られ、これを堂講相論と称する。事件の発端について、まず堂僧側の史料から見ていきたい。

〈史料13〉

目安

日光山常行堂々僧等申

欲下特蒙二御裁許一、且因ヨ准先例一、且任二文永・建治御張文一、停ヨ止結衆等新議（儀カ、以下同）非法一、任二差文一、浄土院昌祐律師同宿昌秋被レ補二堂僧一、結衆等悪行被中糺明上子細条々

①右謹考二先例一、当堂入衆事、戒者下着之時、守二其器一、遣二差文一者故実也。講衆者、一﨟夏勤二両講説一、三﨟春出二所望状一、令二入衆一者先規也。

②而道樹房重弁僧都同宿重政・浄土院昌祐律師同宿昌秋受戒下向之間、依レ為二其器一、遣二差文一之処、重政者参堂無二相違一、昌秋者度々打ヨ返差文一、剰正月十五日滝尾講、無二是非沙汰一入二東山一之条、前代未聞事也、是一。

③次重政参堂之事、号二房主重弁所行一、重弁以下同宿等、於二諸講説一不レ可二着合一之旨、立二使者一、止二出仕一之条、自由張行罪科不レ軽、是二。加之、上執事以下見衆等皆以不レ可二着合一云々、是三。

④縦雖レ為二新議一、有二所存一者、可レ仰二上裁一之処、任二雅意一、争奉レ忽二緒上方一。破二貫主二代御張文一上者、罪科何遁。
無二御炳誡一者、向後狼籍不レ可二断絶一者、是四。

⑤任二堂僧差文一、重政参堂之状、称二房主咎一、重弁於二擯出一者、昌秋返二差文一、入二講衆一昌祐咎如何。爰久安元年始而自レ被レ移二置本山於東谷常行堂一以来、星霜一百余歳、返二差文一入二講衆一之例、曽以無レ之。雖レ勤二講説一守二其器一、依レ遣二差文一令二参堂一者傍例。

⑥凡当堂衆者糺二品秩一之間、非二御家人一者、無二入衆之議一。不レ差二腰刀一、不レ加二悪事一。講衆者為二侍者一令二入衆一間、堂講異議也。然間講衆等存二確執一、堂講為レ無二勝劣一、先立誘取之間、堂僧器無二人数一。講衆者、四季講之料足重厳僧都依レ申二行之一、毎年闕如無レ之。於二御忌日一者、無二料足一上無二人数一也。随而今年御忌日及二闕如一之間上執事如レ形執二沙汰一訖。向後御勤可二断絶一、且不レ可レ立二堂僧造意一。仏法讎、貫首之御敵何事如レ之哉。

⑦以前条々大概如レ斯。凡戒者下着以前遣二使者於本房一誘取、不レ待二三臈一不レ勤二両講説一、号二本山之例一、背二先規古実一、新議張行尤可レ被レ加二禁遏一歟。御留守・学頭何同二新議非法一可レ許二容之一哉。就レ中当山者貫主御進退地也。雖レ為二本山式一、背二古例一、不レ可二新議一、私張行招二其咎一者也。

⑧所詮以二昌秋一被レ補二堂僧一、結衆等非法悪行可レ被二糺明一之由、被レ下二御教書一者如二日来一堂講勤無二違乱一。内貴二仏法不レ廃、外仰二有道之善政一、不レ耐二懇歎之至一。堂僧等跪一同申上目安如レ件。

貞治弐年潤《ママ》正月七日[44]

（説明の都合上段落を分け番号を付す）

史料13は、堂僧から座主に提出された目安の案文である。それによると、事件の発端は「入衆」のしくみにあったようである。堂僧の主張は次のように整理されるだろう。

①　日光山の慣例では、受戒を終えた衆徒加入の有資格者の中で、堂僧となるべき「器」[45]の者には「差文」を送り勧誘を行ってきた。一方講衆に加わるためには二年間講説を勧め、三年目の春に到って初めて許されるのが規則であった。

②　ところが今回、重政（道樹房重弁同宿）・昌秋（浄土院昌祐同宿）の両名に差文を送ったところ、重政は先例通り堂僧に加入したものの、昌秋は差文を送り返し、その上正月十五日の滝尾講に不参するなど[46]傍若無人の態度をとった。

③　さらに講衆側は、重政の堂僧加入を咎めて房主重弁以下同宿者達の諸講説参加を禁じ、上執事以下の堂僧に対しても同様の通告をした。これは重罪というべきである。

④　たとえ上記の主張をするとしても、まず上裁を仰いだ上でならまだ筋が通る。しかしその手続きをとらないでの行動は、上を蔑ろにし、尊家・源恵両貫主の定めた規則[47]も破るもので、到底許されることではない。

⑤　重政の堂僧加入について房主重弁の咎を言うなら、むしろ昌秋の差文打ち返しについて昌祐の咎を言うべきであろう。常行堂建立以来二百年近く、いまだかつて堂僧の差文を断って講衆に入る例など無かった。講説を勧め講衆への加入資格を得たとしても、「器」を守って差文に従い堂僧に加わった例は近年にもある。

⑥　常行堂堂僧は本来「品秩」を必要とし、御家人の家柄でなければ加入できない高位の者である。既に定められているように、腰刀を差さず悪事に加わらない[48]。一方講衆は、堂僧の侍者として一山に入る低い身分である。それなのに講衆は堂講勝劣無しと嘯き、入山する者を先立って講衆に入れるため、堂僧の「器」は人数が減少した。その結果、講衆が中心となる四季講[49]は財政潤沢なのに対し、堂僧が催す慈覚大師御忌日[50]の行事は予算も人数も不足しがちである。このような状態が続けば、行事が廃れ堂僧の立つ瀬も無くなるだろう。一山の仏法及び貫主にとって危機的な状況なのである。

⑦　彼らは資格（三﨟両講説）未取得のまま講衆に加入することを「本山の例」と号して正当化している。しかし当山は「貫主」の支配下なのだから、たとえ「本山式」であろうと「新議」「私の張行」を許すべきではない。

⑧　昌秋を堂僧にし、講衆の悪行を正し、一山の秩序を保たれるよう願い上げる。

史料13を一読すると、堂僧の置かれた苦しい状況が見えてくる。本来は高い家柄の者に独占され一山の権威を体現していた堂僧も、現在は人数を確保しかねる状況に陥っているというのである。堂僧はその原因を一方的に講衆の先例無視に求めているが、果たして事実はどうであったのだろう。異なった立場から確認してみよう。

〈史料14〉

堂講相論事。両方所存落居無二尽期一歟。於見衆者、重□□□（政昌秋カ）得度已後、任二故実一差定之由申レ之。於二結衆一者、先立而差二定重政一処、誘二取堂中一、結句又不レ顧二先度非儀一、重欲レ抑二留昌秋一之間、及二此霍論一云々。就レ之両方申状雖二事繁一、究明頗難二事行一哉。仍為レ不レ貽二両方所存一、以二和睦之儀一一途令二落居一、可レ申二御裁断一旨、度々雖レ被二仰下一、両方更無二承諾一、只一向雅意之請文趣也。然者任二先度落居之篇一、各一人差定、不レ可二相替一。但、兼修事結衆雖レ申レ之、堂中又不レ及二承諾一。所詮兼修一段者、為二人法興行一歟。仍向後出二来度三人一、早可レ加二結衆方一、其後堂僧分一人・結衆分二人、且任二次第一、且随二器用一、可レ有二差定一。其規式大概任二古御帳文旨一、所レ被レ定二一途一也。此上猶存二異儀一、不レ従二上裁一者、云二堂中一、云二講衆一、捜二帳（張カ）本一可レ被レ処二罪科一之由、別当僧正御房御気色所レ候也。仍執達如レ件。

貞治二年十一月廿日　　権少僧都（花押）

堂僧等御中(51)

史料14は、事件発生後約一年の守慧法親王（日光山座主）御教書である。まず冒頭の部分に堂僧・講衆双方の主張が引かれる。堂僧側のは史料13に沿った内容だが、それに対して講衆側の言い分は、「堂僧たちは我々が先に重政を勧誘したのにも拘らず、勝手に堂僧側に誘い取り、その上昌秋にまで手を伸ばしたためこの相論になった」というものであった。座主は両者の主張について、どちらが事実か判断し難い旨を述べ、真相究明を放棄して両者の主張の折衷案を提出することで事態を収めようと試みる。案の内容は、重政・昌秋については既成事実（前者は堂僧・後者は講衆）の追認、今後については堂僧一人に対し講衆二人の比で入衆させることを定めている。そうは言いながら、「次第に任せ」「器用に随い」と付帯条件が付き、真相究明の態度同様、到底これで決着するようには思われない。座主の苦心が窺えると共に、相論の長びくことが予想されるのだが、それでは両者の対立点はどこにあったのか。従来の堂僧と講衆の関係がこの時期に維持できなくなった理由について、史料13・14から考えてみよう。

まず相論の発端に関しては、堂僧側がしきりに先例・故実を持ちだし講衆側の新儀を非難していることから、どうも講衆側に主要な原因があるように思われる。もちろん講衆側にも言い分はあるのだが、たとえば「兼修の事結衆之れを申すと雖も、堂中又た承諾に及ばず」（史料14）などを見ると、講衆の側が攻勢をかけているのは間違いないようである。ちなみに「兼修」をめぐる攻防は、既に嘉元三年（一三〇五）の座主御教書に登場している。(52) そこでは堂僧側の申請により講衆の兼修禁止を命じており、この頃から講衆の中に、堂僧の法務を兼修する方向が生じていたと推定される。講衆の「兼修」を認めるか否かが実はこの相論の焦点の一つだったことは、後に解決の道を探る中で、方策の一つとして「兼修」が検討されたことからも理解される（史料15）。講衆が堂僧の法務を兼修することは、それでは何故争点に成り得たのか。次にそれを考えてみたい。

史料13の⑥には、堂僧と講衆の身分差が説かれている。「堂僧は御家人身分でなければ入衆できない」「講衆は（堂僧の）侍者として入衆させる」等、堂僧が階層的に上位であると言われる。堂僧は常行堂への勤仕を本務とするので、諸行事の折に支坊の僧（＝講衆）を侍者とする場面が生じることも充分考えられる。堂僧の法務を勤めることは、同時に彼らの身分を示す行為だったのであろう。従って「兼修」を認めることは、従来の上下秩序を混乱させる事と考えられる。そこで次の疑問は、何故この時期に講衆側の兼修要求が起こったのか、ということである。

堂僧達の勤仕する常行堂は、一山の中心として久安元年（一一四五）に建立された。そして常行堂の発展上、源頼朝による文治二年（一一八六）の三昧田寄進や、その後の武家政権とのつながりが大きな意味を持つ。常行堂は中世を通じて、祈禱を中心とする武家政権との関係を維持した(53)。いわば日光山の公的側面を代表していたのである。ところが堂講相論の時点で、日光山を取り巻く状況は変化しつつあった。既に指摘のあるように、丁度この時期は日光山所領下の農民闘争によって、本寺銭が中絶し常行堂の修理もままならない事態が出現しつつあった。こうした支配機構の脆弱さを克服する過程の中で、講衆の地位上昇が起こったと考えられている(54)。講衆＝支坊の衆徒、は多くが修験の出身で、日光山の私的側面を担っていた。伝統に多少背いても、彼らの力に頼らずに一山の運営を行うことは困難となっていた(55)。講衆の兼修要求や入衆方式変更の主張は、このような気運の中で可能になったと考えられる。

ところで仮に上記のように堂講相論を捉えるとして、その際の両派の立場が山門対日光と意識されていたことは注目に値する。史料13⑦では「本山式」が「新議」「私張行」であり、「当山」の「古例」「先規故実」と対立するものとして捉えられている。単に堂僧側の主張だけでなく、それが一山内で広く通用していたことは、次の史料に示されている。

〈史料15〉

教守僧都同宿新入事、両方所レ申雖二枝葉多一、所詮先年霍執之後、結衆方入衆有二其数一之上者、不レ可レ及二偏論一。

仍堂中所レ申、不レ背レ理之間欲レ被二裁許一之処、強失二面目一之旨歎申之間、為レ被レ全二御願一、可二兼修一之由、被二仰

含二了。但結衆中号二吹挙選定一、不レ申二御裁判一、称二山門故実一、致二自由沙汰一云々。惣可レ校二山門規式一之条雖レ無二相違一、如レ此於下可二難義出来一題目上者、尤就二御成敗一可レ有二落居一之処、自由沙汰太不レ可レ然、堂講霍論職而依二此事一歟。向後二人一人分配之儀、先度被二定仰一之上者、守二其旨一、可レ停二止新儀一者。依二別当僧正御房御気色一、執達如レ件。

貞治五年六月十九日　権大僧都（花押）

見衆等御中(56)

史料15は、相論継続中の貞治五年（一三六六）守慧法親王（日光山座主）から堂僧側へ出された御教書である。入衆の件について相変わらず調整に苦心している様子が窺えるが、ここで注目したいのは講衆の主張の位置づけである。講衆側が「山門故実」と称している点を取り上げ、座主自ら「総じて山門の規式を範とするべきというのはもっともではあるが、この場合は難しい事態に到っているため、座主の命を第一とするべきである」と述べ、講衆の主張が「山門規式」であることを認めているのである。同時に日光山では、座主の命がそれに優越することも説くので、結果として山門式と日光式という二つの方式が意識されていたことが明らかである。座主御教書の表現である以上、ここでは山門と日光双方の方式の対立が、ある程度の客観的基準として日光一山に示されていたことを知り得るのである。

堂講相論自体は一五世紀に入っても続けられ、遂には講衆の一部が離山の意志を示すに到る(57)。しかし事件の展開はともかくとして、ここで確認しておきたいのは、一四世紀の日光山において明確に、「本寺」と「当山」が時に対立するものとして捉えられていた点である。前節で扱った天正年間の日光山は、中央の本寺との関係強化を強く志向する姿で捉えられた。それに対して本節で扱った堂講相論では、「本寺」と「当山」の相違を意識し後者を宣揚する勢力の日光山内部に存在したことが確認された。相論自体の内容は暫く措く。本節で注目したいのは、何か論争の存在する時にそれを「本山」対「当山」の相違として認知する意識の型、次いでその対立の中で「当山」により重きを置く価値意識の存在である。中央の本寺を志向する勢力（講衆）の存在する一方、「当山」にこだわる勢力（堂僧）が存在したこと、そのような意識の有り様が見られたことを本節では確認しておきたい。

三　本寺と「嫡流」

常陸国江戸氏領内で絹衣相論が起こっていた頃に前後して、関東各地でも本末関係をめぐり活発な相論が行われていた。本節ではその中のいくつかに目を向け、近世を迎えようとする関東の天台諸寺の意識を考えてみたい。

まずはじめに永禄年間の仙波中院と三室吉祥寺の相論(58)から見ていこう。中院は喜多院と共に、円仁創設と伝えられ関東天台の本山としての由緒を誇る(59)、星野山無量寿寺の一院である。一三世紀末に中興を果たした尊海（建長五年〈一二五三〉～正慶元年〈一三三二〉）は、苦心の末恵心流正嫡の心賀より口伝を承け（後述）、中院を関東天台の教学の中心にまで引き上げた。次に掲げるのは、そのような中院の立場が中央の本寺によって認められていたことを示す令旨である。

〈史料16〉

武蔵国星野山無量寿寺仏地院権僧正脩芸、　恵心一流之嫡家、三昧流真言血脈、顕密共青蓮院門流相続処也。

猶以仏法興隆、於㆓関東㆒可㆑為㆓法灯㆒事、可㆑謂㆓勿論㆒者也。

永禄元戊午暦応鐘十四

准三宮（花押）誌レ之[60]

史料16は永禄元年（一五五八）十月、中院（仏地院）奝芸の門流相続を認める覚恕法親王（曼殊院門跡）からの令旨である。中院は本来は叡山青蓮院の末寺であるが、この時期は青蓮院門跡不在のため、臨時に曼殊院が寺務を管領していた。令旨の中で覚恕は、中院が顕密共に青蓮院の流れを汲むことを讃える。とりわけ「恵心一流の嫡家」という一句は重い意味を持っていた。その点について、中院中興の祖である尊海の著作から探ってみよう。

〈史料17〉

(A)今度仰云、当家々嫡ノ相伝トシテ、天台宗ヲ治国利民ノ法ト習ル、是即位ノ法門也。治国利民ト者、非二別法一ニハ、天真独朗ノ一念三千ノ妙行カ、広大無縁ノ慈悲ニテ治二国土一利二人民一法ニテ有レ之也。其故ハ一念三千ト者法界依正全体一念也。仍国土モ我ナリ、万象モ我也、万民我也。法界無二可レ猒国一モ、無二可レ悪人一、法界挙テ我也。可レ治、可レ哀ム。[61]

(B)右此法文者自二神代一至二于今一ニ人王ノ代御即位ノ御相伝也。兼又於二学匠門一者当流代々ノ家嫡ニ付テ此ノ即位也。然ニ法印尊海多年ノ住山而致二テ若干苦労一遂ニ当流家嫡相ヨ伝教行証三重血脈一。[62]

史料17は尊海撰『即位法門』からの一節である。尊海の教説の多くは、恵心流の正嫡を自任する行泉房流（椙生嫡流）の心賀からの相承である。叡山天台の顕教は「恵檀八流」と称され、大きくは恵心流と檀那流に分けられる。心賀は恵心流の正統を誇るが、その拠所は口伝の相承にあった。

(A)では心賀の「仰」として、家嫡の相伝である「治国利民の法」（＝即位法門）を説明する。それは「国土を治め人民を利する法」であると同時に、天台宗に特徴的な「一念三千」の世界観に基づき「広大無辺の慈悲」を本質とするものであった。細かい説明は省くが、ここで展開されているのは要するに、世界の根本原理である「慈悲」を達成することにより「治国利民」の能力を獲得し得る、という論理である。その宗教性豊かな論理に基づく「法」を、唯授一人に相承（家嫡の相伝）してきたのが「当家」、つまり現在の行泉房流であると説かれている。

また(B)ではその「法」は、「当流」の「学匠」に伝えられることで、神代から現在までの「人王」の即位を果たしてきたと言われる。「恵心一流の嫡家」は、こうして世界の根本原理を掌り国王の位も左右してきたというのである。

以上から、心賀―尊海と相承された法の内容が明らかになった。史料16で朝廷から中院が認められた権威は、実はこのような聖俗両界にわたる力を秘めていた筈だったのである。しかし実際の所はどうだろうか。客観的に、関東の一寺院に本寺である叡山の門跡が、それ程の権威を認めていたとは考え難い。大体尊海は、どのようにしてそれ程の法を相承できたのだろう。そこで(B)の「若干の苦労」が指す内実を調べていくと、次の史料に到達する。

〈史料18〉

サテ教行証ノ三重ヲ伝事ハ尊海上洛三度トモ七度トモ云異説也。第三度ノ上洛ノ時常楽院ノ御門朽損ノ間、三百余貫ノ功《料カ》足ヲ以テ令二上葺修造一畢ヌ。其時常楽院ノ仰ニ云、「尊海度度ノ上洛懇志不レ輙カラ上、今度以二テ過分ノ功料一ヲ奉二上葺一シ間神妙ノ至也、此度授ニントテ一宗ノ大事一ヲ」即被レ召二持仏堂一ニ、七ケノ法門ヲ授ケ給ヘリ。[63]

史料18は、常陸国月山寺の住侶尊舜（宝徳三年〈一四五一〉～永正十一年〈一五一四〉）が著した『二帖抄見聞』の一節である。ここでは尊海が常楽院（心賀）から相承を承け得た理由として、「度度の上洛」「過分の功料」の二つが挙げられている。一方、本来嗣法の資格と思われる戒﨟・勤仕・修行・資質などは全く触れられていない。これは見ようによっては、法門を金銭（三百余貫）で取り引きしたと受け取られかねない。世俗世界ではともかく、僧侶の世界では有り得ないことのように思われる。しかし実際は、聖界の基準より俗界の価値観が幅を利かす状態が、この行泉房流に関しては充分有り得たようである。

既に俗慈弘が指摘するように、行泉房流は範源（法系で心賀の三代前）の時から実子相続を実行していた。(64) 範源—俊範—静明の三代は現実に父・子・孫の関係である。静明の嗣法は事情により女婿（心賀）となったが、再び心賀—心聡—心栄と法系・俗系の一致が実現していた。

中世の寺院社会において世俗的な関係が主流になりつつあったことについては、既に多くの指摘がある。その究極的な姿としての俗系と法系の一致が、世俗原理の優先をもたらしたことは想像に難くない。現在の私たちにとって、それを堕落と切り捨てるのはたやすい。ただ、ここで考えなければならないのは、その行泉房流が唱えた「恵心嫡流」が、令旨（史料16）や献金（史料18）に見られるように実際に世間で通用していた——権威を伴って——という事実である。何故この「嫡流」は、それなりの効力を持ち得たのだろうか。一般論はさておき、ここでは具体的に中院の活動に即して考えてみたい。その手がかりとして、次の史料群に着目してみよう。

〈史料19〉

(A)為㆓三室之吉祥寺当山中院門徒㆒之事歴然候。毎年出仕之儀無㆓懈怠㆒之処、当吉祥寺以㆓表裏㆒相㆓止参勤㆒、結句灌頂等可㆑致㆓執行㆒之段、非法之至、破㆓僧中之威儀㆒候。於㆓俗家㆒就㆓君臣㆒逆㆑道者、国家不平之基歟。為㆓法流之末派㆒、濁㆓懸河之源㆒事、不㆑及㆓是非㆒候。仍雷同之旨如㆑此。

永禄十一戊辰弐月十日　　仙波喜多院

仙海(65)（花押）

(B)　上

下足立吉祥寺、背㆓本寺中院㆒、剰灌頂可㆑有㆓執行㆒之段、曲事候。仍連判之状、如㆑此。

永禄十一年辰二月十日　　河田谷泉福寺

(C)右仙波中院末寺足立吉祥寺、背二法流筋目一、近年非下引二出仕一耳上候、大灌頂可レ被二執行一之由、前代未聞之緩怠候。如二前々一御法度之儀簡要ニ候。為レ其以二連状一申述候。仍如レ件。

奝海[66]（花押）

永禄十一年戊辰正月廿八日

高麗郡清光院

宥好[67]（花押）

史料19の三通は、いずれも永禄十一年（一五六八）三室吉祥寺の灌頂執行を非難した証文である。この年、吉祥寺は本寺中院への出仕を取止めまた独自に灌頂を執行したため、本寺への違背行為として糾弾されたらしい。それについて、(A)では出仕の「懈怠」灌頂執行の「非法」が非難され、それが(B)では本寺に背く行為と見なされている。とりわけ注目されるのは、(C)でそれらが法流の「筋目」に背く行為と表現されていたことである。

加増啓二によれば、ここで新義の灌頂執行により非難されている吉祥寺住持は中興四世の奝芸であるという。彼は永禄初年の時点で関東天台の中心である中院住持であったが（史料16）、後に岩槻領内で太田氏の祈禱僧となり、反北条氏の立場をとった結果北条領内の天台諸寺と対立関係となったという[68]。中院と吉祥寺について、他の証文では「古来仙波中院門中に候間、年々出仕申す事代を限らず候」[69]と、古くからの関係が主張されている。そうであるなら奝芸の吉祥寺住持就任は、本寺（中院）住持の権限に基づくものであったにも拘らず、後に一方的に独自の行動を選択したことになる。ここに私達は、住持同志の師弟関係に重点があった本末関係[70]が、既に制度的なものに変化しつつある状況を見ることができるのであろう。(C)の「法流の筋目」を強調する意識は、そうした時代状況を認識することで初めて納得されるのではないだろうか。

従来関東の天台諸寺では、各寺で灌頂を執行し弟子を養成していたと思われる。それがこの頃になると、本寺が灌頂執行権を独占し末寺の灌頂を統制する方向へ傾きつつあった。後に千妙寺・宗光寺の事例にも触れるが、ここ中院でも吉祥寺の他、文禄二年（一五九三）に喜多院との間で細かな取り決めの行われたことが知られている（両院末代法度条目事）[71]。そこには「北院（＝喜多院）寺家衆中、護摩灌頂中院に於て執行さるるの事」（第一条）「肝要は後代に於て北院真言起立、堅く停止なり」（結語）などの文言が見られ、中院側の灌頂執行権確保の意図が強く認められる。こうして見ると吉祥寺の事例は、従来の感覚で灌頂を行った末寺に対する、本寺の側からの新たな本末関係形成の営みとして捉えられる。さらに言えばその傾向は、中院だけが単独で志向していたものではなかった。

史料19の三通の他、中院には同内容の証文が四点現存する。差出人は（史料19も含めて）多東深大寺・高麗清光寺・仙波喜多院・河田谷泉福寺・岩槻慈恩寺・毛呂正覚院・そして上野国世良田長楽寺真言院であり、武蔵国の有力天台宗寺院が網羅されている。その上既に指摘のあるように、吉祥寺住持はこの事件の科により北条氏分国から追放されたらしく、領主（北条氏）もこの本末強化の動きに同調していたことが解る[72]。ここから、武蔵国の有力天台宗諸寺の間の同志的結合の存在、その結合は師資の個人的・流動的な関係ではなく寺院間の制度的・固定的関係を志向した事、領主もその傾向に協調的だった事、などが確認できる。周囲の有力者が挙って本末の秩序強化に好意的であり、しかもその秩序を破ればどのような結末に到るかは、(A)で本寺と末寺の関係が「俗家」の「君臣」に擬せられていることから察せられる。もう本寺の意向に違ったり無関心でいることは許されない状況が生まれつつあったのである。

そして「法流」の強調に見られるように、本末の重要な決め手として教学の正統性の意識が存在した。「嫡流」が有効性を持ち得た背景には、このような状況が考えられる。史料17で説かれた神秘性は既に失われたとしても、「嫡流」は世俗的秩序を維持する上でなお役割を果たしていた。金銭で取り引きされるまで堕しつつも、令旨や献金が跡を絶たない理由はそこに求められる。それについて、さらに他の事例にも目を向けてみよう。

〈史料20〉

就二宗光寺法事之儀一、旧冬各被レ成二御書一候、奉二拝仕一候。仍十八ケ寺之儀者、従二前代一顕密共宗光寺守二法流一申候。兎角亮弁僧正次第、無二異儀一候。此等之趣被レ達二上聞一候者、可レ為二本望一候。恐々謹言。

二月七日　十八ケ寺

鳥居小路大蔵卿法眼御房　御披露(73)

〈史料21〉

今度於二其地起立之新地一、宗光寺末寺中被二相集一、灌頂可レ被二執行一之由其聞候。於二事実一者新儀之興行不レ可レ然之由、被レ成二御書一候。謹而其旨可レ被二存知一候。若猶於レ無二承引一者、各被二召上一、於二京都一可レ被レ経二公儀之御裁許一之条、可レ被レ得二其意一事肝要候。恐々謹言。

十一月四日　経孝

宗光寺御房(74)

史料20は宗光寺末十八ケ寺から青蓮院坊官鳥居小路経孝へ、21は鳥居小路経孝から宗光寺亮弁へ出された書状で、共に文禄元年（一五九二）のものと推定されている。宗光寺は鎌倉時代に創建された名刹で、尊海の弟子盛海を開山とし、教学上は中院に近い立場（相生流）にあった。下野国長沼の地で周囲の天台宗寺院の中心として勢力を誇っていたが、この直前の時期に多賀谷氏の襲撃を受け荒廃した。それを援助し新地起立を果たさせたのは多賀谷氏と対抗関係にある水谷氏で、この頃から多賀谷氏の帰依する千妙寺との確執を生じたらしい。あるいは多賀谷氏の襲撃も単に水谷氏との領主間の争いだけでなく、千妙寺・宗光寺の寺院勢力間の争いが絡んでいたとも推測されている(75)。その事態の延長上に、史料20・21は位置づけられる。

千妙寺と宗光寺とは古くから教義上の関係があり、いつしか千妙寺の三昧流が宗光寺にも影響を与えていたようである。それに乗じて千妙寺は、宗光寺末十八ケ寺を自らの末寺と主張したらしく、史料20はそれに対する十八末寺の反論として捉えられる。そこでは「十八ケ寺の儀は、前代より顕密共宗光寺法流を守り申し候」と、自らが宗光寺の末寺であることを弁じ、青蓮院の裁可を願っている。この際、「法流」が本末の基準として登場する事を確認しておこう。

千妙寺側の攻勢に対し、宗光寺は自己の立場を守るため反撃を行った。史料21で見る限り、それは末寺に対する灌頂執行として現れている。ここから逆に、灌頂執行権独占が本寺であるための要件と認識されていたことが窺える。思うに宗光寺では、顕教の分野では椙生流の相承を誇っていたが密教の分野ではさしたる相承が無く、そのため関東における三昧流の中心千妙寺に多くを頼っていたのであろう。それがこの時期本末の基準となり、千妙寺の介入を招く情勢となって、自ら灌頂を執行することにより抵抗を図ったものと思われる。

一方、宗光寺の動向に対し青蓮院は、灌頂執行を「新儀の興行然るべからず」と断じ、さらに「若し承引無きに於いては、各召上られ、京都に於いて公儀の御裁許を経らるるべき」と、可否の権限は中央の本寺にあることを強調した。上裁の権威を「新儀」の語で強調する点、本末関係強化による教団秩序の固定化を図る点などに、第一節で見た青蓮院の対応と共通することを申し添えておきたい。

千妙寺と宗光寺の相論は、この後宗光寺が灌頂執行を延期することでひとまず決着した（結局文禄二年冬公認を得る）。しかしこの事件を通じて、宗光寺は自己の立場をより強く意識し始めたようである。文禄五年（一五九六）住持亮弁により『宗光寺中興開起縁起』(76)が作成され、その中には「抑も当院は、源朝臣頼朝の御願所たり。粤に元祖盛海僧正は、椙生一流の正嫡として……」の文言が見られる。この年宗光寺は旧地に再興されたものと推定され、再興にあたっての自己の立場の再確認がこの縁起に示されているといえよう。

一方で、翌慶長二年の青蓮院からの書状を見ると、度重なる相論を経て宗光寺と末寺の結合が弱体化している様子が窺える。(77) そこでは末寺十八ケ寺に対し、宗光寺への「御出仕・御馳走有りて然るべき」なのに「其の義無」い状態が咎められている。こうした本末秩序混乱の中で、今度は宗光寺末での灌頂執行が取り沙汰されたらしい。

〈史料22〉

去年月山寺恵賢背二本寺一、企二新義一、灌頂執行之間、以二目安一令二言上一候処ニ、御裁許場にて、僧俗如二前々一ニ与御取扱之間、任二其義一候処ニ、無二幾程一被二相飜一、一座之出仕与被レ申ニ付而、不レ能二対顔一候。内々重而御裁許相待之処ニ、以二　上意一与レ風令二登山一候間、相延候。此上雖二遠境候一、聊不レ可レ存二疎意一候条、急度本末起二尽乱一之儀、可レ被二相糺一候。尤可レ為二御同前一候。

恐々謹言。

十月三日　　天海

宗光寺御常住(78)

史料22は天海から宗光寺への書状である。年代不明ながら天海が登場することから、慶長年間のものと推定される。文意は多少摑み難い所があるが、前半部は月山寺恵賢が灌頂を執行した事について、禁止に苦労している状況の弁明であろう。後半部は本末を乱させないことへの決意に読める。いずれにしても、「灌頂執行」が「新義」であり「本寺に背」く行為と見なされていることは確かである。月山寺は宗光寺の末寺であり、この頃の宗光寺の置かれた状況を示す史料といえる。

こうして関東各地で、相論を通じ法流や灌頂執行権の重視されつつあったことが分かる。いや、事態はもちろん関東だけにはとどまらない。むしろ中央の本寺側こそが、積極的に法流の継承に努めていたことが知られる。

〈史料23〉

今度御入壇、無二風雨難一、被二果遂一珍重存候。剰又重壇之大営、雖レ為二希有之儀一、被レ任二師範許可一之段、誠以伝法之冥慮、仏祖之加護候歟。法流之領袖、門跡之重器、不レ能二左右一候。弥可レ被レ施二護持一、於二于一天御教信一、可レ為レ尤候。千妙寺僧正悉皆之申沙汰、真俗無双之大忠、誰人比肩候哉。真実来（末カ）葉之亀鏡候。抑昨日者遂二面賀一、千喜万悦、殊倫（綸カ）言令二拝受一、難二申謝一候。旁期二参謁時一度候由、可レ得二御意一候。かしく。

尊朝[79]

慶満殿

史料23は天正十二年（一五八四）青蓮院尊朝法親王が千妙寺亮信に三昧流の法流を伝授された後、その喜びを慶満丸（坊官鳥居小路氏の一族）に申し送った書状である。青蓮院では叡山焼打以来、三昧流断絶の状態が続いていた。天正十二年に到り、豊臣秀吉の叡山再興許可により、ようやく法門伝授が行い得る情勢になったのである。前回（天文二十二年）に続き、今回も千妙寺が伝法灌頂を行った。尊朝は書状の中で「伝法の冥慮、仏祖の加護」により「法流の領袖、門跡の重器」としての地位を固めることができた、と述べている。そして亮信について「真俗無双の大忠、誰人か比肩候や。真実来葉の亀鑑」と讃えている。

この直後に尊朝は、諸国の天台宗寺院に天台座主の資格で法度を公布する。その第二条は末寺の灌頂執行について「新儀」「非例」と断じ、さらに「向後相催す末流に於いては、早く盗法の印信に処すべき事」と命じるものであった[80]。叡山復興直後の末寺統制策として、まず灌頂執行権が対象となったことはその重要性を再認識させる。一方「盗法」の表現には三昧流の「領袖」としての自負が窺え、それだけ千妙寺からの伝授が持つ意義を感じさせられる。青蓮院が本寺であるためには、法流の正統性が不可欠ではなかったかとさえ考えさせられるのである。

以上、京（青蓮院）関東（中院・吉祥寺・千妙寺・宗光寺・月山寺）各寺院[81]における本末関係形成上の相論を一覧した。時期的には多少前後するものの、共通した傾向として、①「法流の筋目」が本末決定上重要な意味を持つ、②筋目の基準として、顕教の分野では「嫡流」、密教の分野では灌頂執行権が強調され争われる、の二点が確認できる。さらに重要なのは「筋目」を違える行為の場合、中央の本寺・関東の有力寺院・在地領主、さらに統一権力のいずれもが否定的な圧力をかけていることである。中世末から近世初頭にかけて、既に本末関係は社会の中に制度的に根を降ろしつつあった。近世を目前に控えた関東の天台宗諸寺は、上への関係・下への関係を共に本末関係の強化——法流・灌頂を通じての——によって凌いでいく志向性を持っていたのである。

おわりに

天正十六年（一五八八）、武蔵国仙波喜多院へ一人の天台僧が入室した[82]。随風と名乗る会津出身の僧は、既に叡山や足利学校で研鑽を積み、その学識ゆえか厚く遇された。ほどなく住持豪海に跡を譲られ、二八世として喜多院を管領することになった随風は、それを機に改名を行う。天海の誕生である。

丁度その頃、関東では中世が終りを告げようとしていた。随風入室の二年後、関東平野は兵に埋まる。豊臣政権による攻撃に小田原は落城し、北条氏に与した日光山は、寺領を失って一時に荒廃した。やがて江戸に徳川家康が入り、関東は近世を迎えるのである。

その中で、喜多院住持となった天海は、さらに江戸崎不動院（天正十九年）、長沼宗光寺（慶長九年）の貫主職も手に入れた。家康と出会う前に、彼は既に関東宗教界の有力者であった。だが家康との出会いにより、天海は活躍の場をさらに広げる。慶長十八年（一六一三）の日光座主任命は、その後家康の死――東照権現としての――まで続く、天海とのつながりを象徴する事件であった。では両者の接点はどこに求められるのだろう。その問題はなお未解明の部分を多く残す。ここでは、両者のつながりが関東の天台宗諸寺にとってどのような意味を持ったかに限定して、それを考えていきたい。

〈史料24〉

関東天台宗諸法度

一　不レ伺二本寺一、恣不レ可二住寺一事。
一　非器之輩、不レ可レ付二所化一。但於二前々法談所一者、用否可レ随二時宜一事。
一　為二末寺一、不レ可レ違二背本寺之下知一事。
一　不レ請二関東本寺之儀一、従二山門一直不レ可レ取二証文一事。
一　於二関東追放之仁一、不レ可二介抱一。若又於二山門一押而有二許容一者、於二関東一不レ可レ請二山門之下知一事。
一　所化衆構二公事一、不レ可二一列一事。
一　所化衆法談所之経歴、不レ可レ闕二一季一事。
一　一山之学頭・別当并衆徒、至レ有二依怙一者、於二本寺一可レ有二其沙汰一事。

右堅可レ守二此旨一者也。

慶長十八年二月廿八日　　御判在レ之

喜多院(83)

史料24は慶長十八年（一六一三）、徳川家康が定めた関東天台宗法度である。宛先の「喜多院」はもちろん天海を指す。天海と家康によって世に送り出されたこの法度について本章との関わりから言うなら、①末寺に対する本寺の優越を強力に確立した事、②関東天台の叡山からの独立を宣言した事、③関東天台の本寺を喜多院と定めた事、の三点が注目される。天海の出現による新たな事態を考える時、この三点が以前の天台諸寺の動向とどう関係づけられるかが問題となるだろう。

前節で論じたように、当時、関東の天台宗諸寺には中央への志向とでも呼ぶべき姿勢が見られた。それは現実には、二つの方向で効果を現す。一つは本寺との関係強化、もう一つは末寺支配の強化である。ただ、単に上下との関係強化にとどまらず、それを他の集権の構造と区別するのは、関係の要が「法流の筋目」であったことだ。所属する法流の正統性に自己の存在基盤を見出すこと、これが宗教勢力としての特徴と考えられる。しかし重要なのは、「筋目」が意味する所であろう。既に述べてきたように、「法流の筋目」は教学の質を表す段階（史料17）から本寺への距離を表す段階に移っていた。それを端的に示すのが「直末」の誇示（史料5）である。

そもそも関東の天台宗諸寺は、いずれも「本寺」への接近を欲していた。青蓮院等、中央の院家との関係はその現れである。その一方、いくつかの大寺には正統性を誇り得る法流――「恵心一流之嫡家」（史料16）や「東国当流棟梁」（註26）――が備わり、それについての自負を抱いていた。しかしこの自負は、自己が本寺に取って代るといった性格のものでなく、ひたすら権威への接近を求める、その意味でカッコ付の〈自負〉であった点を見落してはならない。「本寺」権威への依存と自己の法流の正統性への〈自負〉は、本寺が健在なうちは整合――前者の枠内で後者が存在――されていたが、状況によっては相容れない方向性を持つ。もし〈自負〉が依存を上回ったらどうなるか。戦乱の中で叡山の地位が相対的に低下する一方、関東では相論を通じ自己の正統性を強調する傾向にあった。諸寺の間にその方向性が生じ強まったとしても不思議はない。自己の法流に対する〈自負〉を満足させ、そして本寺という権威に接近する道は存在しないだろうか……実は〝関東の本寺〟とは、それを実現する唯一の帰結であったと思われる。

史料24の三点を見るなら、まず①末寺支配の強化については、既に広まりつつある事でさほどの齟齬は来さないだろう。[84]重要なのは②で、これによって本当の意味での〝関東の本寺〟が実現する。従来前提となっていた中央に対する劣等感（史料2）やその枠内（結果として）での反発の例（史料13）を思う時、天台諸寺がこの法度を受け入れる素地をそこに見出すのは決して可能性無しとは思えない。③喜多院本寺化、に対する抵抗感が（特に有力寺院には）あったとしても、多くの寺院にはそれ以上の利点が認められるのではないか。京の本寺に代って関東の本寺が誕生し、しかも新たな本寺は統一権力と直結している。事態への最も有効な対処は新たな本寺の「直末」化ではなかったか。叡山に代る「東叡山」の精神的基盤は、その点にこそ求められるように思う。

関東天台宗法度（史料24）について、従来幕府の叡山弱体化策または天海の自己勢力伸長策といった側面から説明が行われてきた。それは当っているのだが、単にそれだけでは政策としての有効性に疑問が残る。叡山を頂点とする価値観の潜在的な抵抗を押しきるには、関東天台側の積極的な支持が望まれる。関東に本寺を置くことは中世末の天台宗諸寺の多くにとって、決して新奇でもなければ迷惑なことでもなかった。関東諸寺の住持を勤めた天海には、その辺の事情が解っていたことであろう。

話を日光山に移すなら、中世末の日光山は表面的には中央の権威に包摂される存在だった。「関左の日枝山」は後の「東叡山」（寛永寺）とは異なり、中央と対峙し中央を圧倒する権威ではない。しかし第二節で論じたように、日光山には中央依存と共に中央と対峙し「当山」にこだわりをみせる方向性も存在した。二つの方向性を巧に整合する方策を編み出したのが、日光座主を継承した天海ではなかったか。天海が、関東の天台宗諸寺とそれに連なる日光山を秩序づける位置にあったことの意味はまさにここにあると思われる。

かつて小此木輝之は近世の「関東天台」を評して、「『関東天台』と今日まで呼ばれる意味の一つは、中世以来『田舎天台』と称され、伝統的勢力を誇示競っていた関東の天台諸寺院統合の名辞であり、単なる幕府政策の残滓とのみとらえるべきでない」と断じた。(85) それを念頭におきつつ、本章ではいくつかの具体例を通じて、中世末の相論の論理の近世への展開を考察した。「関左之日枝山」から「東叡山寛永寺」への道のりはまだ半ばである。さらに今後の進展を期したい。

註

（1）日光山の山岳信仰について、開山勝道上人の事蹟を当時の蝦夷問題と関わらせる論が提出されている。中世の諸記録に見られる戦勝祈願の山という性格と照らし合わせ興味深い。大和久震平『古代山岳信仰遺跡の研究』（名著出版、一九九〇年）第二部第二章「男体山頂遺跡成立の歴史的意義」参照。

（2）『吾妻鏡』文治二年（一一八六）九月三十日条。源頼朝と日光山の関係については『日光市史』〈通史編〉上巻（一九七九年）八八八頁以下に詳しい。頼朝の一族で日光山別当となった寛伝については、菅原信海「平安末の日光山と額田僧都寛伝」（村中祐生編『仏教文化の展開』山喜房仏書林、一九九四年）参照。

（3）藤井萬喜太「日光山常行堂安置源頼朝遺骨の検討」（『歴史地理』六八―五、一九三六年）参照。

（4）千田孝明「輪王寺蔵の大般若経について」（『栃木県立博物館研究紀要』五、一九八八年）参照。

（5）今後の展望として、「貴族出身別当時代」（『日光市史』）の本覚院門跡兼帯や度々の天台座主就任に見られるような叡山（特に青蓮院）との関係、祈禱や年中行事・寺社政策を通じての武家政権との関係に注目していきたい。

（6）一般に「絹衣争論（論争）」で通用しているが（註(8)各文献）、本文史料6(A)・7(B)・8の用語からこの呼称に統一した。

（7）素絹（＝空衣、等身衣）とは、裳裙の左右両側及び後方中心に各十或は十二の襞を設け、帯（石帯）を結ぶ法衣である。一義的に略服であり、後には叡山僧兵も着した。良源に始まったと伝えられる（『望月仏教大辞典』）。

(8) 主として渡辺世祐「戦国時代関東に於ける天台真言両宗僧徒の争闘」(『仏教史学』一―一二、一九一二年)、宮田俊彦「戦国時代常陸国天台真言両宗の絹衣争論」(『歴史地理』九一―一、一九六四年)により、『水戸市史』上巻(一九六三年)、『茨城県史』中世編(一九八六年)を適宜参照した。

(9) 既に元亀二年(一五七一)江戸氏の菩提寺和光院住職の慶岳が上洛し、柳原の猶子となって参内し上人号を与えられた事実が指摘されている(今枝愛真・宮田俊彦「和光院過去帳」『史学文学』四―二、一九六三年)。概要③と併せて考えると興味深い。

(10) 内山純子『東国における仏教諸宗派の展開』(そしえて、一九九〇年改版)八一頁。

(11) 吉田薬王院文書六一号。『茨城県史料』中世編Ⅱ(一九七四年)所収。

(12) 吉田薬王院文書六二号。なお、註(8)宮田論文を参考に一部字を訂正した箇所がある。

(13) 通房は水戸城攻略後、寛正二年(一四六一)母慶隆尼の本願により藤福寺を建立した。また、六地蔵寺の過去帳には通房以下江戸氏一族の法名が記されており、これらから真言宗諸寺と江戸氏のつながりが窺える(『茨城県史料』中世編Ⅱ、六地蔵寺文書解説)。

(14) 大永七年(一五二七)の薬王院本堂焼失に伴う再建をめぐり、江戸通泰の外護・規制に対する薬王院側の動揺が指摘されている(註(10)内山著作八九~九二頁)。

(15) 吉田薬王院文書七一号。

(16) 同前、七四号。

(17) 吉田薬王院文書は原本が明治初年の火災で悉く焼失した。現在写本が六本知られており、そのうち彰考館本では史料3・4は間に二通を挟んで同一冊に収められている。

(18) 永正十二年(一五一五)住持相続、天文十九年(一五五〇)入寂(『水戸市史』上巻、六一三頁)。

(19) その実否は定かではないが、快舜の嗣である鎮舜の代、天文十七年(一五四八)青蓮院門跡尊鎮法親王から「桓武帝勅願所」の額を受けている(『茨城県史料』中世編Ⅱ、吉田薬王院文書解説)。

(20)「天正十二年（一五八四）尊朝法親王令旨」（諸国末寺法度）。千妙寺文書五九号。『茨城県史料』中世編Ⅲ（一九九〇年）所収。
(21) 千妙寺文書一八号。なお文中の「流れを挹んで～」は智顗説『摩訶止観』巻第一上を典拠とする。
(22) 天文十六年（一五四七）五月の結城政勝と多賀谷家重・重政父子との合戦。『関城町史』史料編Ⅰ〈千妙寺関係史料〉（一九八三年）六〇〇頁参照。
(23) 吉田薬王院文書七五号。但し多少字句の異同あり。
(24) 叡山仏教の密教（遮那業）十三流の一つ。三昧阿闍梨良祐（円仁から五代目）に始まる。正脈を承けた弟子のうち、行玄の流れが青蓮院門跡に伝承され（青蓮院方）、忠尋の流れ（岡崎方）がやがて千妙寺に伝えられた。
(25) 天文十九年（一五五〇）には青蓮院尊鎮法親王死去により、また元亀二年（一五七一）には信長の叡山焼打によって三昧流が断絶した際、千妙寺住持は上洛して法門伝授を行っている。なお後者については本文史料23参照。
(26)「天文二二年（一五五三）曼殊院覚恕准后書状」。千妙寺文書二〇号。
(27) 吉田薬王院文書六五号。輪王寺文書一二一号（『日光市史』〈史料編〉上巻、一九八六年、所収）と同文。
(28) 同前、六六号。輪王寺文書一二二号と同文。
(29) 同前、六七号。
(30) 同前、六八号。
(31) 輪王寺文書一二六号。
(32) 吉田薬王院文書一一七号。
(33) 吉田薬王院文書六四号・八五号に、青蓮院門跡の意を呈して水戸と京を行き来する使僧として登場する。水戸十ケ寺に中道院の名は見られないので、青蓮院周辺の僧と考えられる。
(34) 吉田薬王院文書には、この一一七号の前後に都鄙の交渉を示す史料が集められている。
(35) 吉田薬王院文書八七号。

(36) 同前、八四号。

(37) 忠舜がどこの住持かについては未詳。ただし一貫文という助成の額（宗光寺で本末合計七百疋）から相論への関心の高さとそれなりの格式が窺え、おそらくは関東の有力寺院であろうと思われる。もう一つの手がかりは末寺に中山寺の名が見られることで、ここから千妙寺と判断をした。天正四年当時の千妙寺住職は亮信であり、その辺りの事情解明は今後の課題である。なお『十妙義案立』（日光天海蔵）の奥書に「永禄十一年於小川興法寺佐野春日山忠舜写」の記述が見られるが（渋谷亮泰編『昭和現存天台宗書籍綜合目録』上巻、二五二頁）、あるいは同一人物かと思われる。

(38) 関東における天台宗の有力寺院としては、仙波中院・喜多院、長沼宗光寺、金鑚大光普照寺・黒子千妙寺（以上青蓮院末）、三途長福寿寺（三千院末）、小野逢善寺・世良田長楽寺（妙法院末）といった近世に僧正寺の寺格を得た諸寺、その他比企慈光寺・岩槻慈恩寺等が挙げられる。小此木輝之「『関東天台』と世良田の長楽寺」（『天台』二、一九八〇年）参照。

(39) 吉田薬王院文書八五号（月山寺）、七七号（日光山）。その他九三号にも同様の文言が見られる。

(40) 吉田薬王院文書八三号。

(41) 輪王寺文書一二七号。

(42) 網野善彦『東と西の語る日本の歴史』（そしえて、一九八二年）二六三頁、等。

(43) 後に佐藤博信『中世東国の支配構造』（思文閣出版、一九八九年）に再録。引用部分は同書三四三頁。その後中世日光山の組織については、新井敦史「中世後期の日光山坊舎」（『史境』二九、一九九四年）、同「室町期日光山の組織と運営」（『古文書研究』四〇、一九九五年）、千田孝明「応永・永享期の日光山」（地方史研究協議会編『宗教・民俗・伝統』雄山閣出版、一九九五年）などの研究蓄積がある。

(44) 輪王寺文書一七号。

(45) 「器」（＝資格？）の内実については未詳。ただし既に見衆加入済の者や重政・昌秋は基準を満たしている筈なので、今後その方面から分析を進めたい。

(46) 「滝尾山年中行事」（『輪王寺文書』所収、栃木県立文書館蔵紙焼を閲覧）の正月十五日の条に「於拝殿物徒并附弟三問一答之論儀勤之」とあることから判断した。

(47)「常行堂置文」二通を指す。輪王寺文書三号（文永四年尊家制定）、同五号（建治二年源恵制定）。

(48)註(47)尊家「常行堂置文」中の「見衆の腰刀并に六和尚以下の布衣を停止せらるべき事」の条を指す。中世の寺院内においても「侍・凡下」にあたる身分差別が行われていた点について、田中稔「侍・凡下考」（『史林』五九—四、一九七六年）が触れている。

(49)実態未詳。叡山横川の元三大師堂では各季節ごとに大乗経典の講義及び論義を行う四季講が催されており、それを日光へ導入したものかと思われる。

(50)正月十四日常行堂において慈覚大師円仁を偲んで行われる。

(51)輪王寺文書二〇号。

(52)同前、八号。

(53)特に隆宣（一七代）は鶴岡八幡供僧一和尚を勤め、弁覚（一八代）は祈禱に加え合戦にも参加・活躍し「僧徒の身として戦場に赴くは忠節の至りなり」（『吾妻鏡』建保元年五月十日条）と言われた。尊家（二五代）と北条時頼の関係、源恵（二六代）の異国降伏祈禱なども広く知られる。

(54)註(43)佐藤論文参照。なお講衆の「兼修」要求について註(43)新井一九九五年論文は、堂僧法務を手がけること以上に多数派工作の意味が強い、と説く。堂僧中に講衆への同調者を増やす意義を認めた上で、堂僧としての権威獲得も軽視する必要はないと筆者は考える。

(55)註(43)新井・千田論文参照。中央の大寺院でも、下層の僧侶は修験の活動を行っていたらしい。林（神谷）文子「十五世紀後半の興福寺堂衆について」（『史論』〈東京女子大学〉三九、一九八六年）参照。

(56)輪王寺文書二八号。

(57)同前、三二号・三三号など。

(58)所在地は中院が現在の埼玉県川越市、吉祥寺が同県浦和市。

(59)「正安三年（一三〇一）後二条天皇綸旨」（中院文書一号）には「関東天台本寺たるべき」の命が見られる（ただし成立年代は要検討と言われる）。また「元亀二年（一五七一）長楽寺真言院尊慶書状」（中院文書一一号）には「仙波の事関東天台の本山」の記述がある。なお中院文書は『新編埼玉県史』資料編18〈中世・近世宗教〉（一九八七年）所収。
(60) 中院文書三号。
(61)『即位法門』（叡山文庫真如蔵写本、応永二十二年聡吽写）一二丁表。
(62) 同前、一三丁裏～一四丁表。なおこの史料に関しては、阿部泰郎「慈童説話の形成」(上)・(下)（『国語国文』五三―八・九、一九八四年）に教えられる所が大きい。
(63)『二帖抄見聞』巻上。『天台宗全書』九（第一書房、一九七三年復刻）一六〇頁。
(64) 硲慈弘『日本仏教の開展とその基調』下（名著普及会、一九八八年復刻）七八頁以下。
(65) 中院文書七号。
(66) 同前、八号。
(67) 同前、六号。
(68) 加増啓二「戦国期東武蔵の兵乱と祈禱」（『戦国史研究』二四、一九九二年）。
(69)「多東深大寺円定証状」。中院文書五号。
(70) 註(38)小此木論文は、中世から近世への本末関係の移行を、僧中心（法流本末）から寺院中心への変化と指摘した上で、後北条氏の宗教政策を近世的本末関係を先取りしたものとして位置づけている。
(71) 中院文書一二号。
(72) 宇高良哲『江戸幕府の仏教教団統制』（東洋文化出版、一九八七年）三一頁。
(73) 千妙寺文書六九号。
(74) 同前、七一号。
(75) 註(22)文献解説六二頁。

(76)　全水寺文書。註(22)文献八六～八七頁。なお、「文明三年（一四七一）法印慶禅覚書」（宗光寺文書一号、『栃木県史』史料編〈中世二〉一九七三年、所収）には「源朝臣頼朝大将之御願所」「元祖盛海法印大和尚者、相生之嫡流……」等の文言が見られる。
(77)　千妙寺文書七九号。
(78)　宗光寺文書一一号。なお追而書は省略した。
(79)　千妙寺文書五三号。註(22)文献に従い一部字を改めた所がある。なお、宛先の慶満（鳥居小路経秀の幼名）については、『華頂要略』巻四一参照（『天台宗全書』一四、二二六頁）。
(80)　同前、五九号。
(81)　所在地は、中院・吉祥寺は註(58)参照。千妙寺は現在の茨城県真壁郡関城町。宗光寺は栃木県芳賀郡二宮町。月山寺は茨城県西茨城郡岩瀬町。
(82)　天海の仙波入室・住持相続の時期については諸説あり。ここでは江村悰達『武州入間郡仙波郷星野山無量寿寺喜多院縁起』（『埼玉叢書』三、所収）に従った。
(83)　千妙寺文書八五号。
(84)　末寺の側でも、さらにその末寺に対しては本寺という重層的構造があるため、有力寺院ほど違和感は少ないだろう。たとえば中院に圧迫された吉祥寺（本文史料19）でさえ、天正十七年の末寺との相論では「仙波（中院）之証文」により勝利している。「太田氏房印判状」（『新編埼玉県史』資料編6〈中世二　古文書二〉一九八〇年、七二三頁）参照。
(85)　註(38)小此木論文参照。

第三部　天海と東照権現

第一章　天海の神道受容

はじめに

西教寺正教蔵には、『神代巻私抄』（以下『私抄』）と題する上下二冊の写本が現存する。同書の内容は日本書紀神代巻の注釈で、本文に続く血脈譜が吉田家の系譜を示し「兼右―恵賢」で終っている。一方、下巻末の識語は次のようである（原白文）。

慶長十一丙午年二月吉日常州中郡庄小塙郷於㆓月山寺㆒恵賢法印様御足下堪忍砌御自筆御本預書畢　式部卿高盛
于㆑時万治二暦己亥初春廿八日依㆓舜興法印命㆒以㆓慈眼大師御本㆒染㆓老筆㆒訖　法光院善祐七十二歳

ここから、『私抄』は恵賢が受容した吉田兼右説であること、恵賢から高盛―善祐と書写されたものが現正教蔵本であること、そして、高盛書写本は「慈眼大師」の所有であったことが分かる。[1]『私抄』の記述に従えば、吉田兼右説が恵賢を経て天海（慈眼大師）まで到っていたことが跡づけられるのである。

慶長末年の天海は、来るべき家康の死に備えるかのように、神道書の蒐集に余念がなかった。[2]『私抄』の入手もその頃と思われることから、[3]その内容が徳川家康を神格化する事業に関わっていったであろうことが予想される。

そこで本章では、主として『私抄』の元となる吉田兼右説の分析・検討を通じ、天海の担った神格化の教説――山王一実神道説――を形成する要素を明らかにしていきたいと考える。兼右については従来地方神官との交渉が特色とされ[4]、思想的方面については吉田兼倶（兼右の祖父）・清原宣賢（兼倶の実子で清原家を嗣ぐ、兼右の実父）の祖述にとどまる程度に見られているようである[5]。次に、書紀解釈を手がかりに、その再検討を行いたい。

吉田兼右説については『私抄』の異本を調査することで、不十分ながらその輪郭の検討を試みたことがある[6]（(A)天理図書館蔵『日本書紀聞書』、(B)大東急記念文庫蔵『日本書紀聞書』、(C)尊経閣文庫蔵『日本紀神代見聞』、(D)東北大学附属図書館蔵『日本紀聞書』、(E)叡山文庫真如蔵『神代聞書』、(F)日光天海蔵『日本書紀聞書』、(G)叡山文庫天海蔵『神代巻私抄』、(H)国学院大学附属図書館蔵『日本紀私』、の各書）[7]。本章ではそれも踏まえた上で、現時点ではほぼ兼右説と見込んで扱えそうな部分について、(A)本を底本に検討を行うこととする[8]（他本との異同について適宜傍注を施した箇所がある）。

さらに、関連する点については吉田以外の神道説にも言及し、天海の神道受容の様相解明を試みることとしたい。

一　神と日本に関する教説

兼右の神道説はどのような性格でとらえられるだろうか。以下一条兼良・吉田兼倶等の説と比較しながら考察する。本節では、神と日本に関する教説を対象に検討していきたい。

兼右は神を、現象世界を変化させる根本的存在と考えている。一例を挙げる。

神ト云ハ、天地元気、万物ノ性、衆生ノ心本也。故ニ天ニ置ク時ンハ気、万物ニ置ク時ンハ、松竹桜梅ト振舞也。我等カ一心ニ置ク時ンハ、心王不死ノ本源也。故ニ有情非情、皆神明ノ変作也。（二六五頁）

ここでは、神は様々な現象を起こす基とされ、有情も非情も神の「変作」と説かれる。神によって松竹桜梅が活動する（振舞）という記述から分かるように、「変作」とは本体によって引き起こされる作用と定義づけられる。引用に続く部分では、日月の運行・四季のうつろいも神の作用とされている。そして、神は我々の心では「心王」に当たると言われる。神は人間に内在すると考えられた。また「不死の本源」という記述からは、その本体としての固定性が窺える。世界を変化させる固定的本体が同時に人間の心に内在すると説かれている事が確認できる。神のその部分を特に代表するのが、国常立尊である。

国常立尊、『纂疏』ノ意ハ、国ト者、指二天地一云ヘル言ハ也。常ト者、不易ノ名也。立ト者、独立ノ義也。尊ト者、名也、是則君父ノ称也云々。雖レ然吉田ニハ此ノ義ヲ不レ用、此ノ国常立尊ハ常住不変ノ神ト沙汰スル也。依レ之無名ノ名、無相ノ相ト云也。天地没スルトモ、此ノ神ノ姿チハ不レ没。天ニハ一霊ノ元、地ニハ一霊ノ元、人ニハ性命ノ元、是ヲ大元尊神ト云也。此ノ神ハ得一不二也。故ニ一二形チ無シ。挙足下足、行住坐臥、造次顚沛ノ体、無量無辺、無終無反、常住ノ神体也。

（二七六～二七七頁）

人ノ喜怒哀楽憂悪欲心ハ天神七代也。人ノ色相ハ地ノ五行也。眼耳鼻舌身、是レ地神五代也。我等カ一念不起ノ処ハ国常立尊也。

（二六七頁）

国常立尊の性格について、二つの点が確認できるだろう。一つは現象世界の変化を超越した絶対性で、天地がどうなろうと国常立尊の姿は不変で常住と説かれる。もう一つは人間との一体性で、我々の心の本体（一念不起の処）が国常立尊であると説かれる。前者（絶対性）に関連して次の記述が見られる。

此神ハ国常立尊ト同体也。去トモ不同ヲ云時、天ニ御座シテ形チノ不レ顕常立尊ト云也。早姿ニ顕テノ已後ヲ御中主ト申也。

（二八三頁）

天常立尊　是ハ天常立ト国常立ト云ハ、国ト天トノ不同ニシテ同シ事也。去レトモ不同ヲ云時、天ニ御座ス時ハ天常立尊ト云ヒ、地ニ有ル時ハ国常立尊ト云也。而ルニ此ノ神ハ天地神ノ三（ママ）ヲ備ル神也。故ニ三神即一ノ神ト定

ル也。　（二八四頁）

サテ吉田ノ家ニハ、天地ト倶ニ出ル儀ソト云意ヲ倶生ト置也。其ノ天地ト倶ニ出ル神ヲハ誰ソト云時、国常立尊也。此時ハ、此ノ神ハ八百万神トモナリ、又タ八百万神カ国常立尊トモ成ル也。ヒログ時ンハ天、ニギル時ンハ地也云々。　（二八二頁）

第一の引用は、『書紀』第四の一書に登場する天御中主神に関する説明文、第二は、同第七の一書の天常立尊について、である。いずれも国常立尊と同体とされ、格の高い諸神を統合し、ひいては国常立尊の絶対性を高めようとする意図が読み取れる。さらに第三の引用は、「倶生」（天地と共に出現）(9)した国常立尊は、全ての神と一体と説かれる。最高の神格で、同時に最大の神格（諸神を包含する意で）と見なされている事が読み取れる。

一方、後者（人との一体性）についても関連する記述が見られる。

神聖ノ二字ヲカミト読也。天地先キタツヲ云レ神、天地ノ後ニ生スル処ヲ聖ト云也。我等カ一心テ云時ハ、一念不生ノ処ハ神、一念起ル処ヲ聖ト云也。サレハ『三五暦記』ニハ、盤古ハ神ニ於天一、聖ニ於地一云々。此時ハ神ハ天、聖ハ地ナリ。故ニ有ニ天地一神ヲ云レ爾也。サテ「然後」ノ二字ヲハ、神聖ノ二字当テ可ニ心得一。自レ元（E然）神ト云ハ、本有ト有レ之、正ク国ト成リ、初テノ神ト云意也。サレハ『纂疏』ニハ、神聖ト者ハ、神人ノ聖也云々。而ルニ神ト者不側（E私測）也。聖ト者通ニ万物一云也。人ト者有情ノ総名也。サレハ唐ニハ夷狄禽獣ヲモ名レ人也。其ノ神聖ト者、人ノ中ニ得レ道者ヲ云也。然ラハ人ハ万物ノ霊気タリ。此ノ気ヲ全フシ、此ノ心ヲ具足スル則ンハ、誰レカ非ニ神聖一歟。雖レ然人欲心ニ云レ覆（E被私所）、其ノ精気カ去ル故ニ、徳義ヲ失フ也。依レ之人ノ形雖レ有、禽獣ニ不レ異故ニ、今ニ此ニ人ト不レ書、神聖ト置玉フ也。　（二七三頁）

天地生成と人間の心が同時に示され、天地が生まれる前・心が発動する前の状態が「神」と言われる。二つの違ったものを統一するのは「本有」、つまり（作用に対する）本体性とでもいうべき性格である（書紀本文で、あたかも国常立尊誕生を天地生成の後のように記す――時間に限定された存在と読める――のは、実は「然後」、つまり天地生成後の「初テノ神」が国常立尊なのであって、本来は神は天地生成に関わりなく常に存在すると記される）。そして、その本体性を備える時（此の気を―、此の心を―）人と神は一体であると説かれている（傍線部）。その他「仏界、衆生界、皆ナ万物ノ神ニ非ル者無レ之」（二六七頁）、「神モ我等モ無レ隔無二二一」（二六八頁）、「我等カ一念ノ上ニモ此ノ三神（国常立尊・国狭槌尊・豊斟渟尊）有リ」（二七八頁）、「天下ノ人民ハ皆神ノ精也ト云心ヲ以テ云レ爾也」（二八二頁）、「一切衆生ハ皆国常立尊也」（二八三頁）、「我等カ一身其儘天神七代也」（二八六頁）など、神（とりわけ国常立尊）と人の一体性強調が見られる。

兼右説は世界について、変化する現象界とは別に常住不変の存在を措定しそれを神と名づけていること、その神（国常立尊に代表される）は人間と（特に発動前の心と）一体視されていたこと、等が確認された。次に日本について見ていきたい。関連記述を列挙する。

日神出生ノ本国ナレハ、日本国トハ云也。　（二五八頁）

既ニ日本国ハ天神七代ヨリ後胤也。何ンソ秦(E私泰)伯カ子孫ト云ハン歟。　（二六一頁）

日本ト云ハ三界ノ根源、神明ヲ為二元祖一也。国ヲ云ヘハ神国、ミチヲ云ヘハ神道也。故ニ日本勝ル、也。三国ヲ三光ニ当ル時キ、天竺ハ月キ、支那ハ星シ、我国ハ日也。星月ハ日ノ分布也。故ニ三界ノ源ト万国ノ根本也。三光ノ中ニハ日第一、三国ノ中ニハ日本第一也。　（二六二頁）

日本国ハ三国ヨリ最初ニ出来シタル国也。　（二六七頁）

ここに並べた記述から、日本の独自性の根拠を神話に求めていた意識が読み取れる。伊弉諾尊・伊弉冉尊に到って世界に初めての国（日本国）を作った「天神七代」、その子として生まれた天照大神（「日神」）の事蹟が、そのまま日本の特色として宣揚されている。さらにそれは、神道の優越をも導き出している。

聖徳太子、仏法弘メントシ玉フ。守屋カ云、開闢ヨリ已来タ、此ノ国ハ神語ヲ伝ヘテ、外国ノ神語ヲハ不レ可レ用云也。此ノ時ハ守屋ハ仏ヲモ他国ノ神ト云也。サテ上宮王ノ意ハ、神仏ハ外相ハ替レトモ内証ハ一致也。サレハ太子ノ密奏ニ云、我日本ハ種子、震旦ハ枝葉、天竺ハ花実也、仏教ハ万法ノ花実、儒者ハ万法ノ枝葉也ト云ヘリ。意ハ、神道ハ万法ノ根源也。儒道ハ枝葉也。サテ仏法ハ花実、花ハ散テ根ニ帰ル道理ナレハ、仏法ノ花実ハ、必ス日本ノ神国ノ根源ニ帰ル時、仏法東漸スル也。サテハ花種一体ナレハ、神仏又タ可二一致一云テ、太子ト守屋カ数度ノ合戦有テ、終ニ太子勝チ玉フテ、日本ニ仏法ハ流布スル也。

（二六二～二六三頁）

有名な「根本枝葉花実説」[10]に基づき神・儒・仏の三教一致が説かれている。それは同時に、前述の神話（世界で初めて国土や神が出現）を基盤とする自国認識の表出でもあった。日本の神道こそが「万法の根源」であるから、神儒仏の「一致」も日本（神道）の優越を前提とするものであった。ところで、そうであるから逆に、教えの内実は仏教色の排除が見られないようである。

神道ニ葦ノ譬ヲ取ル事ハ、仏家ニ以二蓮花一顕二法体一也。蓮花ニハ因果不二、浄穢一体ノ旨ヲ沙汰スル也。今此ニ葦ノ譬ヲ取ル事ハ、此ノ一草ノ中ニ善悪ノ二ノ名有レ之、ヨシトモアシトモ云也。是則善悪不二、邪正一如ノ処ヲ可レ顕源義也。依レ之譬ニ用ル也。

（二七六頁）

鏡ヲ中略シテカミト云也。神明ノ内証是也。鏡ト云ハ、浄穢ノ二ヲ天然ト浮ル物也。去レトモ其レニモ少モ不レ染也。人ノ心モ同シ物也。貪欲瞋恚等ノ念也起レトモ其レニモ不レ染、又タ不レ着、善念ニモ不レ留、其則鏡ノ善悪ヲ浮フルカ如ク也云々。

（二八七頁）

第一の引用では、葦と蓮華の譬喩に寄せて、神道と仏教の同一性が説かれている。同一点は「善悪不二・邪正一如」

である。同様のことが第二の引用でも言われる。鏡の譬喩を用いて、「浄穢」を嫌わず染まらない性格が理想的な心のあり様として述べられている。特に仏教とは明示されてはいないが、どこまで兼右が意識していたかは措き、鏡を理想的な心の譬喩とすることには仏教教学の長い伝統がある。[11]もちろん、神道文献にも鏡の譬喩はしばしば登場するが、「之れを受くるに清浄を以てし、而して之れを求むるに神心を以てし、之れを視るに無相無住を以てすべし」[12]（『御鎮座伝記』）のように、鏡は本来清浄な存在とされ、清浄・不浄を兼ねる仏教流の見方とは多少距離を持っていたように思われることから、二つの引用を総合し『纂疏』以来の仏教への傾斜で捉えてもあながち誤読とは思われない。[13]

兼右説の神道は、三教一致説に基づきその中での優越を主張するものであった。形式的には神話に依拠しているが、実際には神の絶対性がそれを支えている。神は国常立尊に代表され、世界の根源かつ始源であることが日本及び神道の価値を高めている。その意味で、神と日本に関する教説は、絶対的な権威の主張に伴って体系化されていると言える。[14]「善悪不二・邪正一如」の仏教教理の取り込みも、（三教を神道中心で一致させての）権威強調に連動したものと考えることができるだろう。

以上のように概観される兼右説は、それでは前代の『纂疏』や吉田流の伝統とどう関わるのだろうか。まず、神の絶対性に注目することから始めよう。

神聖、猶レ言ニ神人聖一也。神者不測之名、聖者通明也。通ニ達此理一而応レ変無レ窮、故曰ニ神聖一也。此有ニ四等一、一聖人、二神人、三聖神、四神聖。初二則可レ知。三聖神者、『尚書』曰、「乃聖乃神」、『孟子』曰、「大而化レ之、之謂レ聖、聖而不レ可レ知、之謂レ神」。神謂ニ聖人之心一、是聖之神也。四神聖者、『三五暦記』曰、「盤古、神ニ於天一、聖ニ於地一」。所謂此書神聖也。聖謂ニ神人変化之迹一、其神之聖也。若依ニ三才之名一、則可レ道三人生ニ其中一焉。何道ニ神聖一乎、曰、人者有情之惣名、故昌黎韓子曰、「命ニ於両間一、之謂レ人」、又曰、「夷狄禽獣皆人也」。其神聖者、

人中得レ道者之称。蓋人為二万物之霊一而其所レ稟之気、則混二一之元気一。所レ起之心、則真一之霊心。全二此気一、具二此心一、則人孰不レ為二神聖一哉。然為二気質之所レ拘人欲之所一レ蔽、其離レ性已遠而失下所三以為二其霊一者上。是以雖レ有二人之形一、不レ異二於禽獣一、可二大哀一者在レ此。故不レ道レ人而道二神聖一者、激発之言也。[15]

（一条兼良『日本書紀纂疏』上一）

神聖―天地開而後ニ神生也。吾国神明先二天地一ト云ト、此ハ相違スル也。蓋神ハ天地之先也。聖ハ天地之後也。神ヲ一心ニ返照シテミレハ、先二天地一不レ為レ先、後二天地一不レ為レ後、元来渾沌未分先也。「然後」ノ字ヲハ、聖字ヘカケテミルヘシ。神聖ノ二字ハ、神ト人トノ義也。一念不生神ニテ無形無気也。聖ト云ハ一霊心ノ分ヲ云ソ。人ハ後二天地一生、知二天地之始一、先二天地一死、知二天地之終一也。『孟子』「大而化謂二之聖一、々而難レ知謂二之神一」云々、与二此義一相合也。[16]

（吉田兼倶『日本書紀神代抄』）

吉田一家ノ義ニ、吾国ノ神ハ、先二天地一之神也。然ニ、此ニハ天地ノ後ニ神生ト云ハ不審也。神ノ名文ニ、聖人後二天地一生而知二天地始一、先二天地没一知二天地終一、天地始終在二一心上一、ト云ヘリ。仏教ニ云ナラハ、器世間カ出来テ、有情ガ生スル也。サルホトニ、此ニ神トバカリハイワスシテ、聖ノ字ヲ入レタリ。神ハ天地ノ先、聖ハ天地ノ後ト云心ソ。『纂書（ママ）』ニハ、神人ノ聖ト云心也。神ハ、陰陽不測ノ神也。聖ハ、通明ノ人ソ。此ニ四アリ。一ニハ聖人、二ニハ神人、三ニハ聖人、四ニハ神聖也。聖神トハ、『尚書』ニ、「乃聖乃神」ト云。『孟子』ニ「大ニ和ヲ曰レ聖、聖人ノ上ニ不レ可レ知ヲ神」ト云。神聖ハ、『三五歴記（ママ）』ニ、盤古王ノ事ニ、神人ノ無窮ニ奇時（特カ）ナル事ノアルヲ云也、「神二于天一、聖二于地一」ト云タルソ。若三才ニヨッテ云ナラハ、天地人ヂャホトニ、人トコソ云ヘキヲ、神聖トハ何事ソナレハ、人ハ有情ノ総名也。韓昌黎カ「命二両間一者、是曰レ人」云タレハ、禽獣ヲモ人ト云ヘシ。故ニ其道ヲ得タル人ヲハ、神聖ト云ヘシ。故ニ此ニモ神聖ト云。気質ノウケヤウニヨリテ、賢トナリ、愚トナリ、或ハ鳥類畜類トモナル也。大学ノ序ノ時ニ見ユル事ナリ。畢竟、『纂書』《ママ》ノ心ハ、三才ヲ云ニ理テ云ヘハ、前後次第ハアルマイ。建立スレハ、如レ此次第スル也。[17]（清原宣賢『日本書紀神代巻抄』）

煩を厭わず長々しく引用したが、すべて書紀本文の天地生成に続く国常立尊出現の箇所（「然して後に、神聖、其の中に生れます」）[18]の説明部分である。既に示した兼右説と比較すれば、多くの点が兼良以来継承されていることが分かる（出典のみに限定しても、『尚書』、『孟子』、『三五歴記』など）。しかし、兼倶段階で登場する記述も見られる。即ち「神明は天地に先んず」である。

国常立尊の絶対性の主張の中で、その「常住・不変」な性格が強調されていた。天地が生成していようといまいと、国常立尊は時空を超越して存在すると考えられていたのである。その点について『纂疏』には記述が見られず、「神」と「聖」の使い分けによって明確に述べられるのが兼倶の段階である。先に兼右説に二字（神聖）の使い分けや「倶生」の新解釈（註(9)）が見られる事を指摘した。それらの国常立尊の絶対性強調は、実に兼倶以来の記述であることが明らかである。一方、神と人（の心）の一体性については、『纂疏』段階から見ることができる。[19]

神の絶対性の強調は、同時に三国（三教）の中での日本（神道）優越をもたらす。一条兼良は前代の、あるいは仏教あるいは儒教に傾斜した書紀解釈の流れに対し、三教一致を説いたと言われる。[20]それに対し兼倶が、「根本枝葉果実説」によって三教の中でも神道の優越を強調したというのも有名な話である。こうした日本の位置づけにおいても、既に見てきたように、兼右説は兼倶説に多くを拠っていると言える。

兼右説は、神と日本に関する教説の大半を祖父兼倶に拠っている。多くの学説については、その淵源を一条兼良の学識にまで遡ることも確かである。しかし、とりわけ重要な神の絶対性の概念については兼倶の影響下で、引き続きそのもとでの体系を保持している。従って以上の点で、兼右説は兼倶説の忠実な祖述の位置にある。それを本節の結論としたい。

二　文字と歌に関する教説

兼右説には、それ以前の吉田家の教説に対し特に新たな点は見られないのだろうか。現時点でその問いに答える用意はないが、以下いくつか気にかかる事を記しておきたい。

最も明確な相違点として挙げられるのは、全体の構成である。『纂疏』が十段構成（三才開始・七神化生・八州起源・万物造化・瑞珠盟約・宝鏡図象・神釼奉天・天孫降臨・兄弟易幸・神皇紹運）とするのに対し、吉田家では第八段「経営天下」を加える。ところで兼右は、さらに第十段「三神出火」を加え十二段構成とする。この場合、兼右の九段「天孫降臨」・十段「三神出火」の二段が従来の第九段に相当する。但し、兼右自身は「纂疏ニ八十一段トシ玉フ也。サテ吉田ノ家ニハ十二段立玉フ也」（二六八頁）と言い、自らの意識としては吉田家流に従っていたようであり、その辺の事情は未詳である。

次に目につくのは、巻末に見られる六首の歌の書き抜きである。左に示す。

夜《ヤ》句《ク》茂《モ》多《タ》菟《ツ》伊《イ》弩《ツ》毛《モ》夜《ヤ》覇《エ》餓《カ》岐《キ》菟《ツ》磨《マ》語《コ》昧《メ》爾《ニ》夜《ヤ》覇《エ》餓《カ》枳《キ》菟《ツ》倶《ク》盧《ル》贈《ソ》廼《ノ》夜《ヤ》覇《エ》餓《カ》岐《キ》廼《ヲ》

阿《ア》母《モ》奈《ナ》屢《ル》夜《ヤ》乙《オ》登《ト》多《タ》奈《ナ》婆《ハ》多《タ》廼《ノ》汙《ウ》奈《ナ》餓《カ》勢《セ》屢《ル》多《タ》磨《マ》廼《ノ》弥《ミ》素《ス》磨《マ》屢《ル》廼《ノ》阿《ア》奈《ナ》陀《タ》磨《マ》波《ハ》夜《ヤ》弥《ミ》多《タ》爾《ニ》輔《フ》柁《タ》和《ワ》陀《タ》邏《ラ》須《ス》阿《ア》旎《チ》素《ス》企《キ》多《タ》伽《カ》避《ヒ》顧《コ》禰《ネ》

阿《ア》磨《マ》佐《サ》箇《ガ》屢《ル》避《ヒ》奈《ナ》菟《ツ》謎《メ》廼《ノ》以《イ》和《ワ》多《タ》邏《ラ》須《ス》素西《セ》渡《ト》以《イ》嗣《シ》箇《カ》播《ハ》箇《カ》柁《タ》輔《フ》智《チ》箇《カ》多《タ》輔《フ》智《チ》爾《ニ》阿《ア》弥《ミ》播《ハ》利《リ》和《ワ》柁《タ》嗣《シ》妹《モ》盧《ロ》預《ヨ》嗣《シ》爾《ニ》預《ヨ》嗣《シ》預《ヨ》利《リ》拠《コ》禰《ネ》

以《イ》嗣《シ》箇《カ》播《ハ》箇《カ》柁《タ》輔《フ》智《チ》

憶《ヲ》企《キ》都《ツ》茂《モ》幡《ハ》陸《ヘ》爾《ニ》幡《ハ》誉《ヨ》戻《レ》耐《ト》母《モ》佐《サ》禰《ネ》耐《ト》拠《コ》茂《モ》阿《ア》党《タ》播《ハ》怒《ヌ》介《カ》茂《モ》誉《ヨ》播《ハ》摩《マ》都《ツ》智《チ》耐《ト》理《リ》誉《ヨ》

欽《ヲ》企《キ》都《ツ》登《ト》利《リ》軻《カ》茂《モ》豆《ツ》句《ク》志《シ》摩《マ》爾《ニ》和《ワ》我《カ》謂《イ》禰《ネ》志《シ》伊《イ》茂《モ》幡《ハ》和《ワ》素《ス》邏《ラ》珥《シ》誉《ヨ》能《ノ》拠《コ》剟《ト》駒《コ》剟《ト》母《モ》
阿《ア》軻《カ》娜《タ》磨《マ》廼《ノ》泚《ヒ》訶《カ》利《リ》播《ハ》阿《ア》利《リ》登《ト》比《ヒ》剟《ト》播《ハ》伊《イ》珮《ヘ》耐《ト》企《キ》弭《ミ》我《カ》誉《ヨ》贈《ソ》比《イ》志《シ》多《タ》輔《フ》姤《ト》句《ク》阿《ア》利《リ》計《ケ》利《リ》　（四二三～四二四頁）

いずれも書紀神代巻の中に登場する歌である(21)が、巻末に書き並べることは兼倶・宣賢には見られないようである。一方、兼右説の諸本（既出）を調べると、『私抄』及び(A)(D)(F)(G)(H)には見られるが(B)(E)には見られない（(C)は第五段以降欠けるため判断できず）。後の加筆とも考えられるが、殆どの諸本に見られることから原本段階で既に記されていた可能性が考えられる。それについて兼右、さらには吉田家が和歌をどう捉えていたか検討を加えることで、推測を試みたい。

兼右の神代巻歌謡に対する見方に関連し、『日本書紀歌註』（東北大学附属図書館狩野文庫蔵写本）の神代巻部分には、上記の六首が注釈付きで載せられている。また同書の巻末の奥書には、「元禄三庚午九月」の下に「卜部兼右御自筆ニテウツス　青木主計秘々中神秘　永弘」と割書されている。六首は兼右段階で、一揃いに扱われていたことが分かる。但し『歌註』注釈の内容は『私抄』等、さらに宣賢説にほぼ重なることから、兼右独自というより吉田家としての、神代巻歌謡への注目の性質がより重要である。

神代巻注釈の中で六首を取り上げる例は、兼倶にも見られる。実際の記述は兼右・宣賢に比べ大幅に少ないが、それとは別に兼倶と書紀歌謡の関係を示す記述が見られる。兼右の記述から一例挙げる。

所詮夜句茂ト云ハ、八色ノ雲カ立ツト意得、伊都毛ト云ハ、イツモ常住ニ雲カ立ツト可二心得一也。此ノ歌ヲハ歌仙ノ秘曲トシ玉フ也。依レ去定家卿モ、吉田ノ十一代前キノ兼直ニ御相伝有リ。サテハ歌仙ノ秘曲モ此ノ神道ヨリ出タリト云々。　（三九〇～三九一頁）

「八雲立つ～」の歌に関して吉田兼直（兼倶の九代前）から藤原定家へ伝授がなされたと述べられる。この兼直・定家に仮託された伝授（八雲神詠伝）については三輪正胤・新井栄蔵両氏の研究により、兼倶段階で宗祇との交渉の中で生まれたことが明らかにされている。(22)「八雲神詠伝」は、「八雲立つ〜」歌をめぐる歌学者の秘伝と吉田流の神道が相まって成立しているが、神道側では「神による統一世界、即ち諸相をみつめつつ、原点を見るといった根源的な思考のあり方(23)」が大きく寄与したと考えられている。ついでながら、兼右説でその伝統が継承されていたことは第一節で示した通りである。(24)

ところで、こうして吉田家と交渉を持った歌学は、それ以前から種々の流派(25)に分れ各種の異説を発展させ、また仏教との習合が図られた。次に、その中でも密教的な灌頂儀礼を取り入れる動きを見せ、それ故後世強い影響力を持った一派（為顕流）の秘伝「金玉双義」から、「和歌」について定義した部分を引用する。まず「歌」について。

次に謌という字、哥言と書けり。うたことばとよめり。天台にいはく、謌の法はみな如々の理体処無言説の処を歌といへり。然ば、生仏無分別の智となる処を歌といふなるべし。この心を知得せばかならず別に仏道を修行せずとも和歌を詠吟せば仏果得道勿論なり。しかのみならず、現世安穏、後生善所うたがひなきものなり。よつて和歌の明徳かくのごとく秘密有り。(26)

（神宮文庫蔵『玉伝深秘巻』）

ここで示されているのは、歌が即ち仏道であるという観念(27)である。「仏果得道」も「現世安穏・後生善所」も歌を詠むことにより達成されると考えられた。次に「和歌」の「和」についての部分も挙げる。

サレハ一切万物及仏神マテ歌ニヨミ納ル義ヲ和ト也。故ニ口千八ト云也。八方ノ万象ヲ読験ス義也。……八方ノ万物ヲ和ケテ、万物ヲ三十一字ニ連ルヲ以テ和ト云也。サレハ森火（ママ）万能（ママ）此内ニヲサマリテ、一塵ヲモ不レ捨哥ニ読入ル、故也。諸以并万法万物ノ音声皆是歌也。一切荒悪ノ心ヲ和ケ読故ニ和ト—也。哥ト云ハ可《コト》レク可《ヘ》レキ言フ読也。如レ此ニ万物ノ自性皆哥也(28)……

（書陵部蔵『金玉双義』）

「やまとうたは……をとこ女のなかをもやわらげ」（『古今和歌集』仮名序）に基づき、「和」歌（分解すると口千八）は万物を和げると説く。さらに「一塵も捨てることはない」「全てのものの持つ音は和歌である」「全ての心は和歌により和らぐ」そして「和歌こそ全てのものの本質である」と述べられる（取意）。この、和歌が一切の根源であるという記述や、前の引用の、和歌の勝れた働きを説いた記述を見る時連想されるのは、例えば兼右説の次の部分である。

所詮伊弉諾、伊弉冉尊、陰陽和合有テ万物出生シ玉フ時、文字モ出来スル也。必ス白イ紙ニ黒イ文字ヲ書ク計リカ文字ト思フハ狭キ也。森羅万像（ママ）皆文字也。春ハ陽気ヲ得テ、千草万木ニ春（青カ）キ文字ヲ顕シ、秋ハ紅葉ト文字ヲ顕ス也。万物ノ性、音声ヲ備ヘ、鶴唳、風声、鶏鳴、狗吠モ、皆ナ口唇舌内ノ音声ニ非ラン歟。此時ハ万物ノ性霊、皆自然ノ文字也。（二五七頁）

ここで述べられている「森羅万像皆文字」の説も、現象世界の根源を指向する点で歌学書と同一の思考様式を示す。そして吉田神道では、根源・始源としての神が現象世界を統合していた。従って兼右説では神・文字がほぼ同一のものとしてあると言える。その事はまた、歌学書における「和歌」とも共通した性格を示している事に他ならない。

以上の諸点から、『私抄』等に見られる和歌六首の扱いは一種の呪歌[29]として特別視されていた可能性を考えたい。何故ならば、歌学の世界に見られる和歌による得道等は、兼倶以来の吉田神道では非常に受け入れ易い状況にあったからである。兼右流の、文字を根源的存在と措定する説は、同時にそれが神（神のはたらき）を示すと見なされる可能性を持っている。そして歌学における「和歌」も「文字」同様の性格を持ったまま、吉田流の神道に取り込まれていった[30]。ここから兼倶以降の吉田家において、和歌は神のあらわれ・神への回路と見なされる蓋然性が生まれる。『私抄』等の六首和歌の書き抜きを、そうした観念の発露と見ることは出来ないだろうか、乏しい材料の中でこう推測してみたのである。兼右説の新たな創造と見なすことは無理があるが、一つの享受の可能性として考えていきたい[31]。

三　山王一実神道との接点

既に、兼俱―宣賢―兼右と引き継がれた書紀解釈の流れを追ってきた。そこに見られたのは、①兼俱以降、絶対的な神の観念が成立し世界の秩序を構想する中心となったこと、②その影響下、文字や和歌が世界の根源に関わり、あるいは何らかの働きを持つと観念されたらしいこと、の二点であった。これらが（特に後者が）山王一実神道形成にどう関わったかを、次に考えてみたい。

天海が歌学の世界に親しんだことについては、晩年に古今伝授を受けた事実[32]から推測される。それが貴族社会最高の知識体系として、社会的地位の象徴としての意味を持っていた事は疑いない。しかし古今伝授には、単なる地位の象徴以上の隠された意味もあった。関ケ原合戦前夜に細川幽斎の一命が勅命により保たれたのは、古今伝授の断絶を忌避するという名目であった。既に先学の明らかにされたように、古今伝授は王権の最も奥深い所に関わる和歌の側からの秘儀であった[33]。

古今伝授は和歌の働きを記す知識体系の最も頂点に位置する。その働き[34]について、次により流布した形を一つ挙げる。

凡和歌は、国を治人を化する源、心を和思を遣る基也。……唯治世の基、神道の妙に叶のみに非、又仏法の正理にも通ずる故にや、清水の観音は、しめぢが原のさしも草と詠給、善光寺の如来は、厩戸の王子に贈答し給へり[35]。

（『源平盛衰記』巻七　和歌の徳の事）

和歌について、内面の働き（人を化す・心を和らげる）の他に、「治国」「治世」という世俗的機能も記され、さらにそれが仏神の心に適うと言われる。そうした働きを持つ歌の例として、「猶たのめ　しめぢがはらのさせもぐさ　わがよの中にあらんかぎりは」(36)が示されている。ところでこの歌が、天海の注目するところでもあった痕跡が残されている。

古伝云、勝道講師、弘仁七年四月日、詣二日光山中禅寺一、……勝道講師、跪踞深致二信心一矣。其時双鶴、山中奥標茅原《シメチカハラ》於レ今有レ之
猶《ナホ》頼《タノ》標茅原《シメチカハラノ》一切衆生《サシモク　サ》我世中《ワレヨノナカニ》在《アラン》限《カキリハ》、御詠歌於二山中一人皆祝唄也(37)。

右は天海が東照宮に奉納した『東照社縁起』下巻に見られる。江戸城の家康廟前で祭文を読み上げる前、鶴が舞い降りてきた事を祝っている部分である。ここで漢字表記された「させもぐさ」(38)歌が登場する。祝唄としての扱いも、先述の歌の働きと関係することと思われる。

僅かな事例ながら、天海においても和歌の働きが認められていたことが確認できる。それは兼右説の直接的影響というよりは、兼右説を包む中世の知識体系の影響と見るべきであろう。兼右説の検討を通じて、日本書紀注釈・歌学(古今伝授を頂点とする)という知識体系が、相互に交渉を持ちつつ展開していく様子が知られた(39)。山王一実神道の形成も、それと離れた所にはないことが予想される。和歌をめぐって今しばらくその点の検討を続けよう。対象は今度は、真言系神道である。

先門前三重鳥居立事者、三世諸仏𑖀字門也、三妄執ヲ出過心也。汝今僧祇妄執険路ヲ超テ、神殿花蔵之宝前参也。天蓋七面ノ鏡天神七代、旦(壇カ)上五面鏡地神五代也。凡鏡ヲ懸神祭ル事、赤銅白色、磨テ鏡成事神モ赤白二滞(ママ)ヲ和合深義表セリ。左右之大刀大日如来宝釼也、帝王宝也。底家下二分四海逆浪静也。榊四手懸事空劫自初社壇形無、其間榊四手ヲ付神栖トセリ、仍日本紀秘歌曰、

榊葉ニ木綿付テ誰カ世仁神乃社ト祝初ケン

此榊ヲ天竺ハ戸陀林樹モ波羅提木叉モキヘリ。次投華。五面鏡者我等所具五重煩悩ヲ打破テ五智因明正体ヲ顕、煩悩即法性当位即妙断。(40)

右の記述は三輪流の『麗気灌頂私』初重部分の引用である。ここに登場する歌「榊葉にゆふしでかけて誰が世にか神の御前に斎ひそめけん」(41)は『拾遺和歌集』に採録されたことで知られている(巻十神楽歌)。投華の前にこの「榊葉」歌を詠むことは、三輪流・御流の神祇灌頂書にも見られる。「日本紀」で「秘歌」とする理由を考えるため詠歌の意義を調べたところ、いくつかの手がかりが得られた。まず『三輪流神道灌頂授与式』(近世写)には「『榊葉に木綿四手を付て神祝し初』は何の処と相尋るに、伊勢国千枝の松百枝榀を之影向の最初と習ふ也、是高天原と伝る也」と本文末の注記にあり、榊が神の宿る場＝高天原と観念されていたことが知られる(42)(同様の記述は『三輪神道道場支度日記』にも見られる)。さらに『三輪神道灌頂伝授録』(一八〇二年成立)には「榊の事、天照大神天石窟籠給ふ時、天鈿女命神明の憑を顕し談じ給ひしより以来、榊を神の宿り木とし神の社と崇む、此の木は常住不変にして神明の体なり」(43)と、榊が神木と見なされる際に天岩戸神話が介在していた痕跡が残されている。いずれも後代の史料からではあるが、この辺りに「日本紀」との関わりが認められる。しかし「秘歌」の語については、さらに目を転じて考えたい。

次に掲げるのは『神祇灌頂私書』(西教寺正教蔵写本)からの引用である(八丁表)。

一父母代灑水　一提花

榊葉ニ木綿シデ付テ誰カ世ニ神ノ世也ト祝イ首メケン

先達取器 [illegible] 天地和合陰陽相合円満地水火風空本来本有法性寂然心閑空寂

[illegible] 寿命長遠 [illegible] 天地中宿スル中宿ニ今ソ授ケン妹《ミ》媾《ト》ノ婬合《マクハイ》

ここでは「榊葉」歌は、天地や陰陽の「和合」「相合」を導く役割を持つようだ。それは引用末尾の歌（「天地の中に宿する中宿に今ぞ授くる妹嫜の姪合」）に見られるように、男女の交わりとしてイメージされていく。実際、引用に続く部分では父母がそれぞれ金剛界・胎蔵界に配当され、両者の交わりにより「五形」「衆肉」が形成されると説く。さらに「父母代十戒」として「天地送恩戒」以下「日月送恩戒」「仏神送恩戒」……「五穀送恩戒」が示され、最後に「罪科の霜雪共に消えにけり我が世を廻る天照日に」と歌われ儀礼が一段落する。このように「榊葉」歌は、他の歌と共に、陰陽和合により罪障の消滅がもたらされるという理念の中に位置づけられ機能していた。そしてこの記述は『御流神道諸印信』（東北大学附属図書館狩野文庫蔵写本）にも見られることから、少なくとも御流神道には親近性を持つ観念と思われる。

さて、「榊葉」歌がこうした機能を与えられた理由は何か。この歌が本来持っていた性格を考え、また三輪流での日本紀との関連を視野に入れる時、自ずから答は導き出されるように思われる。ここでは仮にそれを〈始源への志向〉とでも捉えておきたい。

「榊葉」歌はもともと神社の起源を問う表現を持っていた。三輪流ではそれは神々の、ひいてはこの世の秩序の初まりである天岩戸と関連づけられた。そして御流の中では、生命の初まりを導く位置に置かれた。これらを総合すると、「榊葉」歌は神祇灌頂において、始源を志向する歌と見なされていたことが考えられるのである。

この歌が実は山王一実神道にも受け入れられていたことが、次の史料から跡づけられる。

抑榊葉爾七五三付天神乃社登祝初以降、神社号二都率内院一、仏寺名二金剛浄刹一、以二敬神一為二国栄一、以二祭祀一為二国法一、糺二本地垂迹一施二神化於日域中一、祐二霊祠於扶桑境一、玉墻側成レ市、崇二金殿之類一、襟林之間継レ踵、代々聖主御宇、世々執政時節、効験既多、勝利誠新。(44)

右も、天海が寛永十七年（一六四〇）撰述した『東照社縁起』下巻に見られる。「榊葉」歌を示した上で仏神の一体とその効験を説くのだが、神社の起源を詠ずることが何故その理由となるのかについては、上述のような経緯を踏まえて初めて理解される。神社の起源は神祇灌頂の世界において、同時に神国日本の起源、世界の生命の始源をも意味した。天海は上述の吉田神道の神代巻解釈に加えて、こうした神祇灌頂の知識も受容した上で東照宮祭祀を構築していったものと思われる。そこでは歌は、神との回路を意味する。山王一実の神道は、吉田・三輪・御流といった神道の秘説をも取り入れて成立していたことを確認しておきたい。

おわりに

吉田流の神書解釈には、古今註の世界との交流の中で、神代巻歌謡に独特の意義を与えていたことが知られる。「八雲立つ」歌はその代表とも言える。また神祇灌頂では、例えば「ちはやぶる　わがこころよりするわざぞ　いずれのかみの　よそにみるべき」（『神祇灌頂私記』三重）[45]といった歌が用いられた。いずれも素朴を通り越し、稚拙と言っても過言でない様なこの種の歌は、和歌研究の対象となることが少なかった。しかし、この稚拙さ、文芸的価値の低さとも見られる点に、逆に注目する余地はないのだろうか。

そもそも価値の基準というのは、ある特定の立場からの物差と考えられる。上記の神祇灌頂の歌は、王朝風の価値基準からは評価されないだろう。だが、それは決して絶対的に普遍なものではないし、もちろん価値基準の全てとは言えない。むしろその基準自体、ある種の状況の中で意図的に希求された上でのものであった[46]ことを考えるなら、神祇灌頂の歌が何を目指したか、その事自体が意味を持つと考えられる。いわゆる伝統的和歌が公家社会の喪失感と回復の志向に支えられた共同体の意識に根差すとするなら、神祇灌頂の歌は、仏神・日本・生命などに関する知識と体験の体系、換言すれば寺家の世界観に基盤を持っていたと考えることができる。そして「八雲立つ」歌に見られるように、それは公家の世界観の補完としても存在し、さらにまた、それを相対化し再規定する契機を常に潜めていたと思われる。天海の事例は、そうした王朝的基準から外れた価値が、東照宮祭祀へ連関していく筋道を示しているように思われる。

神祇灌頂は、中世を通じて独自の価値基準とそれに基づく体系を作りあげていった。吉田流の和歌論は、それと呼応する公家の世界の周縁を示している。従来正統とされた王朝的価値基準の動揺が表面化する時、それらは新たな王権と結びつく形で自己主張を始めたのではないか。徳川家康の神格化に際し、はしなくも顔を覗かせた天海の神道学習からそうした動きを掬い取る試みの、本稿が小さくとも第一歩となるよう今後の展開を期したい。

註

（1）日光天海蔵の『日本書紀聞書』、叡山天海蔵の『神代巻私抄』はともに正教蔵『私抄』と同一の記述を持ち、「慈眼大師御本」であった可能性を持つように思われる。本文の後「ム風招即嘯下」以下が記される点、その次の六首和歌は共通するが続く「唯一神道血脈」・「天神七代宝号」・「唯授一流血脈」・「大織冠賜」以下、などの記述の有無という点では、叡山天海蔵本がより『私抄』に近い。その他の箇所については今後の調査課題である。

（2）古谷清「山王神道と東照宮」上（『歴史地理』四四―五、一九二四年）参照。

（3）天海が恵賢に蔵書の融通を要求できるようになったのは慶長末年と考えられる。本書第二部第二章参照。

（4）萩原龍夫『中世祭祀組織の研究』補論第二「吉田神道の発展と祭祀組織」（吉川弘文館、一九六二年）の吉田兼右に言及した箇所など参照。

（5）中村光「中世に於ける日本書紀の研究」（史学会編『本邦史学史論叢』冨山房、一九三九年）、西田長男「清原宣賢の日本書紀抄に就て」（『神道史の研究』二、理想社、一九五七年）。

（6）『東北大学附属図書館研究年報』二六（一九九三年）に、(A)本・(E)本・『私抄』の「私……」の箇所について対照表を載せたことがある。

（7）(A)〜(D)については『日本書紀注釈（下）』〈神道大系古典注釈編四〉（一九八八年）解題（秋山一実執筆）に詳しい。(F)は長沢規矩也『日光山「天海蔵」主要古書解題』（日光山輪王寺、一九六六年）三四頁に解説あり。(E)・(G)については小林千草『日本書紀抄の国語学的研究』（清文堂、一九九二年）第一部第三「吉田兼右系日本書紀抄」に存在が紹介されている。(H)については、徳江元正「蚕と馬」（『神道大系月報』八六、一九八九）に指摘がある（秋山一実氏の御教示による）。

（8）以下引用に際しては、(A)本は註(7)神道大系本により頁数を示す。

（9）本来「男神が対になって出現する」の意味であり（例えば『日本書紀纂疏』では「旧事紀を按ずるに倶生・耦生・独化の三等有り、男神二尊相い並びて出る、之を倶生と謂ふ」—註(15)文献一七六頁—とある）、兼倶独自の解釈と思われる。

（10）兼倶撰『唯一神道名法要集』で展開され広まるが、実は『鼻帰書』・慈遍撰『旧事本紀玄義』が先行していることを、西田長男「本地垂迹説の成立とその展開」（該当部分初出『歴史教育』一三—一〇・一二、一九三八年、『日本神道史研究』四に再録）が指摘している。

（11）智顗説『摩訶止観』での即空即仮即中の譬喩「明鏡の如し」、それに対する注釈史、「鏡像円融」の解釈史、など。

（12）『神道五部書』〈新訂増補国史大系7〉（吉川弘文館、一九六六年）一三頁（原漢文）。

（13）吉田神道が仏教教理（特に心性論）に強く影響されている事は、近世に復古神道等の批判が見られたことから知られる。また、一条兼良と比較した時、兼倶に浄穢一体の観点がより強く見られることを、安蘇谷正彦「一条兼良と吉田兼倶」（『国学院雑誌』八二—一一、一九八一年、後に『神道思想の形成』に再録）が指摘している。

（14）大桑斉「吉田兼倶の論理と宗教」（初出一九八八年、『日本近世の思想と仏教』法蔵館、一九八九年、に再録）は主に『唯一神道名法要集』を題材に、兼倶の神道を「最究極原理を発見しようとするもの」と把握している。なお、「始源」「根源」の用語は同書の定義に基づいている。

(15)『日本書紀注釈（中）』〈神道大系古典注釈編三〉（一九八五年）一六七～一六八頁。
(16)『日本書紀神代抄』（国民精神文化研究所、一九三八年）一六頁。
(17)註(7)神道大系本、一五五～一五六頁。
(18)『日本書紀（上）』〈日本古典文学大系67〉（岩波書店、一九六七年）七六頁。
(19)さらに古く伊勢神道成立まで遡れると指摘されている。註(13)安蘇谷論文参照。
(20)例えば註(5)中村論文など。
(21)註(18)文献では順番に、一二三・一四五・一四六・一六二・一八〇・一八〇の各頁。
(22)三輪正胤「神道者流「八雲神詠伝」の成立について」（『国語国文学論集』笠間書院、一九七九年、後に『歌学秘伝の研究』に再録、以後同書再録論文は＊で示す）、同「神道者流「八雲神詠伝」の流伝」（『ビブリア』七一、一九七九年＊）、同「古今伝授史上における宗祇と吉田兼倶」（『講座平安文学論集』二、風間書房、一九八五年＊）、新井栄蔵「古今伝授の再検討」（『文学』四五―九、一九七七年）。
(23)註(22)三輪一九八五年論文二九七頁。
(24)一方、兼右は『古今和歌集灌頂口伝』の伝授にも連なっていたことが指摘されている。片桐洋一「古今和歌集灌頂口伝（上）」（『女子大文学』三六、一九八五年）。
(25)御子左家系は、定家の子為家の後、嫡男為氏の子の二条為世、為家の子冷泉為相、為家の息為教の男京極為兼、為家の子為顕などが、互いに俊成・定家・為家の嫡系を主張し異説を立て争った。片桐洋一「中世古今集注釈史素描」（『中世古今集注釈書解題』六、赤尾照文堂、一九八七年）参照。
(26)片桐洋一『中世古今集注釈書解題』五（赤尾照文堂、一九八六年）五五〇頁。「金玉双義」は他に『古今集註』『和歌古今灌頂巻』などに見られる。
(27)この点に関し、和歌が陀羅尼であるという説の存在が指摘されている。和歌を三国世界観に絡めて解釈する文言が『古今和歌集序聞書』に始まることは三輪正胤「鎌倉時代後期成立の古今和歌集序註について（中）」（『文車』一七・一八、一九六八年）で指摘され、さらに『和歌知顕集』『和歌古今灌頂巻』などとの関係からその説が為顕流を中心に広がりを見せていたことが同「古今集灌頂伝授の一系譜」（『国語国文学論集』中部日本教育文化会、一九七三年＊）で示された。その後、熊沢れい子「古今集と謡曲」（『国語国文』三九―一〇、一九七〇年）は謡曲や連歌での広がりを取り上げ、菊地仁「和歌陀羅尼攷」（『伝承文学研究』二八、一九八三年）は密教や法華経直談の世界まで視野を広げ総体的な検討を行う。一方、寺家内部の動向については、櫛田良洪「神道灌頂の展開」（『真言密教成立過程の研究』山喜房仏書林、一九六四年、第二編第三章第六節）、同「中世神道灌頂の展開」（『続真言密教成立過程の研究』山喜房仏書林、一九七九年、後編第四章の一）が分析を進めている。

(28) 石神秀晃「宮内庁書陵部蔵『金玉双義』翻刻併解題（上）」（『三田国文』一五、一九九一年）四二頁。なお『玉伝深秘巻』の異本については石神秀美「玉伝深秘巻解題稿」（『斯道文庫論集』二六、一九九一年）参照。

(29) 赤瀬信吾「注釈と呪歌」（島津忠夫監修『日本文学説林』和泉書院、一九八六年）など参照。

(30) 一方で、後世には「古今御伝授にはト部家中興の伝あ」り（『正親町公通卿口訣』）とも言われた。註(22)新井論文参照。

(31) 例えば「八雲立つ～」歌について『山王由来』（天正年間～寛永十二年の成立か、水上文義「『山王由来』に見る神話と口伝」『神道古典研究所紀要』一、一九九五年）には、大蛇退治のための「秘術の歌」とする記述が見られる。『天台神道（下）』〈神道大系論説編四〉（一九九三年）六〇三頁。

(32) 新井栄蔵「毘沙門堂蔵良恕親王附属天海僧正受古今伝授切紙一種をめぐって」（小沢正夫編『三代集の研究』明治書院、一九八一年、所収）参照。

(33) 特に三木伝・三鳥伝などが注目され、三種の神器や三執政者（帝・関白・臣）との関係が語られる。新井栄蔵「『古今抄別本』の諸本とその三木三鳥の伝とについて」（『和歌文学研究』三六、一九七七年）、同註(22)論文、三輪正胤「中世古今伝授史の一側面」（『国語国文学論集』名古屋大学出版会、一九八四年＊）など。

(34) 多くの関連文献あり。さしあたり菊地仁「〈和歌説話〉の研究をめぐる諸問題」（『国学院雑誌』九二―一、一九九一年）が概観に便利。

(35)『源平盛衰記』（国民文庫刊行会、一九一〇年）一七五頁。
(36)『新古今和歌集』〈新日本古典文学大系28〉（岩波書店、一九五八年）三八八頁。
(37)『上野・下野国』〈神道大系神社編二十五〉（一九九二年）一三三頁。但し『慈眼大師全集』上巻所収本に倣いルビを付した。
(38)「させもぐさ」を「一切衆生」と表記することについては、易林本節用集・日葡辞書などに用例がある（小学館『日本国語大辞典』「さしもぐさ」の項）。
(39)『卜部家記』（書陵部蔵写本、七冊、識語は文明十二年兼倶記）の内の「日本紀御読例」には、後嵯峨天皇の時代の記事に「中宮御産、皇子御誕生、神書之効験、叡感無比類之由、被仰下之、道之面目何事如之哉」と見え、日本書紀講説自体もある種の咒術的働きを期待されていたことが知られる。
(40)『真言神道（下）』〈神道大系論説編二〉（一九九二年）三二頁。
(41)『拾遺和歌集』〈新日本古典文学大系7〉（岩波書店、一九九〇年）一七二頁。
(42)註(40)文献、一二三頁。
(43)同前、三六七頁。既に『日本書紀』には、天児屋命が榊を飾り天照を岩戸から出す工夫をしたという記述が見られる。
(44)註(37)文献、一三三頁。
(45)叡山天海蔵写本。内容については、曽根原理「神祇灌頂の神楽歌」（『文芸研究』一三五、一九九四年）参照。
(46)兵藤裕己「和歌表現と制度」（『日本文学』三四―二、一九八五年）、菊地仁「〈本〉の思想」（和歌文学会編『論集〈題〉の和歌空間』笠間書院、一九九二年）、佐藤晃「十訓抄小考」（『山形女子短期大学紀要』二五、一九九三年）など参照。

第二章　徳川家康と天台論義

はじめに

徳川家康と仏教の交渉は、近世における国家と宗教の関係の始まりとして注目に値する。それについて現在に到るまでの通説的理解を形成し、国家による仏教統制の観点を強調した辻善之助には、家康と仏教の関係についても、宗教的心情を極力排除し政治的側面で把握しようとする傾向が顕著に認められる。端的な一例として、家康晩年の天台血脈の問題が挙げられるだろう。

叡山僧衆御目見。暫有㆓仏法御雑談㆒。僧徒退出以後、於㆓奥之間㆒、血脈御相伝。従㆓南光坊僧正天海㆒令㆑受㆑之給。（慶長十九年五月二十一日条）

天台血脈相承。自㆓南光坊㆒御伝授。（七月二十六日条）

今日、南光坊天台法問（ママ、以下同）之儀、於御数寄屋、令㆑受㆓御伝授㆒給。（七月二十七日条）

南光坊僧正、天台仏法奥義、被㆓申上㆒。（八月十一日条）

於㆓御数寄屋㆒、南光坊密々仏法御雑談。（九月十五日条）

天台法問伝授、南光坊被㆓申上㆒云々。（慶長二十年閏六月二十五日条）

南光坊僧正出仕。天台之法問、得㆓相伝㆒給。（七月二日条）

右は『駿府記』が伝える、徳川家康が天台宗の血脈・法門を相承した記録である(1)。これを文面通り受け取れば家康が天台宗奥義を承けた、つまり家康が天台宗に帰依し継承者の列に加わった事となる。しかしそれについて、辻は否定的である。

これより後、天海は屢々論義に参し、家康は秀忠と共に之を聴き、また仙波に於いてその論義を催さしめた等の事、殆ど数ふるに遑がない。（慶長）十八年十二月には、寺領を寄付せられ、その年また日光山座禅院権別当の不正あって黜けられたにより、天海が之に代つて日光山を管し、光明院主となり、足尾村を以てその寺田として寄付せられた。翌十九年にも、論義を勧めることまた例の如くであつた。この間、大坂陣の前後、之に関する処置等について、幕府の密議に参し、徐にその地歩を固めた。……凡そ以上列挙する所を以て見るに、家康が天台血脈を天海より受けたと称する駿府記の記事は、実に彼が大坂との交渉について、密議を凝らさんがための標榜であつて、決してその文字そのまゝの意義を以て解すべきものではない(2)。

辻は右のように述べ、天海からの血脈相承と呼ばれるものは「密議を凝らさんがための標榜」であると断定する。ちょうど大坂（豊臣氏）との合戦を控えた時期に、天海ら政僧と謀略をめぐらす場が必要だった、密室で師弟二人きりになる血脈相承は隠蔽するのに適していた、という訳である。辻流の解釈では、家康と天海との交渉は政治的側面が主である、家康自身の宗教的心情はさほど重要ではない、従って天海による東照権現祭祀も家康や幕閣の意向というより天海の独断に近い、と推論される。このように、辻には家康の宗教的な活動を政治的目的の範囲内で考える傾向が強く、それは研究史の上で、近世初頭から宗教は政治の道具に過ぎなかったという見解を支えていったのである(3)。

慶長十八年から十九年を最盛期として、先の血脈伝授と平行して、徳川家康が仏教諸宗派の論義を招請するという出来事が起きる。これについても辻は、僧侶の政治関与を封じ学問に集中させるため、または密議の頻繁さを隠蔽するため等、純粋な宗教活動とはできる限り距離を置いて考える。こうして、論義の意義を消極的な政策と考えた辻に対し、その後に積極的政策としての意義を付与したのが佐々木邦麿であった。

家康は度々天海から天台の血脈法門を伝授され、あるいは多聞院良範に秘密念仏の奥旨を問い、また浄土宗の存応や廓山とも法談を重ねている。また論席に家康自ら論題を設けている。これは仏教の教養がなければできないことである。家康にはそれができた。だから一つには家康が仏教に造詣が深かったからともいえよう。けれども、なおこの驚異的な論席の数をただ単に家康の学問奨励とか（辻善之助『日本仏教史』近世篇之二）、自らの教養のためといった一通りの説明だけでは割切れない。論義の興行は必ずしも家康自身の信仰の深さを意味するものでなく、これを純粋に家康の宗教的行為としてだけ論ずることはできない[4]。

佐々木はこう述べた後、論義の場における天海の活動が「この度々の御前論義に仙波中院尊芸や千妙寺亮諶・浅草観音院忠尊・日増院珍祐、また月山寺・下野春日岡・渋川真光寺・那須法輪寺等と、諸山の学匠を延屈して論義を主催し家康の信任を得、その寺領安堵とか寺再建の請願を家康に仲介し取成す立場を確立」し遂には「関東諸山に対する天海の支配干渉の筋道を明かに」する結果となった事に注意を喚起した上で、御前論義の目的は「天台・真言両宗の学匠・碩学衆に直接接点を求めて、その学問奨励とともに、政治的に教団内部の事情にまで干渉」する所にあったと結論する。佐々木の論では、論義は諸寺を家康政権のもとに再編成する場だった事となる。辻の論が防止・隠蔽という消極性で捉えられるのに対し、干渉・支配といったより積極的な政策と見なすものと言えよう。

以上のように慶長末年の論義興行は従来の説では、現前の政治状況への対応（密議の場）及び広い意味での宗教統制（役としての学問奨励、教団秩序再編成）さらにはその政策を利用した天海の勢力伸長策、と全て政治的な側面から考察されてきた。もちろん家康の宗教的心情を指摘する声も見られるが[5]、その可能性は皆無とは言えないとしても、家

番号	年月日	宗派	形態	備考	典拠
94	6 3	華厳	論義		駿
95	6 6	天台	論義		駿
96	6 9	天台	論義		駿
97	6 10	華厳	論義		駿
98	6 13	天台	論義		駿
99	6 16	天台	論義		駿
100	6 17	天台	論義		駿
101	6 20	新義	論義		駿
102	6 21	華厳	論義	秀忠	東
103	6 22	天台	論義		駿
104	6 24	新義	論義		駿
105	6 25	天台	論義		駿
106	6 26	新義	論義		駿
107	6 28	天台	論義		駿
108	6 29	新義	論義		駿
109	7 1	新義	論義		駿
110	7 3	天台	論義		駿
111	7 4	新義	論義		駿
112	7 7	天台	論義		政
113	7 11	天台	論義		駿
114	7 16	天台	論義		駿
115	7 22	華厳	論義		駿
116	7 26	天台	血脈		駿
117	7 27	天台	伝授		駿
118	8 9	天台	論義		駿
119	8 10	華厳	問答		駿
120	8 11	天台	問答		駿
121	8 15	天台	論義		駿
122	8 18	天台	論義		駿
123	8 21	天台	論義		駿
124	8 23	真言	論義		駿
125	8 27	天台	論義		駿
126	9 4	天台	論義		駿
127	9 6	真言	論義		駿
128	9 10	華厳	論義		駿
129	9 15	天台	雑談		駿
130	9 18	曹洞	雑談	末寺領安堵	駿本
131	20 5 15	天台	論義		義
132	5 18	法相	論義		義
133	5 21	真言	論義		義孝
134	5 23	天台	論義	秀忠	慈
135	6 2	天台	論義	秀忠	言義
136	6 4	真言	論義		本義
137	6 11	法相	論義		義
138	6 17	天台	論義		駿
139	6 20	天台	論義	秀忠	言舜
140	閏6 6	真言	論義	秀忠	駿高
141	閏6 17	浄土	法問		駿
142	閏6 18	?	雑談		駿
143	閏6 23	真言	論義		駿高
144	閏6 25	天台	論義	天海より法門伝授	駿慈
145	閏6 26	真言	論義		駿高
146	7 2	天台	伝授		駿
147	7 3	真言	論義		駿高
148	7 4	天台	論義		駿
149	7 6	新義	論義		駿舜
150	(元)7 23	天台	論義		駿言
151	7 25	真言	論義		舜
152	7 26	真言	論義		駿高
153	7 29	天台	論義		中
154	8 2	臨済	聴聞		駿
155	10 18	浄土	法問		元寒
156	10 22	天台	論義	秀忠	本
157	10 28	天台	論義		本
158	11 ?	曹洞	法問		本
159	2 1 6	曹洞	法問		本
160	4 4 13	新義	論義	秀忠のみ	時
161	4 26	天台	論義	秀忠のみ	時
162	5 1 6	浄土	法問	秀忠のみ	本
163	8 17	天台	論義	秀忠のみ	門
164	6 2 17	?	論義	秀忠のみ	異

略号一覧

(年表示)　13〜20は慶長　元〜6は元和（改元7/13)

(宗派)　新義…新義真言　三井…天台宗寺門派
天台…同山門派

(形態)　伝授…法門伝授　血脈…血脈相伝

(備考)　秀忠…秀忠参加

(典拠)　駿…駿府記　義…義演准后日記
高…高野春秋　舜…舜旧記
本…本光国師日記　慶…慶長年録
当…当代記　東…東大寺雑事記
政…駿府政事録　慈…慈性日記
言…言緒卿記　孝…孝亮宿禰日次記
元…元和年録　寒…寒松日記
中…中院通村日記　時…時慶卿記
異…異国日記　土…土御門泰重卿記
遠…遠州可睡斎書上写　門…門主伝
※詳細なものから2つに限り表示

（表１）家康・秀忠の仏教教学受容

番号	年月日	宗派	形態	備考	典拠
1	13 8 26	浄土	法問	血脈伝授	舜当
2	16 4 8	真言	論義		義
3	10 2	天台	雑談	天台三大部を進上	駿
4	17 1 6	曹洞	法問		駿
5	5 2	真言	論義		駿高
6	5 3	真言	雑談		駿
7	5 13	真言	雑談		駿高
8	5 14	真言	論義		駿高
9	5 17	真言	伝授		駿
10	6 24	真言	論義		駿
11	7 30	浄土	雑談	家康が法華経下賜	駿
12	8 19	法相	雑談		駿
13	18 2 18	天台	論義		駿本
14	2 23	天台	論義		駿
15	3 4	天台	論義		駿
16	4 4	新義	論義		舜
17	4 8	新義	論義		駿
18	4 13	真言	論義	学問領百石	本
19	4 20	新義	論義		舜駿
20	5 8	真言	論義		義
21	5 14	真言	論義		義
22	5 19	三井	論義		本義
23	5 19	真言	論義		本義
24	6 1	三井	論義		舜
25	6 6	臨済	雑談	神道伝授中止	駿
26	6 11	三井	論義		本
27	6 17	三井	論義		本義
28	6 21	天台	論義		駿
29	6 24	三井	論義		本
30	6 28	三井	論義		本駿
31	7 16	天台	論義		本
32	7 17	？	論義		駿
33	7 23	天台	論義		本
34	8 10	浄土	雑談		駿
35	8 11	天台	論義		駿
36	8 15	浄土	法問		駿
37	8 15	天台	雑談		駿
38	8 17	浄土	法問		駿
39	8 18	浄土	法問		駿
40	8 18	曹洞	法問		本
41	8 21	曹洞	法問		駿
42	9 2	浄土	密譚		駿
43	10 3	天台	論義		駿
44	10 7	浄土	法問		駿
45	10 8	曹洞	法問		駿
46	10 9	天台	論義	秀忠	駿
47	10 19	天台	論義	秀忠	駿慶
48	10 29	天台	論義		駿
49	11 4	新義	論義		駿
50	12 1	天台	雑談	喜多院へ寺領五百石	駿
51	12 1	浄土	雑談		駿
52	19 1 6	浄土	法問		駿本
53	1 6	天台	論義	月山寺へ寺領	駿本
54	1 9	天台	論義	秀忠	当慶
55	1 9	浄土	法問	秀忠	当慶
56	1 20	天台	論義		駿
57	2 9	真言	論義		駿高
58	2 15	真言	論義		駿高
59	2 18	真言	論義		駿高
60	2 20	曹洞	法問		駿遠
61	2 21	真言	論義		駿高
62	2 25	真言	論義		駿高
63	2 26	真言	論義		駿高
64	2 28	真言	論義		高
65	3 1	真言	論義		高
66	3 2	真言	論義		高
67	3 4	真言	論義		高
68	3 6	真言	論義		高
69	3 9	真言	論義		高
70	3 14	法相	論義		駿
71	3 14	真言	論義		駿高
72	3 17	法相	論義		駿
73	3 23	法相	論義		駿
74	3 28	真言	論義	秀忠	高
75	4 4	真言	論義	秀忠	高
76	4 9	法相	論義		高
77	4 10	曹洞	法問		駿
78	4 11	新義	論義		駿本
79	4 13	新義	論義		駿
80	4 14	真言	論義	秀忠	高
81	4 16	新義	論義		駿
82	4 18	法相	論義		駿
83	4 20	真言	論義		駿
84	4 20	新義	論義		高駿
85	4 23	新義	論義		駿
86	4 24	新義	論義	秀忠のみ	本
87	5 2	？	論義		駿
88	5 4	天台	論義		駿
89	5 6	天台	論義		駿
90	5 15	天台	論義		駿
91	5 21	天台	血脈		駿
92	5 28	天台	論義		駿
93	6 2	天台	論義		駿

康の公的な立場への配慮が乏しく説得力に欠けると言わざるを得ない。

だが、論義興行は果たして政治的側面にとどまるのか、なお疑問は残る。何より、従来の議論は論義自体の分析を伴わず状況証拠のみで立論している点に不満が感じられる。本章ではその観点から、論義そのものの内容分析を行うことで先行研究の再検討を試みたい。

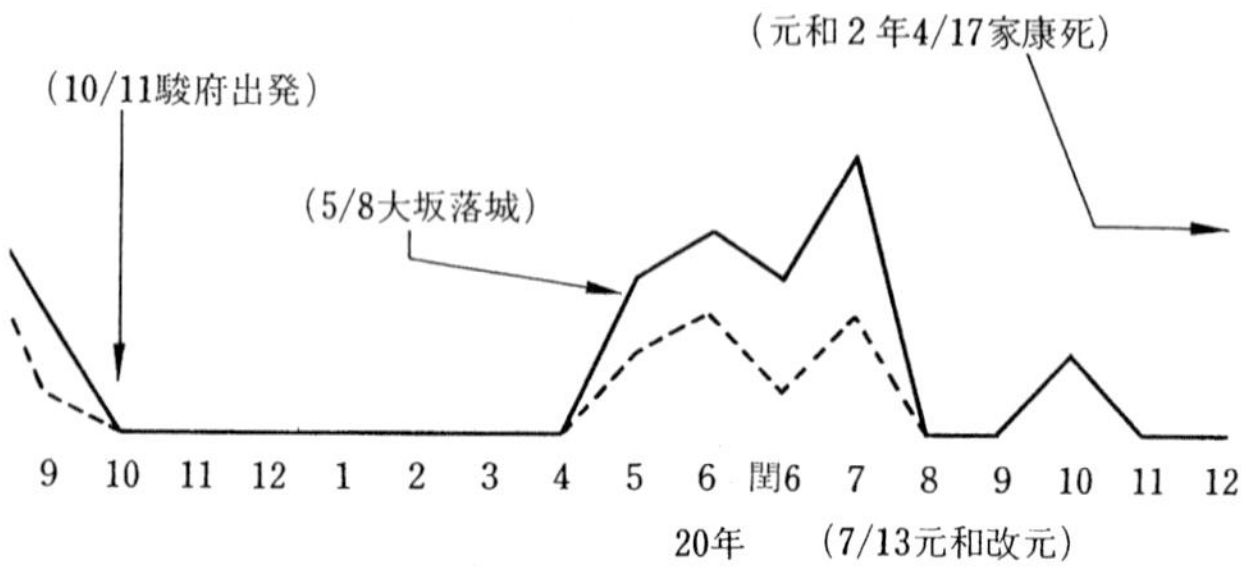

一　論義興行とその記録

はじめに論義の行われた状況を把握しておこう。表1は慶長八年（一六〇三）から元和七年（一六二一）までの家康・秀忠の仏教教学受容に関する一覧である。教学受容に限ったため、寺院訴訟の取り上げや祈禱依頼などは除かれている。

この表をもとに作成したのが図1のグラフである。これは特に論義の集中した慶長十八・十九・二十（七月元和改元）の三年間に、家康の御前論義が行われた総数及び天台宗の内数（山門派に限定）の変動を示す。グラフから判明することを、次に三点指摘する。

まず論義数の推移に関して。全体的には慶長十九年六月をピークとし大坂陣前後に集中している。そして表1に見られるように、グラフの前後の年には論義は数える程しか行われていない。つまり論義は恒

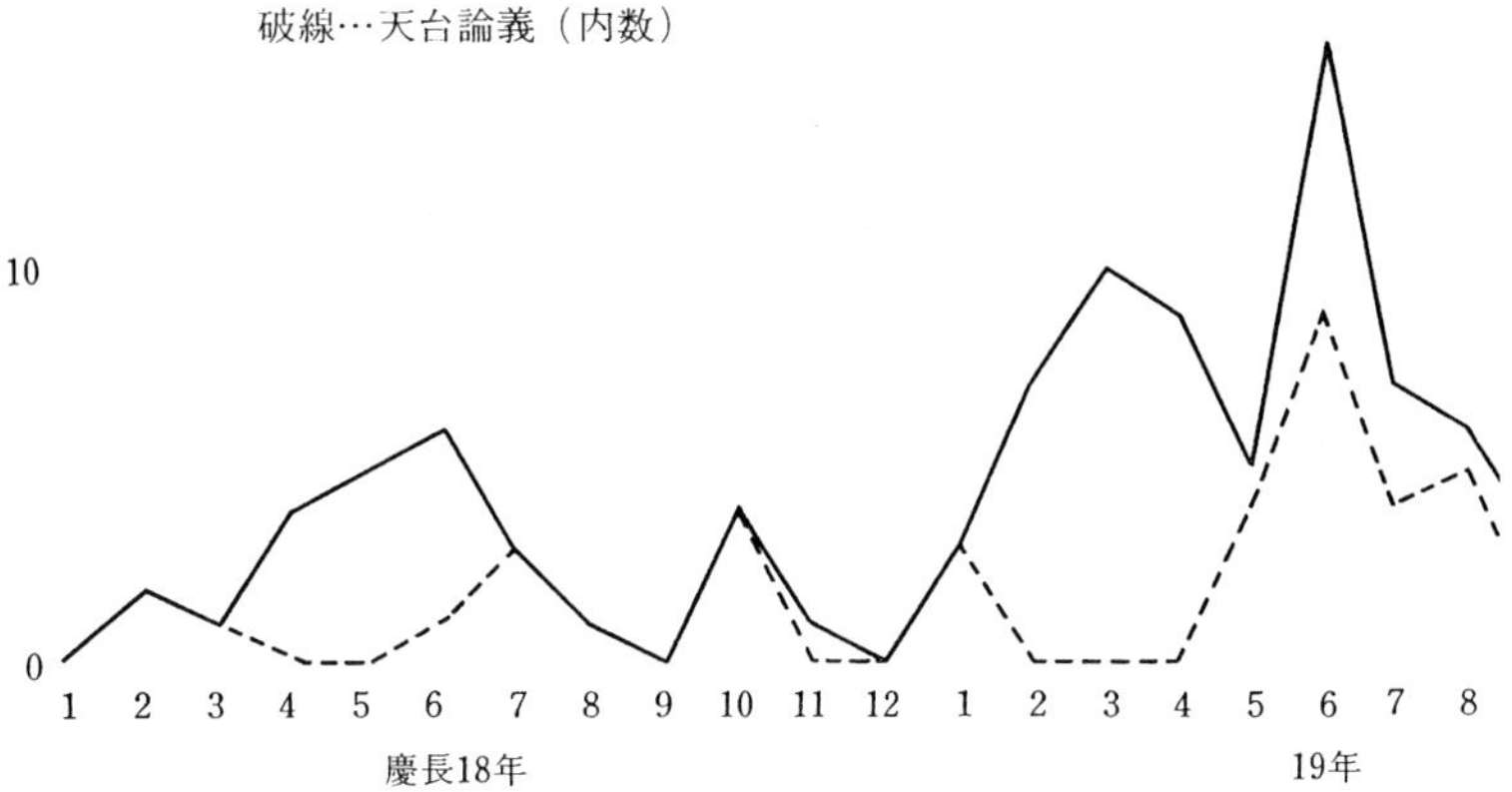

（図１）論義数の変化
実線…全体数
破線…天台論義（内数）

常的に継続されたのではなく、大坂陣の前後、特に直前に集中して行われたことが理解できるのである。

これだけでも前述の佐々木説は見直しを迫られる。もし論義の目的が各教団への干渉や天海の勢力伸長策にあったとしたならば、当然、元和二年以後も継続する必要が考えられるからである。佐々木自身の研究(6)によれば、天海が関東天台諸寺を掌握するのは遙に下って寛永の末年とされている。もし論義興行の目的が寺院支配再編成にあったとするならば、宗教政策上で元和二年に画期を設ける理由、同年以降の秀忠と天海が論義の代替にどの政策を選択したか、等が明らかにされる必要がある。筆者はむしろ、このグラフが示すのは、論義興行が家康という個性、大坂陣という状況と密接な関連を持っていたことであると考える。

次に指摘したいのは、大坂陣直前になって天台の占める割合が高まっていることである。慶長十九年五月以降、天台論義の増加に押し上げられる形で論義総数が増加を示す。そもそも天台論義はこの時期の論義総数の三分の一程を占め、しかも単に数が多いだけでなく論義全体のピークに集中している、換言すれば論義をその時期に集中的に行う意義を担っているという事が読み取れるのである。ここに論義全体の中でも特に天台論義が持つ特色が認められる。

三番目に指摘したいのは、『駿府記』との関わりである。表1の典拠欄に見られるように、『駿府記』を典拠とするものが全体の四分の三程になる。しかもただ割合が高いだけでなく、各々の論義に関する詳しい情報は『駿府記』の記事から知られる場合が多い。他の典拠で確認できるのが殆ど日付程度であるのに対し、『駿府記』では論題・参加者に到るまで記録されている例が多く見られる。いわば『駿府記』が書かれた事により、論義の存在や様子が後世に伝わったと言える。その事が持つ意味について、以下『駿府記』の史料的性格から考えていきたい。

『駿府記』とは、将軍職を秀忠に譲り駿府で大御所政治を行った時期の家康政権の記録であり、当時の家康周辺の細かな動向が散見される。文中の出来事にはしばしば家康の感想・指示（「仰せに曰ふ」）が記され、家康の人間像を伝えている。次に、そうした出来事のひとつを引用する。

　晦日。松平陸奥守政宗献二初鱒一。就レ之政宗領所海涯人屋、波濤大張来悉流失、溺死者五千人、世曰二津波一云々。本多上野介言二上之一、此日政宗為レ求レ肴遣二侍二人一、則此者駆二漁人一将レ出二釣舟一、漁人云、今日潮色異常、天気不快、難レ出レ舟之由申レ之。一人者応二此儀一止レ之、一人者請二主命一不レ行、誣二其君一者也、非レ可レ止、而終漁人六七人強相二具之一。出舟数十丁、時海面滔天、大浪如レ山来、失レ肝失レ魂之処、此舟浮二彼波上一不レ沈、而後至二波平処一。此時静レ心開レ眼見レ之、彼漁人所レ住之里辺、山上之松傍也。則繋二舟於彼松一、波濤退去後、舟在二松梢一。其後彼者漁人、相共下レ山至二麓里一、一宇不レ残流失、而所レ止一人、所レ残漁人、無二遁者一没レ波死。政宗聞二此事一、彼者与二俸禄一。政宗語レ之由、後藤少（庄カ）三郎於二御前一言二上之一。仰曰、彼者依レ重二其主命一而免二災難一、退得レ福者也云々。

（慶長十六年十一月三十日条）

右は、伊達政宗が初鱒を献上した時の逸話である。それによると、政宗に漁を命じられた二人の家臣があり、漁師の「今日は潮や天候が異常なので漁は見合わせた方が良い」という訴えに対し、一人は漁師の言に従い中止したが、もう一人は「主命を請け行はざるは、其の君を誣する者なり、止むべからず」と言って出漁した、そこに案の定大津波がやってきてどうなるかと思ったところ、出漁した家臣はたまたま波を乗り越え無事で、漁を中止した方が「波に没して死」んでしまった、と記される。それに対する家康の感想は、「其の主命を重んじて災難を免れ、退きて福を得る者なり」であった。一つのエピソードではあるが、家康の賛辞を通じて、体制側からの主命に対する望ましい態度が窺える。同様の例をもう一つ挙げる。

江戸御番衆中柴（芝カ）山権左衛門、去月廿五日其小姓依レ有レ科而殺レ之。然処彼小姓之傍輩在レ側、抜刀又指二殺権左衛門一逐電。幕府聞二召之一、方々令二追懸一給、終虜二彼者一来。彼者語云、日来相約云、縦雖レ為二主人一、理不尽之儀之有者、可レ報二其讎一之由、連署結二徒党一、故如レ此云々。因レ茲拷問被レ尋、其党類一一白二状之一、其族世所レ謂歌舞妓者也。……仰曰、悪党被二召禁一事、政道肝心也。則於二駿府一如レ此類有レ之否、可レ有二御糺明一者也云々。

（同十七年七月七日条）

ここでも主従関係が問題となっている。江戸の歌舞伎者たちの「縦ひ主人たりと雖も、理不尽の儀の有らば、其の讎に報ゆべき」という主張に対し、幕府は彼らを「悪党」と断定し取り締まる。さらに家康は、「悪党」達のような傾向を禁じる事こそ「政道の肝心」と述べている。これも近世的主従制成立期の家康周辺の空気を伝えるものである。(7)

『駿府記』にはこのように、家康周辺の日常的な細かな出来事が記され、しかも体制側の立場からしばしば言及が行われている。そしてそれは、単に偶然記録された訳ではなく、『駿府記』作成の意図と直結するものであった。

慶長十六年辛亥。先レ是、史官記二天下之大事一、以除二小事一。由レ是、従二今歳辛亥八月朔日一、新置二史官一、起レ筆以記二毎月毎日之事一。

（『駿府政事録』慶長十六年八月一日条）

右は『駿府記』と平行して作成された『駿府政事録』に見られる記事で、『駿府記』起筆（慶長十六年八月一日）の事情を伝えている。(8) それによれば、『駿府記』作成の理由は「新たに史官を置き……毎月毎日の事を記す」ところにあった、「大事」だけでなく「小事」に記録の重点があった、と述べられている。

当時の家康周辺が新たな体制づくりに直面していた以上、「小事」の内容が体制の立場を反映するのは当然とも言える。しかし、その「小事」を記録する行為には、単なる反映を超えたものが認められる。支配秩序編成の諸政策と並び、その諸政策を記録するという行為は、それもまた支配秩序編成の政策の一環である。修史とは本来そのようなものであろう。従って『駿府記』は、その内容にしばしば秩序編成の雰囲気を盛り込むと共に、それ自体が家康政権の広い意味での支配の一環と見なすことができるのである。

話を論義に戻すなら、論義の記事の大半が『駿府記』の記事によって知られるというのは、従って論義も「毎月毎日」の「小事」の一つであり、それ自体として、またその記録されることによって、家康政権の支配の一翼を担っていたと考えられる。他の典拠に見られない詳しい記述は、その観点でこそ整合的に理解される。論義はそれが行われることと同時に、それが『駿府記』に蓄積され他の記事と共に家康政権の様子を伝える点にも役割を見いだせるという事である。言い替えるなら、駿府の家康政権の性格を示す表看板の一つとして論義は存在し、同時に『駿府記』によって政権の性格は後世に伝えられていくという構造が考えられるのである。

その構造の目指した射程については後ほど論じるとし、家康政権の支配の内実にも関わる出来事として、次に論義の実際の様子に目を向けることとする。

二　天台論義の内容

慶長末年の天台論義を検討するに先立ち、それ以前の天台論義の内容及び変遷を一通り辿っておきたい(9)。

論義とは本来、仏教経典上の問題点について問答を行う儀式で、教学展開上に重要な意義を持つ。天台宗における論義を考える時、画期となるのは良源(九一二～九八五、第十八代天台座主)である。彼は円仁派の立場から円珍派の処遇に工夫をこらし、また摂関家との関係を深めるなどして叡山の隆盛を築いたが、加えて論義を重視したことでも知られる。そしてそれは、単に学問的な動機にとどまらず、優れて政治的な意味を持っていた。

良源当時、論義は僧侶の修学試験であると同時に出世の関門でもあった。既に南都では三会(維摩会・御斎会・最勝会)に講師歴任を果たすことが僧綱に加わる資格となっていた。天台宗においても、他宗に論義の場で対抗することは、僧綱に加わり宗教界で勢力を得るために避けては通れない道だった。教学論争で学識を示すことが、同時に宗としての待遇に直結したのである。そして当時の仏教界での最大勢力は、天台宗にとって開祖最澄以来の論敵である法相宗だった。良源は著名な応和の宗論(九六三年)で法相と対等にわたりあう実力を示し、その名声を梃子に天台座主就任(九六六年八月)、広学竪義者設置公認(同年十二月)を果たした。特に後者は、最澄の命日に叡山で行われる論義を自宗運営のものとした点に意義がある。天台教学の奥義修得が求められる広学竪義者に選ばれることは、叡山僧にとって大きな名誉とされた。こうして良源は、叡山の内外に論義に関する実力と見識を示すことで、自身の権威を獲得していった。同時に、彼によって他宗を圧倒し朝廷の信頼を得て天台宗の隆盛がもたらされたことで、論義重視の方向が叡山内で決定的となる。それを形に示す現象として、論題の整備が挙げられる。

（表２）慶長末年の天台論義

	年月日	題目	上方僧	関東僧	その他	場所
1	慶長18　2 18		座主（最胤）　正覚院僧正（豪海）　薬樹院（久運）五智院（倍海）　禅定院　多武峯竹林坊	武州川越仙波南光坊僧正（天海）　仙波中院（実尊）　浅草安養院　観音院　江戸神田立法寺　千妙寺僧正	禅行坊其外卅人	駿府
2	2 23	三首病人	叡山より天台宗五六輩			駿府
3	3　4	ほうしんを翻て成仏歟、即身成仏	薬樹院　五智院　覚林坊		（四十人合手として問答）	駿府
4	6 21					駿府
5	7 16	衆生立未迷源歟		南光坊　日増院		駿府
6	7 23	衆生立未迷源歟				駿府
7	8 11			南光坊		駿府
8	10　3	現世安穏後生善処		南光坊僧正		江戸
9	10　9	持戒、毀戒、威儀、具足、正見、邪見、利根、鈍根、等雨、法雨、煩悩、不断成仏、五逆罪滅歟		南光坊僧正　那須法輪寺		江戸
10	10 19	以我功徳力、如来加持力、法界力、三具足為即身成仏		南光坊		江戸
11	10 29	妙覚位有入重玄門		南光坊　春日岡　月山寺　西蓮寺　法輪寺　真光寺　中院		川越
12	19　1　6			南光坊　月山寺		江戸

13	1　9			南光坊　月山寺		江戸
14	1 20			南光坊　法輪寺		駿府
15	5　4	離散開悟	成菩提院	中院　法輪寺　月山寺　春日岡		駿府
16	5　6	自証法授他否	成菩提寺	月山寺　中院　真光寺　春日岡　法輪寺		駿府
17	5 15	夢有実因実果否	成菩提院	真光寺　中院　月山寺　春日岡　法輪寺	三井寺法泉院	駿府
18	5 28	暗証禅師、誦文禅師、以教化可成仏歟否	（叡山僧関東僧廿四五人）			駿府
19	6　2	五逆罪人不可成仏	竹林坊　鶏足院	観音院　日増院		駿府
20	6　6	君臣相同一生歟及多生歟	正覚院僧正　恵心院　竹林坊　五智院　恵光坊	南光坊僧正　観音院　日増院　春日岡　月山寺　中院　真光寺　法輪寺	学林坊（三門跡と五山衆聴聞）	駿府
21	6　9	五逆之悪人可成仏歟否	恵心院　鶏足院　行光坊　延命院　相住坊	宗光寺	西楽院　東光坊　学林坊　泉福寺　禅行坊　厳光院　三井寺法泉院	駿府
22	6 13	感得衣裏宝珠限法華歟、爾前余経にも有之否	正覚院僧正　恵心院　竹林坊　五智院　恵光坊　鶏足院	南光坊僧正　観音院　日増院　春日岡　月山寺　中院　真光寺　法林寺	学林坊　三井寺法泉院	駿府
23	6 16	因業念仏、果業念仏	恵心院　鶏足院　行光坊　延命院　相住坊	宗光寺	西楽院　東光坊　学林坊　泉福寺　禅行坊　厳光院　三井寺法泉院	駿府
24	6 17	宅内にして乗大白牛車歟、宅外にして乗歟	正覚院僧正　恵心院　竹林坊	南光坊僧正　月山寺　春日岡	真光院　三井寺法泉院	駿府

	年月日	題目	上方僧	関東僧	その他	場所
25	6 22	元本の無明をは等覚にて断する歟、妙覚にて断する歟	正覚院	春日岡		駿府
26	6 25	極善極悪、善人極楽に生る事早き歟、悪人地獄に堕る事早き歟	恵心院　鶏足院　行光坊　延命院　相住坊	宗光寺	西楽院　東光坊　学林坊　泉福寺　禅行坊　厳光院　三井寺法泉院	駿府
27	6 28	人天果報娯楽、無漏歟有漏歟	覚林坊　正覚院	南光坊		駿府
28	7 3	世間相常住本門に限るか、迹門にわたる歟	竹林坊　正覚院　恵心院　恵光坊　五智院　行光坊	南光坊　日増院　宗光寺　月山寺　法輪寺	東光坊　三井寺法泉院	駿府
29	7 7	此経難持、若持者、我即歓喜、諸仏亦然	正覚院　恵心院　恵光院　竹林坊　延命院	法輪寺　春日岡　月山寺　真光寺　日蔵院	東光坊　三井寺法泉院	駿府
30	7 11	塔中三身	恵光坊　正覚院　恵心院　竹林坊　覚林坊　五智院	法輪寺　春日岡　月山寺　真光寺　日蔵院	東光坊　三井寺法泉院	駿府
31	7 16	目蓮救母事、目蓮も地獄に入りて救歟、乍在娑婆救之歟	竹林坊	南光坊　日増院　月山寺　春日岡　法輪寺　観音院	真光院　東光坊　三井寺法泉院	駿府
32	8 9	法華入実者、阿含之但空歟、方等之弾呵による歟		南光坊　日増院　月山寺　法輪寺　真光寺	宝泉院	駿府
33	8 15	法華円頓戒者、退失歟、不退失歟	薬樹院　恵光坊　寂光院	南光坊　日増院　月山寺　法輪寺　真光寺　観音院	善光坊　三井寺法泉院	駿府
34	8 18	成仏得脱者、依自力歟、依他力歟	寂光院	真光寺　観音院	明静坊　東光坊　善行坊　総持院	駿府
35	8 21	法華涅槃二経勝劣	薬樹院	月山寺　法輪寺　南光坊僧正　日増院	真光院　三井寺法泉院	駿府
36	8 27	法華弥陀、観経弥陀と同体歟別体歟	薬樹院	南光坊　日増院　月山寺　法輪寺　真光寺	東光坊　三井寺法泉院	駿府

37	9 4	提婆権者歟、実者歟		南光坊 日増院 月山寺 法輪寺 真光寺 観音院	東光坊 三井寺法泉院	駿府
38	慶長20 5 15	現世安穏後生善所		南光坊		京都
39	5 23	四味不経、直法華成仏歟	正覚院 恵心院 薬樹院 竹林坊 恵光坊	南光坊 日増院 法輪寺	東光坊 相樹坊 三昧院 三井寺法泉院	京都
40	6 2	梵夫知前世哉				京都
41	6 17					京都
42	6 20	悪則是善				京都
43	閏6 25	戒定恵三学備て即身成仏歟、戒法はかりにて成仏歟	恵心院		実報坊	京都
44	7 4	三業示同	正覚院僧正 恵心院 竹林房 恵光坊	月山寺 南光坊 法輪寺	越前陽成院	京都
45	(元和元)7 23	人天小善、已酬未酬之善成仏印歟	恵心院 薬樹院 竹林坊 恵光坊	南光坊僧正 日増院 真光寺 月山寺 法輪寺	喜見坊 三井寺法泉院	京都
46	7 29					京都
47	10 22	法花弥陀、浄土弥陀、別体か一体か		法輪寺		江戸
48	10 28	即身堕獄		月山寺		川越

※「上方僧・関東僧」については、『扶桑台宗本末記』(『続天台宗全書』所収)等をもとに私に比定を行ったが、なお検討の余地を残している。
「その他」には不明寺院も含まれている。

中世後期、共に良源を始祖と仰ぐ恵心・檀那の二大流派が天台教学の主流を占めた。彼らは口伝法門を発達させる一方で、論題を整理し内容を充実させ、多くの論義書を編纂した。中でも伝静明撰『天台問要百題自在房』（以下『百題』）は代表的な書として知られている。また近世に入り、天台教団中枢部に前代の論題を整理・削定する動向が生まれ、その中で智周編『台宗二百題』（以下『二百題』）が作成された。次に、この両書を基準として、以上の前史を踏まえて、慶長末年の天台論義を検討していきたい。

慶長十八～二十年の論題について表2に示した。まず慶長十九年七月十一日の論義（30番）に目を向けよう。

十一日。天台論議（ママ、以下同）、題塔中三身。難云、宝塔之中釈迦・多宝有二仏、分身諸仏在㆓地下㆒。答云、宝塔とは五大也。三身は法身・報身・応身也。釈迦・多宝法・報にして、色心不二之処を表す。応身従本垂迹とて、天上の月池水に影を写すか如し。

恵心院　　　　　　月山寺
真光寺　証義　正覚院　精義　春日岡
竹林坊　　　　　　法輪寺
日増院　講師　東光坊　五智院
東光坊　　　　　　覚林坊
法泉院

然則三身共に塔中に座すと云へし。

「塔中三身」とは『法華経』見宝塔品に典拠を持つ。関連部分を次に示す。

……その時、仏は大楽説菩薩に告げたもう、「この宝塔の中には、如来の全身、有すなり。……名を多宝と曰う。その仏は、菩薩の道を行ぜし時、大誓願を作したまえり『若しわれ、仏と成りて、滅度せし後に、十方の国土において、法華経を説く処あらば、わが塔廟は、この経を聴かんがための故に、その前に涌現して、ために証明を作して、讃めて、善いかな、と言わん』と。……今、多宝如来の塔は、法華経を説くを聴かんがための故に、地より涌出して、讃めて『善いかな、善いかな』と言いたもうなり。……この多宝仏に深重の願あり、『若し、わが宝塔にして、法華経を聴かんがための故に、諸仏の前に出でん時、それ、わが身をもって、四衆に示さんと欲することあらば、彼の仏の分身の諸仏の、十方世界に在りて説法したもうを、尽く還して一処に集め、然して後に、わが身を乃ち出現せしめんのみ』と。」[10]

場面は、釈迦がまさに甚深の教え、『法華経』の奥義を説こうとする瞬間である。突然地中から宝塔が出現し、中に多宝如来の姿が見られる。釈迦は多宝如来の因縁を明かし（引用部分）、続く記述で塔に入り多宝如来と並んで座す。それについて前掲『駿府記』の記事では、まず問者が「多宝・釈迦・分身諸仏の三者は別々に存在する（そのように、各々に対応する法身・報身・応身は別の存在と考えられるのでは）」と問う。答は「塔中の釈迦・多宝二仏（同時に法身・報身）は仏身は各別ながら、並座によって一体であることを示している。分身諸仏は別の場所（地下）に存在するように見えるが、従本垂迹――塔中の多宝・釈迦の分身――であり本体の位相で塔中二仏と一致する、ちょうど月そのものと池に映った月のような関係であり本体は地下でなく塔中にある。したがって三身は塔中で一致している」であった（取意）。ここでは中古天台に特徴的な一元論によって、三仏の一体が説かれていることが理解される。[11] さらに注目したいのは、論義の形式である。

問う。一家の意、三身とも寂光土に居すというべしや。

答う。然るべきなりと答え申すべし。

もし三身ともに寂光土に居すといわば、解釈を見るに「故此浄土、唯法身居」と判ぜり。所判のごとくならば、ただ法身の所居に限ると聞こえたり。もしこれによって爾なりといわば、一家の意は、三身一体の旨を談ず。もし爾らば三身ともに寂光土に居すというべきものをや。

答えていわく。一辺のご難のごとし。ただし解釈にいたっては、三身をもって四土に相い配する一往の意かと答え申すべし。

難じていわく。……

義にいわく。一家の意、三身ともに寂光に居するかというご問端で候。一義にまかせ候て、三身ともに寂光に居すべしという義勢を感じ申すことで候。大方、一家の意は、三身相即して一異あることなし、三仏具足して相離することこれないことで候間、三身ともに寂光に居すべしと心得おこうずるで候。……なかんずく今の経の意、宝塔品の化儀を明かし候に、塔婆、虚空に涌現するは寂光土を表することで候。さて二仏、塔中に居し、分身、樹下に集る。すなわち三身ともに寂光に居する貌を顕わすことで候。この意を「多宝表法身、釈迦表報身、分身表応身」と釈することで候間、三身ともに寂光土に居すと申すことは、宝塔品の説相、分明なることで候。それについて山家の大師の、『顕戒論』の中には……、そのほか、天台の観経の疏の中には……、しかのみならず楞厳の先徳の『正修観記』の判釈には……。義勢の誠証これにすぐまじいて候。(12)

右に挙げたのは『百題』の「三身ともに寂光土に居するかのこと」の箇所である。『駿府記』同様「塔中三身」を論じながらも、その記述の量の違いは一目で気づくだろう。本来論義とはこの『百題』のように、問・答・第一の難・答・再難・再答と繰返し、その中で文証を駈使して行われる大がかりなものである（引用に際しては、文証の大半は「……」で省略した）。一方、内容に関しては「大方、一家の意は三身相即して一異あることなし、三仏具足して相離することこれな」し、と三身の相即が肯定され、さらに「宝塔品の化儀」として「二仏塔中に居し、分身、樹下に集る、すなわち三身ともに寂光に居することで候間、三身ともに寂光土に居すと申すことは、宝塔品の諸相、分明なことで候」と、『法華経』宝塔品の解釈においても『駿府記』と異ならないことが理解される。

以上から四点を指摘したい。第一に、『駿府記』の三身の解釈は、教学的には前代のそれと異ならない事。第二に、形式的には簡略化の傾向が看取される事。第三に、『駿府記』の記録者は論義の内容を要領良く記録しており、そこから御前論義の内容は専門家（僧侶）でなくとも要点は充分理解し得たと思われる事。最後に、そうであるなら家康も当然理解し得たであろうし、さらに言えば、むしろ家康側の参加し理解したいという希望に応じて論義がそうした形態となったと推測される事(13)、である。

次に、慶長十九年七月十六日の論義を扱う(31番)。まず先に典拠を示す。

……大目乾蓮始得二六道一、欲下度二父母一報中乳哺之恩上、即以二道眼一観二視世間一、見三其亡母生二餓鬼中一、不レ見二飲食一皮骨連立。目蓮悲哀、即鉢盛レ飯往餉二其母一、母得二鉢飯一、便以二左手一障レ飯右手摶レ飯、食未レ入レ口化成二火炭一、遂不レ得レ食。目蓮大叫悲号啼泣、馳還白レ仏、具陳レ如レ此。(14)

右は竺法護訳『仏説盂蘭盆経』からの引用である。釈迦の高弟の目蓮は、修行の結果神通力を得た。父母の恩に報いようと世界の隅々まで透視したところ、母は地獄で餓鬼となって苦しんでいた。目蓮は悲しみ食を与えようとするが、母が口に入れようとする瞬間、業により食物は燃える炭と変わる。飢えに苦しむ母を目の当たりにし、悲号啼泣して目蓮は釈迦に救済を求める……。そうした内容の経文について、「目蓮救母」の論題が論じられたことを『駿府記』が伝えている。

十六日。天台論議、題、目蓮救母事。目蓮も地獄に入て救歟、乍レ在二娑婆一救レ之歟。右之題、難は此界に在て可レ救と、答は自身共に餓鬼道入可レ救。精義南光坊僧正。人数月山寺、真光院、春日岡、竹林坊、法輪寺、日増院、東光坊、観音院。講師三井寺住持法泉院也。

ここでは救済の方法について「地獄に入りて」「娑婆に在りながら」の二つが示され、「自身共に餓鬼道に入り救うべし」と結論される。答の内容自体は経典にも見られる(15)ものの、元になる論草は『百題』『二百題』ともに見られず、それほど扱われた論題とは思われない。しかし、種本の有無とは別に、自力の行動を指示する調子が印象的である。時期的な事を言えば、この年四月に方広寺大仏殿再建が成り、七月には天台左班や鍾銘不吉の問題が起こっている。

大坂の陣に向けての工作が着々と進む時期に、「餓鬼道に入」ることを指し示したのがこの論義であった。三ヶ月後には大坂に発つことになる家康がどのような気分でこれを聴いたか、感じさせられるものがある。

次に、慶長十九年八月十五日の論義を取り上げる（33番）。

十五日。天台論議、題、法華円頓戒者、退失歟、不退失歟。

心大乗戒一得、永不ﾚ失とて不ﾚ可ﾚ失となり。然共其保つ人に依て退失する事も有へし。

観音院　法泉院
善行坊　法輪寺
東光坊　寂光院
真光寺　月山寺
衆樹院
精義　南光坊

ここで問題とされているのは「円頓戒の退失」、つまり、戒は体得した時点でもう失われないのか、それとも油断すれば元にもどってしまうのか、という事である。興味深いのは、いったん「不可失」＝戻ってしまうことはない、と断じられながら、続けて「然れども其の保つ人に依て退失する事も有べし」と加えられている一文の存在である。〈その人による〉というのは全く学問的でなく、それが却って場の様子を良く表しているように思われる。つまり、教学上は「不可失」[16]なのだけれども、実際にそれを鵜呑みにして行動せぬよう、戒めが一言加えられたように読めるのである。

論義の実際の様子について三例を対象に検討した。ここから以下のことを考えたい。まず、大坂陣を目前に控えた時期の天台論義は、僧侶の御目見得的性格は薄く、単なる儀礼以上に家康自身も積極的に加わる教学受容の場として機能していたと思われる。30番に見られる形式や内容の簡略化、31・33番に見られる相手に応じての対応がその見解を支えている。しばしば家康の学問奨励という形で言及されるものの、実際の論義の内容は〈世界がどのように構成されているか〉という存在論・認識論の範疇（これを通例〈学問〉と称する）と共に、〈その中でどう行動するか〉という実践論的性格が強く見られるのである。『百題』『二百題』では〈学問〉的内容ばかりが目につき、特に見比べるとその感が強い。例えば20番の「君臣の相、同一生か多生に及ぶか」の論題などは、本来宗門の論義には登場する筈のない、武家の意向に沿ったものと言えるだろう。こうした論題が論義のピーク（慶長十九年六月）に、三門跡（宗派の最実力者）を京から呼び寄せたハレの場で行われていること自体、単なる〈学問〉にとどまらない場の性格を示していると思われる。

さらにその観点から表2を見渡すなら、そこには罪悪（9・19・21・26・42・48）開悟・救済（8・15・22・25・31・38）成仏（3・10・18・24・34・39・43・45）という主題が散見される。[17] 辻も指摘するような多端の時期に、しかも他に例を見ないほど集中的に時間を割くことを指示する権限は家康本人を除いて持ち得ない。ところがその論義の場では、「最重の悪人でも成仏が可能か」（21番大意）「悪の行為と見えるものが、実は世を救うための方便ということはないのか」（37同）[18] といった点が論じられ、解答が示されていたのである。[19] 辻が指摘するような家康の仏教に対する造詣の深さ、正史に記されている家康と天海の親密な関係（なお註(13)なども参照）を考慮するなら、状況証拠ではあるが、この慶長末年の論義興行が家康の意志によるものであり、論題にも家康の希望が反映している可能性が強い。そうであるなら（前述の実践的性格も考慮に入れ）論義は、自己がいかに罪悪を消滅させ開悟・成仏に到るかを家康自身が考える場でもあったと捉えても、あながち的外れとは思われない。もしそれが認められるとするならば、家康の天台論義への関与は、単なる政治的活動以上に家康の内面との関わりを想定できるのではないかと推論されるのである。なお他宗派の論義内容をも視野に入れる必要があるものの、前述の天台論義の特色（二〇九頁）を前提に本節ではそう結論しておきたい。

三　論義と神格化の関係についての試論

以上の考察から、天台論義は家康自身の立場と内面から捉え直す必要が感じられる。天台論義は一方では新秩序を構想する駿府政権の体制的行事であり、他方では政権の主宰者家康の内面との関わりが想定されるのである。『駿府記』に記録の大半が占められることは同書編纂の意図との連関が予想され、慶長末年に集中し他の時期に殆ど見られないことはその時期の家康の課題との関係を意識させずにはおかない。また享受の様相も、家康の主体的な取り組みを示唆している。これらの点から、辻・佐々木両氏の論は再考を要する。天台論義興行の理由は、家康の宗教的心情に即して考察されるべきであり、また慶長末年という時期を強く意識する必要が考えられるのである。それでは、論義興行の理由は何か。一・二節で明らかにされた事実に基づき、最後に推論を試みることとしたい。

論義を興行しそれを記録していく営みが体制的行事となり得たのは何故か。例えば、一〇〜一三世紀に宮中御斎会の折の内論義が八宗僧侶の正統性確認の場であり、同時に天皇を転輪聖王になぞらえる場でもあったことが指摘されている。[20] 頻繁な顕密僧との交渉の記録を見る限り、家康がこの先例を全く知らなかったとは考えにくい。もし家康の脳裏にこのイメージがあったと仮定するならば、論義は正統仏教（「八宗」）を綜覧する位置、即ち天皇に自らをなぞらえる営みとなる。それは同時に自らを宗教的な超越者（転輪聖王）と観念することでもあり、単なる地上の君主の域を越える。こうした意義づけがあるなら、体制として論義を催すことは充分有益であり、一つの理由と推定できるかもしれない。

だが、家康の置かれた環境に即して考えるなら、さらなる超越化の契機を想定できる。天台論義を演出した天海は、叡山の山王神道教学の伝統に立つ。ところで天台神道では伝統的に、神は仏教の教えを受けることで力を増すという観念がある。山王礼拝講[21]（一〇二五年創始と伝えられる）をはじめ、中世の叡山では神前の読経・論義などが盛んに行われていた。しかもそれは、神の力を増すことで人々に現世利益をもたらす行為と観念されていた。天海にもそれが継承されていたことは、『東照社縁起』に、山王権現が「法味」により勢力を増した[22]（『古事談』第五が典拠）、また家康について「御在世の時朝暮論義を翫ぶ、是れ亦た権者の験なり[23]」などの記述が見られることから確認される。引用の後者は、論義が家康という神に法味を献じる儀式であったことを示唆する。したがって家康の論義興行は、天海の立場からは家康を神に見立てる儀式と解釈できる。仮に家康がその天台神道の観念を受容したと仮定したならば、それは神格化の儀式と見なし得るものであった。

論義と神格化との関係は、一見突飛に思えるかもしれない。だが冷静に考えれば、慶長末年の論義は『駿府記』起筆に少し遅れて急激に増加し、家康の病臥とともに激減し、そして家康の死後は殆ど行われなくなった。時期的には、まさに家康の死を控えた時期に集中しているのである。これは単なる家康の気分・体調の問題だろうか。

この問題の核心は、家康本人の証言が乏しいため、どうしても状況証拠に頼らざるをえない。ただ、述べてきたようにこの時期は、記録行為によって家康を歴史上の人物にする作業が進行していた。実際、後年に徳川家康が武将・為政者の鑑として崇められたことは、家光・吉宗の例その他多くからも知られる[24]。それはまた、元和偃武という〈太平の御代〉の記憶とも重ねあわせて観念されていた。後世を意識し正統な規範を作成するこの記録の営みを仮に〈歴史化〉と呼ぶなら、論義興行の時期は同時に、家康の〈歴史化〉が進行していた――しかも駿府政権全体の立場から――時期なのである。果たしてこの動向は、論義と無関係と言えるだろうか。

天台論義を運営した最大の演出者は、言うまでもなく天海である。家康自身を除いては、最も論義興行に密着した存在と言える。次に、多少の飛躍を覚悟で、天海自身の証言をも検討の場に移してみよう。

……自レ非二瀉瓶相承一者、皆未レ得謂レ得、未レ証謂レ証。外道九十五種派皆邪説、不レ預二相承一、争彼等免二所計一云々。故源君降二鈞命一、抛二自他情量一、召請諸宗知識一。於レ是万里星馳四方雲集英賢自レ東自レ西云々。然則諸宗出仕処、源君曰、如来仏法伝二漢地一翻訳弘通、或従二西土一伝レ之、或於二震旦一立レ義。皆以二仏経一為二所依一、以二西天論一為二依憑一。有二十三宗一、興廃時依二尊重一。依二『倶舎論』一立二倶舎宗一、依二『解深密経』・『瑜伽論』・唯識等一立二法相宗一。真言宗依二三経一論等一、禅宗立二教外別伝・以心伝心一。天台者山名、亦能弘師。全不レ取二一経一論一亦不レ捨二一法一。契二三千三観心地一、以二経論一為二依憑一。所以幸与二修多羅一合、録而用レ之矣。若強而尋二宗旨依経一、若依二能弘人一可レ名二天台宗一、若依二所依経一可レ名二法華宗一云々。然則為レ聴二聞宗々立義内証仏法一、召請而已。而於二殿中一有二論義一。昔南都雖レ有二六宗一、法相独盛。所以先一条院門跡并喜多院僧正為二上首一談二五性各別旨一、開二五重唯識奥蔵、定性二乗不成仏深義一、亦以二因明比量一破二外道邪師説一。東大寺清涼院出座。又於二三井一古雖レ為二八宗兼学一中三宗盛、以レ爰仰二法華深義一立二依正皆成仏并有宗深義一。両宗題者鑚仰年旧才知日新。辞弁甚鋭、而問答之詞、玄而玄也云々。源君歓喜、諸宗随喜。古義高野碩学宝性院始而立二真言得果即身成仏義一及二度々一、又新義智積院小池有二一座論談一是立二同旨一。洛陽五岳智識長老『論語』「為政」為レ題令二作文一。是外『法華経』依二「宝樹多花果衆生所遊楽」文一令レ致二詩頌一。文清々兮玉洽、理明々兮月花、啓二学人之昧心一発二智者之明恵一矣。臨済・曹洞衆過半在レ国、値二大徳・妙心両寺知識一有二参得一。山門碩師毎年相詰終日竟夜随レ仰論談。東国学者亦復如レ是。真俗繁務、如レ斯化儀、恐印度・支那未レ聞二斯盛一矣。於二世法一歌鞠会、弓馬遊、四座乱舞、至二碁将棋等一莫レ不二在府一。万国円満之繁栄、有二此時一乎。[25]

右の記述は、天海が寛永十三年（一六三六）の東照社大造替に際し奉納した『東照社縁起』真名上巻に見られる。

内容から見て、彼が運営した慶長末年の論義を回想した記述と思われる。そこではまず、仏教教学における相承の重要性について触れ、正統に相承された法を求めて「源君（＝家康）鈞命を降し、自他情量を抛って、諸宗知識を召請」し、さらに各宗の立義・内証仏法を求めて論義を行った旨が述べられる。その後に、法相宗の興福寺・東大寺・天台寺門派の三井寺・古義真言の高野山・新義真言の智積院、さらに京の五山の長老などが登場し教説を展開する。これはまさに、慶長末年の論義そのものの情景と言えるだろう。

次いで記述は山門や関東の天台僧の活躍を記す。ここにも恐らく、天海の意図が潜んでいることだろう。だが、より注目したいのは続く記述である。そこには「真俗繁務、斯の如き化儀は、恐らく印度・支那も未だ斯の盛んなるを聞かず」、さらには「万国円満の繁栄、此の時に有るか」と書かれていた。

天海にとって、論義の盛んな様子は「円満」な「繁栄」の現れなのである。しかもそれは、インドや中国にも例を見ないものと記されていた。家康による論義興行は理想的な治世の端的なあらわれであり、それは日本にのみ見られるという。注意したいのは、山王神道ではしばしば神国を標榜するときに、インド・中国・日本の三国における仏教繁栄との関係で語られたことである（慈遍など）(26)。そうであるなら、三国の仏教繁栄を比較した上で日本の優越を説くのは、山王神道流の自国優越の論法と一致する。即ちここに示されているのは、理想的な始源を媒介とした一種の神国意識と言える。天海は論義を通じて、こうした理想的な治世（＝始源）の実現を期した、と証言する。

もちろん、寛永年間の天海の証言が慶長末年当時の意図を正確に指摘していると断じるのは早計かもしれない。だが後代のこじつけと言い切れないのは、実際に天海の斡旋により論義が行われた、つまり演出者の証言であることだ。さらに、家康の死を画期として論義興行が激減する事実から考えるなら、論義興行の射程は自ずから見えてくるのではないだろうか。

慶長末年に集中した論義が目指していたのは、はるか後代（寛永年間）の天海による関東天台掌握などではなく、元和二年の家康の死、その後の神格化の意義づけであったと思われる。そして論義興行が家康の協力抜きには決してできないことから、家康自身もそれに協力的であったと考えざるを得ない。実際、天海自身の証言では、家康は「現世安穏・後生善処の旨を守り家門繁昌」[27]を願った人物であり、その願いの実現が山王一実神道による神格化であった。そこまで詳細ではないものの、家康自身「八州の鎮守」として徳川家の守護神を志向したことは、崇伝の記録（『本光国師日記』）により隠れもない事実である。また『徳川実紀』の伝えるところでは、家康は死に臨み三池の太刀で試し切りをさせた後、「我此剣を以て長く子孫を鎮護すべし」と語ったという。[28] 神になり子孫を守ることに対し、家康が非協力的であったとは思えない。どこまで「山王一実」流を意識していたかはともかく、家康自身の志向は明らかに、後世の規範↓神格化の方向にあったといえよう。

大坂陣に直面した状況は、合戦に勝つこと以上に勝った後の体制の構想を要求したと思われ、それを模索する中での『駿府記』の作成は、端的に言えば、体制の拠り所としての家康の〈歴史化〉志向を示すと考えられる。駿府における支配秩序をめぐる構想は、そうであるなら結局、家康の言動の〈歴史化〉を通じた絶対化（＝神話化）に帰結するであろう。一方、家康個人の内面でも、自己の死が眼前に迫る状況に対し、何らかの救済が切実に求められたと思われる。それは自己の成仏と共に、自己の子孫の繁栄という形を示したと考えられる。二つの位相――家康政権と家康個人――における葛藤を、ともに解決する方法はないだろうか。結果を知る現代の私達にとって、最終的に活路を求めたのが家康の守護神化であった、それを導いたのが天海であったと考えることは、必ずしも無理な理解ではないだろう。既に関ヶ原で大きな失点を負い、[29] 自らの寿命は尽きかけている状況下、理想的な始源を作り上げその守護神となること――最晩年の家康は、そこに自己と自己の政権を賭けたのだと思われるのである。

慶長末年の駿府は家康の〈歴史化〉→〈神話化〉に帰結する活動の渦中にあった。それ故結果的に、天台論義は何よりも、家康が神になるために必要だったのではないか。家康を主人公とする物語形成の一コマ——そこに論義の意義が認められる可能性を指摘しておきたい。

註

(1) 本章における『駿府記』の引用は、以下全て『史籍雑纂』二（国書刊行会、一九一一年）を底本とする。

(2) 辻善之助『日本仏教史』第八巻（岩波書店、一九五三年）一一〇・一三三頁。

(3) 研究史上、辻流近世仏教観の克服を図る動向については、大桑斉『日本近世の思想と仏教』（法蔵館、一九八九年）第3編第一章「幕藩制仏教論への視座」に詳しい。

(4) 佐々木邦麿「天海と関東天台宗」（櫛田良洪先生頌寿記念会編『高僧伝の研究』山喜房仏書林、一九七三年）。

(5) 菅原信海「天海の神道事蹟について」（『フィロソフィア』三五、一九五八年、補訂の後に『山王神道の研究』に再録）など。

(6) 佐々木邦麿「関東天台本末形成の時期」（『天台学報』一四、一九七二年）。

(7) 慶長十年代の幕府による「かぶき者」処罰と世相については、北島正元「かぶき者」（『人文学報』〈東京都立大学〉八九、一九七二年、後に『近世史の群像』に再録）、守屋毅『かぶきの時代』（角川書店、一九七六年）など参照。

(8) 八月一日の起筆と後年の幕府八朔儀礼との関連については、家康期の八朔が月次出仕の程度におさまっていた旨の指摘があり、強くは主張できないようである。二木謙一「江戸幕府八朔参賀儀礼の成立」（『日本歴史』四六三、一九八六年）参照。

(9) 以下の良源・天台論義に関する記述は、尾崎光尋『日本天台論義史の研究』（法華大会事務局、一九七一年）、平林盛得『良源』〈人物叢書〉（吉川弘文館、一九七六年）の二書に多くを拠っている。中世仏教界全般の論義に関する研究状況については、上島享「中世前期の国家と仏教」（『日本史研究』四〇三、一九九六年）が詳しい。

(10) 引用は『大正新修大蔵経』九、三二頁。但し岩波文庫版（坂本幸男・岩本裕訳注）に従い書き下しに改めた。

(11) 但し「水月喩」を見る限り、究極の本覚論（顕在的—田村芳朗の用語）には到っていないようである。例えば「水中の月を見るは天月を見るなり……全く水に移る月を見るにあらず、真に天月を見るなり」（『三十四箇事書』、岩波思想大系本による）と水に映る月に重点が置かれる顕在的本覚論に対し、本来の天台教学では「実法性の月輪は如如・法性・実際の虚空の中に在りて、而して凡夫の心水に我我所の相現ずること有り」（『大日経義釈』巻二、『続天台宗全書』密教1による）と、真理はあくまで月の側に置かれる。この点『駿府記』の論義も同様と言える。

（12）古宇田亮宣編『和訳天台宗論義百題自在房』（隆文館、一九七七年改訂版）一九二～一九五頁。

（13）東源撰『東叡開山慈眼大師伝記』（一六五〇年成立）の慶長十八年の項に、家康の「吾常に法筵の側に臨み身心悦懌、老の将に至らんとするを知らず。然りと雖も座久しくして意外の労と成る、更に方便無きか」という命に答えて天海が「他後大檀越の前に於て問難答析須らく一挨一拶に限るべし」と諸僧に命じた記事が見られる（『慈眼大師全集』上巻、国書刊行会、一九七六年復刻、二九一頁、原漢文）。それについて三宝院義演の日記にも「論衆八口あり、講師一人して答ふるなり。伝え聞く、天台宗の講師此の式云々。大御所の御計らい云々」（慶長十八年五月八日条）とあり裏づけられる（『慈眼大師全集』下巻、国書刊行会、一九七六年復刻、四〇一頁）。

（14）引用は『大正新修大蔵経』一六、七七九頁。

（15）前掲『盂蘭盆経』。また『大乗本生心地観経』巻三にも、目蓮が「自ら往きて母恩に報ふ」と歎じる箇所がある（『大正新修大蔵経』三、三〇二頁）。

（16）『百題』『二百題』では未見。直海撰『八帖抄見聞』（一三六七年成立）「円頓戒の一得永不失の事」には、「戒家」では「一得永不失」を説き、一方「当流」（恵心流）では戒を「無作本覚」と見なすため「持戒得失を論ぜず」という記述が見られる（『天台宗全書』九、第一書房、一九七三年復刻、三二五頁）。流派により多少解釈の違いが認められる。

（17）内容的に二つにわたる論題も、便宜的にどちらかに含めた。なお24番を「成仏」に加えたのは、天台教学で太白牛車を（声聞・縁覚・菩薩に対する）仏乗とする事による。

（18）「提婆」（＝提婆達多、仏典では最重典型の悪人として扱われる）が実は「権者」（仏菩薩が衆生を救うために姿を変えた存在）であることは、『法華経』等に見られ、天台論義の中でも論じられて、『百題』にも登場する（註(12)文献、三一九頁以下)。

(19)『駿府記』に記述は見られないが、最澄と徳一の論争にも見られるように、基本的に天台宗は全ての有情の成仏を説く。したがって、悪事(主を討つ、等)に見えても救済行為であることが示されたと考えられる(実際19番にはその旨の答が見られる)。慶長十七年の羅山に対する「湯武放伐」下問や、同十九年の『論語』為政編の試問から見ても、学問を装い指針を考える家康の傾向の一例と考えられるのではないか。

(20)上川通夫「中世寺院の構造と国家」(『日本史研究』三四四、一九九一年)。

(21)山田恵諦「山王礼拝講に於ける法式の推移」(村山修一編『比叡山と天台仏教の研究』〈山岳宗教史研究叢書2〉名著出版、一九七六年)が詳しい。

(22)『上野・下野国』〈神道大系神社編二十五〉(一九九二年)一二二頁。

(23)同前、一三八頁。

(24)石毛忠「江戸時代初期における天の思想」(『日本思想史研究』〈東北大学〉二、一九六八年)には、近世前半期の東照権現崇拝の実例が列挙され、家康が後世為政者・儒学者たちから君主の理想像と見なされた様子が理解される。

(25)註(22)文献、一一八〜一一九頁。

(26)例えば慈遍撰『天地神祇審鎮要記』などの記述に、「神の三国=全世界にわたる働き」を基盤に「神・神道は、その本体を日本にのみ留め、その作用を広く地上一切の諸国に及ぼす」と日本の優越を説く主張の見られることが指摘されている。玉懸博之「中世神道家の歴史思想」(『季刊日本思想史』三三、一九八九年)。

(27)註(22)文献、一一八頁。

(28)『徳川実紀』二〈新訂増補国史大系39〉(吉川弘文館、一九三〇年)九五頁。

(29)笠谷和比古「関ヶ原合戦の政治的意義」(宮川秀一編『日本史における国家と社会』思文閣出版、一九九二年、後に『近世武家社会の政治構造』に再録)。関ヶ原の「不本意な勝利」は、結果として幕藩制初期の集権化を困難なものにしていったと思われる。

第三章　『東照社縁起』の思想

はじめに

寛永十三年（一六三六）、三代将軍徳川家光の命により、東照社の大造替が行われた。東照社（正保二年〈一六五四〉宣旨を受け東照宮となる）は元和二年（一六一六）死去した徳川家康を祀る。その設立は、祖神として徳川家を守護するという、家康自身の遺言に由来する。家康の死後、遺骸はすぐさま駿河の久能山に葬られ、翌元和三年春には日光に改葬された。同時に神号が勅許され、以来日光に鎮座しつづけていたのである。

この年に造替が行われたのは、一応は、伊勢神宮の式年遷宮に倣った、と説明される(1)。しかしながら、この後に定期的に造替が行われることはなく、また造替時の建築にはむしろ堂舎の永遠性を謳う文字が見られる(2)。ここから造替の行われた理由については、むしろ当時の幕府の政治的な動向との関連が注目される。

寛永年間は江戸幕府が、体制構築の諸政策を次々と実施した時期に当たる。幕閣内の職掌規定、参勤交代制度導入、五人組制度の普及、海禁政策の進行など、この時期の諸政策は、権力の幕府集中とそれを支える各集団の役割決定という一連の作業と見なし得る。

ところで、こうした体制づくりの進行が同時に、政策を推進する幕府中枢にとっての、より強力な権威要請を招いたことは想像に難くない。東照社の造替は、先の体制構築の諸政策と同時期に進められた。しかもそれまでの幕府の普請と異なり、東照社造替は諸大名に国役を課すことなく、総工費五十六万八千両・銀百貫目・米千石は全て幕府の負担であった(3)。それだけ幕府にとってこの造替は重要であり、政権の威信を賭けたものであった(4)。そこから祭祀の対象となった東照権現の性格には、同時期の諸政策を推進した幕閣の意志との内的連関が想定される。では、東照権現とはどのような神であったのか。それを探るもっとも有効な手段として挙げられるのが、『東照社縁起』の記述の検討である。

『東照社縁起』(5)（以下『縁起』）は、寛永年間に徳川家光の命で製作され日光に奉納された幕府の公式編纂物である。製作責任者は、家康の死後一貫してその神格化を推進した天海（天文五年〈一五三六〉～寛永二十年〈一六四三〉）であった。天海は天台宗の僧侶であり、同時に天台教学に基づく神仏習合の神道（山王一実神道）を提唱し、三代の将軍にわたって親しく祈禱のことに預った。また寛永の大造替と共に行われた二十一回神忌では祭祀面を担当し、強い影響力を行使した。『縁起』はこの天海の編纂になり、当時の家光周辺の東照権現像と充分通じる内容が予想される。

従来も東照権現の性格については、幕府の支配構想との関係でしばしば触れられた。例えば北島正元は、元和三年二月の宣命を挙げ、東照権現と天皇権威の問題を論じている(6)。

抑太政大臣御諱幼少之従レ昔敵之囲レ陣仁間連、其囲於遁連、若年之従レ時心武久、長年志而古代之名将爾越而武威於日本爾輝志、逆乱於治、庶民安閑之思乎成須、是彼朝臣我忠功多利。依而在世之忠義尾感志神霊登仰、東之守護神多羅無事尾勅命有而……

北島はこの史料から、東照権現の「東の守護神」としての性格は生前に天皇から与えられた官職＝征夷大将軍、に由来すると論じ、「家康の神格化は、これまたあらひと神である天皇の伝統的な宗教権威にささえられてはじめて可能であった」と断定した。ここでは東照権現、ひいては幕府の権威は、天皇によって保証されると捉えられているのである。

さらにこの見方は、東照権現を「民間信仰と隔絶した存在」と見なすことで補強されてきた(7)。農民に対する東照権現の権威性に限界があるならば、農民支配のためには地域共同体にとってより普遍的な権威の力が必要になるだろう。そこに「天照を総氏神とする伝統的氏神信仰のヒエラルヒー」の中に東照権現を位置づけようとする見方が生まれる(8)。しかし、そこに問題はないだろうか。

私見では、従来使用された史料は断片的で、しかも朝廷側の史料がしばしば対象とされる。しかし〈東照権現信仰の実態〉ならともかく、〈権現を祀りあげた幕府の意図〉を探ることを目指すなら、幕府側の史料で記述のより詳細なものを用いるべきである。そこから、『縁起』の記述を分析することこそ課題に対する最も有効な手段であると考えられる。

『縁起』の東照権現を論じるにあたっては、まず天皇権威との関係が問題となる。次に幕府の権威の源であることから、仏神や世界の中での位置づけも見落とせない。さらに従来の論点を継承するなら、自国意識との関連も注目される。本章では以上の諸点に関する記述の検討を通じて、『縁起』における東照権現の性格を確認し、その上で寛永という時代の幕府のあり方に迫っていきたい。

一　天皇と天照大神

『縁起』における天皇を東照権現との関係で考えるなら、その場合に問題になるのは、天皇の持つ権威の性格である。『縁起』ではそれについて、桓武天皇の姿を通して示している。

宝誌和尚和朝讖文曰、「百王流畢竭、猿犬称㆓英雄㆒矣」。約㆔百王次第㆒相㆒㆑当後円融院㆓而実当㆓光仁天皇御宇㆒。相伝、于㆑時桓武聖主、深知㆓此理㆒、為㆑相㆒㆑続王道於後五百歳㆒、欲㆑鎮㆒㆑護国家於万々歳㆒、桓武天皇・伝教大師深契約、当㆓此時㆒二聖共興出世。

（上巻一二〇頁）

ここでは桓武天皇は、百王説の説く亡国の事態に対応して現世に現れた存在と見なされている。梁の宝誌和尚作と伝えられる予言詩では、日本は百代目の天皇の時代に滅亡すると説かれ、その百代目は桓武の父光仁天皇に当たる、と言われる。そこで桓武天皇は最澄（＝伝教大師）と協力して、天皇家を断絶から救い国家を鎮護する目的で出現した、というのである。そのような活動を何故彼らが担ったかについては、次の一文に詳しい。

桓武天皇者霊山聴衆、与㆓伝教大師㆒一会同聞也。合㆓芳契於霊山之席㆒、垂㆓利生於扶桑之境㆒矣。故天皇掌㆓王道㆒以崇㆓仏法㆒愍㆓民間㆒、大師興㆓仏道㆒以護㆓国家㆒利㆓群生㆒。

（上巻一二〇頁）

桓武天皇と最澄は共に、前身は霊鷲山で釈迦の説法を聴聞した菩薩であった、両者の日本への出現も目的は釈迦の教えの布教にあった、というのである。桓武天皇は王道、最澄は仏道によって釈迦の教えを実現する。そしてその事は「利生」（＝利益衆生、人々に恵を与える）という言葉で表現された。ここでは桓武天皇と最澄は、利生という仏教の理念を実現する存在として捉えられていることが確認できる。

ところで、最澄は僧侶であるから当然としても、為政者である桓武天皇までがそうした仏教理念を課せられるのは何故か。むしろ桓武にはより政治的な理念が求められるべき、と考えられるだろう。

そこで指摘したいのは、先の「宝誌和尚」以下の引用は、中世の叡山で作成された『延暦寺護国縁起』[9]（以下『護国縁起』）の影響下にあることである。野馬台詩[10]（＝宝誌和尚讖文）によって百王説を説くのは広く行われたが、百代目を光仁天皇の時代に当てるのは、管見の限り、『護国縁起』の次の記述しか見あたらないからである。

謹案ニ和注ノ意一云、本朝ノ王法ハ光仁天王ノ御代ニ百王流レ尽ル也。称徳天皇崩シテ後依ニテ王法尽一ニ、白壁ノ王子起テ、准ニト云ハ三公ノ一一ニ大納言是也。改レテ之為ニス継体ノ君一ト、光仁天皇ト申ハ是也。桓武天皇ハ其ノ光仁天皇ノ御子也。（四一八頁）

ところで『護国縁起』には、続いて次の記述が見られる。

光仁天皇ヨリ以前ハ、依ニテ王法ノ之権威一ニ持レツ也国。光仁天皇ヨリ以後、依ニテ仏法之助縁一ニ持レヘシ国。王法仏法共ニ滅尽セハ、国随テ滅ヒ無ニルヘキ君長一、故ニ終ニ無ニルヘシ仁民一、終ニハ成ニヘシト云曠野一ニ、此意也。（四一八頁）

光仁天皇の時代までは、国を支配する正当性は王法（天皇を中心とする秩序）自体に求められていた。しかし光仁天皇以降は、「百王」が尽きた結果、国家の支配には仏法（仏教を奉ずる寺院勢力）の力が必要となった、というのである。そして「助縁」という言葉は使いながらも実際は「仏法」の力が主導権を握ることは、別の箇所で、

所謂延暦以前ノ鎮国ハ専ラ依ニ百王之権威一ニ、延暦以後ノ聖運ハ併任ニス叡山ノ加被一ニ。（四三〇頁）

と、延暦年間（桓武天皇の治世期）を境として、国家支配の重点が天皇の権威から叡山の仏教に移ったと見なされていることから理解される。(11)

『護国縁起』ではこのように、天皇の支配は仏教を無視しては行い得ないことを説いている。先程の問い――何故桓武天皇までが仏教の理念実現を要求されるのか――に対する答えとしては、ここに見られる、桓武朝以降の日本では仏教の力に頼らずには国家運営が叶わない、という認識が挙げられる。『縁起』の記述は『護国縁起』の影響を受け、そうした時代認識を受容したところに成立したと考えられる。(12)

こうして見ると、『縁起』の中の桓武天皇は何よりもまず、仏教による「利生」実現を目的とする存在として性格規定されていることが分かる。現世に化現したのはそのためであったし、現世での活動もそれを目的としていたので

ある。そして桓武以降の天皇についても、「王道を後五百歳に相続」していくためには、当然「利生」の実現が求められる。桓武以降の日本は、それ無くして「国を持つ」ことは不可能であると考えられていたのだから。

天海は『縁起』において、『護国縁起』の影響下に、桓武以降の天皇は仏教による「利生」を実現することが必要と考えた。いや、桓武天皇が菩薩の化現であったという記述（「霊山聴衆」）を考えるなら、仏教の理念を実現することこそが天皇の正しいあり方であると言っても過言ではない。そこにおいて天皇は、決して単独で支配の正当性を持つものではあり得ない。むしろ天皇は、「利益衆生」という仏教理念を実現するための存在であり、その範囲内で権威を持つものと考えられていたのである。

ところで一般的に、天皇の持つ権威の根拠は皇祖神天照の、所謂「天壌無窮」の神勅に求められる。いわば天照大神は、天皇の権威の源泉なのである。そこで次に、『縁起』の天照大神についても見ておきたい。

天照大神について、『縁起』では次のように規定している。(13)

天照太神、自二伝教大師一有二治国利民法御相承一云々。（上巻一二一頁）

ここでは天照大神が、日本天台宗の開祖である最澄から「治国利民法」の伝授を受けた事が示されている。その内容については、続いて次の記述がある。

其大綱如何乎、神慮雖レ有レ恐粗可レ令二言上一。『法華』云、「常在霊鷲山、及余諸住処、衆生見劫尽、大火所焼時、我此土安穏、天人常充満矣」、此文除二二句一有二御伝授一。（上巻一二一頁）

「常在霊鷲山〜天人常充満」の六句は、『法華経』寿量品の中に見られる。(14) 治国利民法とは、その六句の中から二句を除いた四句を指すという。

しかし、これだけではどの二句を除くのか、また残りの四句が何を意味するのか、判断しかねる。僅かに「治国利民」という名称から国家の安定に関わることが推測できるが、『縁起』にはこれ以上の記述は見られず、右の推測の当否も定かではない。そこからこの六句の意味する内容については、『縁起』以外の書へ目を向ける必要が生じる。

はたして、武蔵府中の等海が貞和五年（一三四九）に完成させた『等海口伝抄』には、次の記述が見られる。

居二テ法界道場一ニ誦二ト一偈一ヲ者、嫡流一人ノ外ニ更ニ無二口外一、当流深秘ノ口伝也。塔中相伝ノ一偈也。一偈ノ文ト者、「寿量品」ノ「常在霊鷲山、及余諸住所、我此土安穏、天人常充満」ノ文是也。慈覚大師続入唐ノ記ニ見タリ。又云、中間ノ「衆生見劫尽、大火所焼時」ノ文ヲハ、略レ之相承伝来シ玉ヘリ。以二塔中相伝一偈ノ文一ヲ、山家大師奉二天照大神一ニ云々。(15)

ここには天台宗の「嫡流」に伝わる「塔中相伝」、つまり釈迦直説の偈として、『縁起』と全く同じ寿量品の六句が示されている。そして『縁起』では不明だった「二句を除き」の文言が、ここでは六句の中間の二句――衆生見劫尽、大火所焼時――であることが明記されている。さらに、それを最澄（山家大師）が天照大神に伝授したことにも触れられている。そこから『縁起』の治国利民法は、『等海口伝抄』の影響下にあることが考えられる。そしてそのことは我々に、『縁起』の治国利民法の示す意味についての手がかりを与えてくれる。

既に先学の指摘するように、中古天台の口伝法門では、自派の仏教が国家にとっても有益なことを示す手段の一つとして、天皇の即位を仏教教義の面から意義づけることが行われていた。そこでは仏教教義のエッセンスとして、天台宗所依の経典である『法華経』の数句が抽出され、叡山の高僧に伝わる秘事口伝であると見なされた。そして彼らの間で天皇は、この口伝を授かることで国家を統治する力を得ると考えられていたのである。そこから、この口伝は即位法と呼ばれ、また治国利民法とも呼ばれた。(16)

口伝法門は大きくは恵心・檀那の二流に分かれる。ところで等海はその内の恵心流の、忠尋―皇覚―範源―俊範と相承し、鎌倉末期の心賀に到る系譜（行泉房流）に属している。先に『等海口伝抄』では寿量品の四句について、それが「嫡流」に伝わる秘伝であると述べられていたが、その「嫡流」とは具体的には、忠尋から心賀に到り心聡—心栄と続く行泉房流（「恵心嫡流」を称した椙生の一流）を指すのである。(17)

「嫡流」の治国利民法については、その性格を窺う格好のテキストとして尊海撰『即位法門』が挙げられる。この書は尊海が、師の心賀の教説に従い著したとされる。その中では治国利民法について、次のような注目される記述が見られる。

サテ山王ハ、父御前ソサノヲノ御前ヨリ、日本国ヲユツリ玉ハテ御座ス処ヲ、ヲヂ御前ノ天照大神、ヲ、タ、ラ宮ニ申サセ玉フヤウハ、我ハ雖レ領レ天ヲ不レ領レ地ヲ。然ハ御辺ハイマタイトケナク御座ハ、其臆且ク日本国ヲ我ニ領セサセ玉ヘ、ト御所望アリシ間、山王、後ニハ某ヘカエシ玉ヘ、久先イトケナク候ハシホト御知行候エトテ、奉レ譲二日本国於天照大神一時、設暫時也トモ領二日本国一玉シニ、不レ知二治国利民ノ法一者不レ可レ叶、然間、件ノ即位ノ法門ヲ奉レラン伝二授天照大神一ニ也。(18)

天照大神に治国利民法を授けたのが最澄でなく山王権現とされていて、『縁起』や『等海口伝抄』とは別系統の話となっているが、その点は措く。注目したいのは天皇に支配の能力を与えるという治国利民法が、ここでは対象を神祇にまで及ぼしていること、そしてその位置づけも「もし暫時なりとも日本国を領し玉ひしに、治国利民の法を知らざれば叶ふべからず」と、治国の絶対的な要件となっている点である。等海の言う「嫡流」の治国利民法は、こうした性格で把握されていたのである。

『縁起』の治国利民法は、『等海口伝抄』を経て、「嫡流」の治国利民法を受容したところに成立していると考えられる。そしてそこでは天照大神は、『法華経』の四句を授かることにより、はじめて支配の正当性を得ると見なされていた。そこから『縁起』における天照大神の権威は、仏教（治国利民法）の力により支えられると考えられていたことが確認されるのである。

二　仏　教

『縁起』における天皇・天照大神は、ともに仏教によって、その支配の正当性を与えられると見なされていた。それでは仏教は、何故そのような力を持ち得たのだろうか。以下『縁起』の中で仏教がどのように捉えられていたかを確認し、その問題を考えていきたい。

仏教の力が有効性を持つには、世界がそれに応じた構造を持つことが前提になると考えられる。その点『縁起』には、現実世界が非合理・不可思議なものとの認識が見られる。

・八万の聖教に通達すといへとも、後世をしらさるは愚者なり。一文句章に及すといふ共、後世を識知するは知者也。（仮名縁起第五、一五五～一五六頁）

・知ㇾ一不ㇾ知ㇾ二不ㇾ知劣、汝知二世間法一不ㇾ知二出世深法一、只是舜犬也。（上巻一一七頁）

第一の引用文は、「後世」の重視を説く。いかに学問を積んだところで、仏教の基本となる世界観＝輪廻転生の法則、を受け入れられなければ意味がないと言われる。第二の引用は、古来仏道修行を重んじ唱えられた偈「恩を棄て無為に入るは真実の報恩なり」に疑いを持つ僧に対しての言で、世間法と出世間法を対比し後者により高い価値を見いだしている。「舜犬」の表現から仮想敵は儒教の徒と知られる。このように『縁起』では、現世で生活する上でも、仏教的な世界認識が有効であると説かれた。それは端的には現世利益の主張に表われている。

界内菩薩、自行妙証闇、益レ他無レ由。所以頓転ニ三道即三徳一速入ニ初住無生位一、於ニ彼地一成ニ法身菩薩一、広供ニ養三宝一、備ニ三世了達智一時、過去業因歴々浮猶如ニ明鏡像現一、当ニ此時一弥発ニ真正菩提心一、為レ報下或為ニ父母一為ニ男女一、生々世々互有上恩、還償ニ古業一、自在業也。

（上巻一一六〜一一七頁）

文意は、この現実世界（界内）にとどまる限り悟を得ることは難しく、他者の救済にも手が回りかねる、そこで煩悩（三道）を仏徳（三徳）に転じて菩薩の境地（初住）に進み、そこで仏道修行を行い能力を高めたならば、現実世界に戻り業から解脱し、さらに他者を救うのも自由自在である、という。ここでは、菩薩の境地に進むことと現実世界で自在力を得ることが等置されている。『縁起』のこうした主張は、実は従来の天台教学を基礎としていた。

行者座禅シテ欲レル取レント証ヲ時、無始ノ古業現前スル中ニ、見ニ負物相一ヲ。若シ一一償ヘハ恐ハ廃ニナン聖道一ヲ。故ニ発願シテ云ク、願クハ我聖道成シテ至ニリ法身地一ニ、広ク利ニシテ衆生一ヲ供ニ養上リ諸仏一ヲ、即於ニ彼ノ位一ニ還テ入ニ生死一ニ当ニ広ク償ニフ他ノ負物等一ヲ。依ニテ此発願一ニ、悲願薫レ心、還テ入ニ生死一ニ償ニト衆生一ヲ云フ也。以レテ負ニヲ他物一ヲ即成ニ結縁一ヲ、由レテ発ニニ善願一ヲ即成ニス善因一ヲ。其ノ悪業等ハ転ニシテ解脱身ノ徳一ト利生ルカ故、不レ云レ有ニト古業一、不レト名ニケ虚責一ト云フ釈也[19]宝地房義。

右は直海撰『天台直雑』巻一一に見られる（「法身菩薩有古業耶事」）。同書は応永年間の成立で、椙生流（「恵心嫡流」と称した）における論草の代表的著作とされる[20]。引用箇所では、修行者がまさに悟を開こうとする時、神通眼により無限の過去よりの業が明らかになる、それを一々始末せずに悟りを開くために、先ず「法身地」に達しその後に衆生を救うという「悲願」を立てることが説かれている。『縁起』はこうした天台教学の基盤に基づき、より実際的に開悟を自在力→現世利益の方向に解釈したものと思われる。こうした傾向は、仏教の内でも特に天台宗への親近が見られる箇所で顕著に示される。

『縁起』では天台宗を仏教のうちでも最高の教えとする。天海の撰である以上、ある意味では当然と言える。しかし具体的な位置づけと、その場合の基準や理由は分けて考える必要がある。『縁起』の仏教観を分析する上で、より客観的な対象と成り得るのが後者であることは言うまでもない。『縁起』では天台宗優越の理由を、開祖智顗が釈迦の直伝を受けた、また諸宗の祖師が智顗に帰伏した、等を挙げる。その中でも最も本質的なのが俗諦常住の主張である。

　俗諦常住者、一代仏法奥蔵、二十余家相派異義区也。天台独歩秘要、他師不レ知法門也。（下巻一二九頁）

「俗諦常住」とは仏法の「奥蔵」、天台のみに伝わり他宗に知られぬ「秘要」であると言われる。その場合の俗諦とは、真諦に対する語で、仏法に対する世法、真如法性に対する現実の差別相、などを指す。したがって「俗諦常住」とは、様々な現象世界のあり方こそが真実であるという観念である。こうした観念は本覚思想に伴って天台宗の主要な教義となった。ここでも天海が、中世天台の伝統に立脚していることが知られる。

　述べてきたような仏教の中核を現世利益・俗諦常住とする主張は、人間の処世とも関係する。世間法よりも出世間法が優越するなら、人々に要求されるのは仏教を通じた利益の獲得となるだろう。

・汝世智弁不レ知二出世功徳一、抛二金銀一行レ道、則国富民饒、万民快楽。（下巻一三六頁）

・人みつから安にあらす、神の助によりてやすきわさなれは、末代に及ひても、豊年凶作のけちめなく、礼奠のつとめ退失あるへからす。（仮名縁起第四、一五二頁）

　天台神道では伝統的に神仏習合の立場をとり、仏神の前での読経や論義が最も功徳のある行為とされていた。『縁起』では、そうした祭祀が不十分であれば「仏天の責、日々来る」（中巻一二六頁）、「神明の咎」を蒙る（下巻一三五頁）、などと述べる一方、引用のように「礼奠」を行えば「万民快楽」に到るとされた。しかもそれは、可能な限り

「金銀を拋ち」行うことが求められている。多くの費用を負担することが、それだけ大きな利益をもたらすというのである。ここにも現世の価値を重視する教義（俗諦常住）の反映を見ることができる。

『縁起』では仏教の使命を、この俗諦常住の立場から、社会全体にまで現世利益をもたらすことに求めた。それは最澄が円仁に教戒した言として示される次の一文に、端的に示されている。(21)

> 吾（＝最澄）常弘‐通二諦不生不滅之旨一。而世人偏信二真諦不生不滅之義一、未レ解二世諦不生不滅理一。汝（＝円仁）以二此義一流‐伝於世一弘‐通円教一利‐益有情一、即指‐授止観文義骨髄一矣。唯為二一大事因縁一、而仏神歓喜、王法仏法繁昌極二此算一云々。（下巻一三九頁）

ここには、天台の俗諦常住に基づき宗教活動を行うことこそが「止観文義の骨髄」、つまり仏教の中心的使命であり、それによって仏神に働きかけ現世の利益を得ることが可能になる、と説かれている。「王法仏法繁昌」というような課題は、仏教によってこそ果たし得ると考えられていた。

このように『縁起』における仏教は、衆生救済を目的とし、個人から社会全体までの吉凶を左右する法として捉えられていた。日本統治のため仏教の力が不可欠であるのは、実にここに由来するのである。

三　東照権現と天皇

本節では山王神道の伝統を踏まえつつ、『縁起』における東照権現の特徴を明らかにし、天皇権威との関係を論じていきたい。

中世叡山の山王神道における主神は、山王七社の中でも大宮権現である。もともと山王神道では、大宮は釈迦の垂迹とされた。山王神道の初期の形を伝えると言われる『山王事』（現『耀天記』[22]所収、鎌倉時代成立）では大宮について「尺迦の、我は日本国の中に日吉山王と神に現じて、衆生の現世後生をもたすけ、又は円宗の仏法と云最上の大教をもまぼらむ」目的のため「智者大師（智顗）の御時……唐土に御」し、「欽明天皇の御時に大和国の三輪と云所に天下りて、伝教大師（最澄）の円宗の仏法弘まらんをやすく待ち給ひけるほどに、時既に至りにければ、叡岳のふもとに渡給ける」と記される。[23]ここでは天台円宗の東漸を通じてインド—中国—日本という三国史観風の世界の構図が、また三国を貫くのが衆生利益を目的とする教えであることが示されている。その担い手は釈迦（本地）—山王（垂迹）だった。

この本迹関係に、天照も関与していった。例えば『山家要略記』[24]（伝顗真〈鎌倉初期活動〉撰、実際は一四世紀前半活動した義源の影響大といわれる）では、その様子は次のようである。

天照大神・日吉山王御本地一体の事

『安全義』に曰く、「顕教の心に依らば大日即ち釈迦と為す。真言の心に依らば釈迦即ち大日と為す。故に天照宮に於ては大日応化の明神と現じ、日吉社に至らば釈迦垂迹の権現と顕る。彼こには真言門を表し、此れは法花宗に依る。共に以て一致幽遠の冥道なり」[25]。（仙岳院本による）

ここでは〈大日＝釈迦〉の前提に基づき、各々の垂迹である天照・山王が一致すると言われる（天照を大日と一体視することは一四世紀初成立の『三輪大明神縁起』「天は応身如来、照は報身如来、尊は法身如来……此の御名三身即一の大日の名乗りに御すなり」[26]などに見られる）。従ってどのような意味で一致するのか、両者の一致点を考える時、大日＝釈迦の論理が注目される。『山家要略記』ではそれは、『四明安全義』（安然仮託書）に準拠する形で説かれている。そして二仏同体論の安然への仮託は決して理由のないことではない。

九世紀に叡山で活動した安然は、天台密教の大成者として知られる。大日=釈迦の論に関しては、主著『真言宗教時義』に以下の記事[27]が見られる。

・経論多くは異生・修因・得果の因分に約して多仏法身同体・報身同意・応身同事の義を説く。今一心還源の果分に約して彼の多生多仏を以て一生一仏と為す。然れば其の真如・俗如、名づけて如如と為す。若し唯一理にして諸身法無くんば、何ぞ如如理・如如法と名づけん。諸身を顕すが故に自他法楽変化等流有り。(巻一、第67問答)

・私に謂ふ、尼咤天宮天冠大日は即ち他受用なり、亦た是れ自受用身なり。故に天台に云ふ「一切諸仏・色究竟天の成仏は是れ別教の義、菩提樹下の八相釈迦は即ち変化身なり、亦た是れ法身なり」と。……此れを以て門と為し内証を開顕せば、顕教の釈迦は変化身に住せり。(同、第65問答)

安然の仏身説の特徴として、しばしば「一仏」概念に代表される仏(法身)の一元性が言われる。この第一の引用文でも、天台智顗流の仏の三身説(法身・報身・応身)に対して、それは因分の(=現象世界の差別性の)側面からの見方であり、果分(=究極の実体としてのあり方)から見ればそれらは「一仏」に収斂される、と説かれる。そして智顗流の三身を包摂する仏の範疇として示されるのが「自他法楽変化等流」、すなわち四種法身の概念である。

四種法身とは法身の四区分(自性・受用・変化・等流)を指す。このうち自性身及び自受用身(受用身の内)はいわゆる法身に当たり、他受用身(受用身の内)が報身、変化身が応身に当たる。一般に報身・応身は連続面を前提としつつ法身とは区別する。ところが四種法身の概念では差異よりも同一性に重点をおき、報身・応身も法身であると説く。そして第二の引用文に見られるように、顕教の釈迦は変化身として把握されている。応身(変化身)は法身(自性身・自受用身)が教化のため現した仏身であるから、従って変化身である釈迦は自性法身である大日の衆生教化用の姿となる。このように大日=釈迦は、まず大日の側の普遍性に基づき、その一表現として釈迦を位置づける論理に立つことが知られる。そして四種法身の観点からの大日の普遍性の強調が、必然的にもたらしたのが等流法身の概念である。

等流法身とは仏以外の衆生を指す。一四世紀前半に活動した頼宝の『真言名目』には「九界随類の身にして仏体に非ざるなり」(28)とあり、人間や鳥獣を含む衆生が同時に法身仏とされる。つまり、迷いの世界の存在が、実は真理（法身仏）の自己展開の一局面であるというのである。大日の普遍性の強調が、ここにおいて究極の姿をとり聖界と俗界の一元化に結実した。山王神道における大日＝釈迦、山王＝天照の論は、この前提の上に成り立っていることが南北朝期の文献から知られる。

　顕密教は釈尊を以て本と為す。真言は天照太神を以て本と習ふなり。此の実義を論ずれば本地身を以て自性身と為し、其の変化を以て釈尊と為す。（光宗『渓嵐拾葉集』(29)巻六、五二一頁）

一四世紀中期成立の『渓嵐拾葉集』には、釈迦や天照を変化身と説く記事が見られる。その内容を図示すれば次のようである。

　自性身（本地）
　　├変化身（釈尊）――（顕密教の垂迹）
　　└変化身（天照）――（真言教の垂迹）

〈釈迦＝天照〉の論は、内容・用語とも四種法身の概念に基づいていることが知られる。同時に、そこから全ての衆生も法身（↑等流法身）とみなされている事が予想される。果たして次の記事が見られる。

　真言教の意は一切衆生無作本有の体なるを以て自性法身と習ふなり。……一切衆生の本体を押して神明と崇めるなり。（同前、五一六頁）

全ての衆生が法身とされていること、神は衆生の「本体」と定義されていることが確認される。安然により提唱された自性身・変化身・等流身の連続性が、法身仏・神明・衆生の関係に読み替えられ山王神道の中心概念として消化されていることが分かる。

以上から、山王＝天照の論は単に両者の一致を説くにとどまらず、この現象世界が法身仏の自己展開であり、その真実相においては聖界・俗界の区別なく一元的に仏の支配が及ぶという観念に基づくこと、釈迦・山王・天照はその構造の中に組み込まれていること、が知られる。そして山王も天照も、自性法身と同一視されたことにより自在に法身・報身・応身の各位相を示すと考えられたことが、次の引用などから理解される。

・尋ねて云ふ、垂迹山王の内証如何。口伝に云ふ、山王とは即ち三諦円融心地なり。……
尋ねて云ふ、法身山王の内証如何。口伝に云ふ、法身内証は法界に円満す。……
尋ねて云ふ、報身山王の心地如何。口伝に云ふ、此の報身山王とは法界智体を指すなり。……

（同前、巻五、五一三頁）

・天照太神とは三位有り。上位は花蔵世界法身如来に居す。中位は梵天報身如来に居す。下位は皇太神宮に居す、化身如来なり云々。

（同前、巻一七、五五七頁）

こうした山王神道の伝統に対し、『縁起』の天照大神は自性法身の位相でなく「治国利民法」を授けられる、いわば応身（変化法身）の位相とされていた（第一節参照）。それと対照的なのが山王権現の扱いである。

相伝秘釈云、会二諸神権一帰二一実山王一矣。意釈迦一代仏法不レ過二権実一、畢竟而会二三権一即二一実一帰二法華一。衆河入レ海同一鹹味。会二汝等所行一是菩薩道成二円人一、是仏法大綱也。今亦会二諸神権一奉レ号二山王一。爰以、『二門相即集』云、山王者万法都名、一円全体也矣。……所詮、山王権現者、天地人本命元神、柳緑花紅所レ出霊神也、以レ心伝レ心云々。『匡房記』云、山王一社之外無二諸神一矣、一切諸神者山王分身也。匡房山王神道有二相伝一歟云々。

（上巻一二一頁）

ここでは山王は、「一円全体」「本命元神」といった諸神を統合する唯一の存在として、一元的に世界を支え運営する〈原理〉（第一部第二章参照）としての役割を示している。『縁起』において、天照大神が中世山王神道の普遍神の観念とは一線を画すのに対し、山王はそれを継承し中心的な神格として措定されていることが確認できる。

東照権現は、この山王と同体とされている。

掛忝東照大権現、同体異名山王・日光、国家鎮守諸社宗廟梵釈龍天、峰々巓々護法善神、総而一万眷属五万八千善女等言、征夷大将軍家光公、致二三業相応誠一、捧二白妙御幣一、百味礼奠、欲レ羞二尊神一、……（下巻一三二頁）

家光の祭文として『縁起』に示された文の冒頭には、東照三所（東照権現・山王権現・日光権現＝摩多羅神）の同体説が見られる。このように山王と同体とされた東照権現の性格は、当然ながら仏教原理（利生）の実現と関連することとなる。実際、俗諦常住を論じた文に続き、「東照大権現此の理に徹し、永く子孫を守り衆生を利益せんとの御誓願有り」（下巻一三九頁）という記述が見られる。「此の理」とは俗諦常住を指すので、東照権現は仏教による現世利益をもたらす存在として性格規定されていることが分かる。

仏教の権威を体現する東照権現は、では天皇権威とどう関係するのだろうか。それについては、家康の出現と神格化の解釈から考えてみよう。

・源君、入二重玄門一倒修二凡事一、行二世間出世道一、深入二禅定一見二十方仏一、鑑二和光同塵砌一、当国垂迹。諸神増二威光一、霊地施レ化、東照耀二徳暉一、民安国穏、守二万々寿域一、将レ悉二一家繁茂一、還源歌而已。（中巻一二六頁）

・妙哉、山王擁護霊験、掲焉無レ窮。予不レ求自得二天下一、身已為二勇士一、家又武虎也。仕二龍顔一招二千秋遐齢一、必昇二三台之崇班一、侍二鳳闕一遊二万歳寿域一、将レ護二一家繁昌一。（上巻一一八頁）

第一の引用で注目したいのは、家康（源君）は本来出世間の存在であり、現世に「垂迹」したという記述である。

「和光同塵の砌を鑑み……垂迹」という表現から、家康は本来は仏であった、衆生救済（民安国穏）のため姿を現わした、という文意が読み取れる。

次に第二の引用は、新田義貞が北陸落の前に山王権現に子孫の立身を立願した場面（典拠は『太平記』巻一七）[30]を受けた記述である。義貞は徳川氏の祖先と見なされていたので、ここでは家康の天下統一↓将軍任官は仏教原理（山王権現）の擁護の結果として捉えられていることが分かる。つまり家康の神格化は、本来仏教原理のあらわれである存在が、その仏教原理（山王）に助けられ、それに基づく活動（現世に出現し天下を統一し利生を実現する）をし、再び仏教原理の姿（神仏）に戻っていくという、循環構造のひとこまとして描かれていた事が理解される。

この記述から直ちに連想されるのが、第一節で論じた桓武天皇の造型である。桓武と家康は、共に出世間の存在であり利生のため現世に化現し子孫が政権を継承する。そこから『縁起』では、家康以降の将軍についても、利生を実現する存在と性格規定していた事が推察される。『縁起』にそうした構造を認めるなら、将軍家と天皇家はともに利生実現のために創設され活動する対等の存在と見なされる。[31] はたして天皇家と将軍家の関係は対等に扱われているのだろうか。

実際は『縁起』の記述には、東照権現が正一位を授けられたことを誇る（上巻一二二頁）、家康の役割を「専ら万機の政を助け一天の君を後見す」と記す（同）、天皇から家運の繁栄を保証される（仮名縁起三、一四八頁）などが散見される。明らかに天皇は、家康以下将軍家及び東照権現の上位者として描かれている。ともに仏教に基づく衆生救済により支配の正当性を得るにも拘らず、こうした扱いの相違が生じる理由について、次の一文から考えてみたい。

王法・神道故名字替被レ示乎。先徳義也、非二予私一。乍レ恐「我常在此」文御大悟、山王権現与二王法相承一一徹歟。

（上巻一二二頁）

この記述の直前には、天照大神が最澄から伝授された治国利民法の説明がある。それを承けてここでは、王法と神道は「故に」名称の違いであり実質は同一であるという。つまり王法（天皇の支配）と神道（山王権現の法）は、いずれも衆生救済の原理（仏教・治国利民法）のあらわれであるという点で同一と言うのだろう。続く「我常在此の文」とは『法華経』寿量品の「我常在此　娑婆世界　説法教化」という、釈迦の永遠性を説いた文である。[32]だからその「御大悟」とは、世界に永遠性を持つ法身仏（衆生救済の原理）が存在し、世界を支えていることの認識を指す。そして、世界に占める仏教の役割が理解されたなら山王権現――つまり仏教原理――を守ることこそ天皇家の持つ支配の正当性を継承していく事に外ならない、というのである。

ここでは、地上において仏教に基づく支配の正当性を体現するものこそ天皇家である、と説かれている。同じように衆生救済を図る存在でありながらも、天皇家（王法相承）は「山王と一体」とされることで、将軍家に優越する権威を持つ、という主張が読み取れる。[33]

但し、ここで見過ごせないのは、前提として山王権現＝東照権現が措定されている事である。天皇は山王権現と一体の権威を誇る一方、その権威の源泉（衆生救済の原理）は東照権現の法として存在する。[34]したがって結果として、「山王と王法相承と一徹」は天皇家の将軍家に対する優越の根拠となり得ない。

これが仮に、〈天照大神の法により天皇権威が保証される〉というなら、何者をも天皇の権威を侵すことはできないだろう。しかし、ここで天皇権威を支える神は徳川家の祖神である。この違いは大きい。結果的にはこの論理は、天皇家が「山王」の法に従い、衆生利益のための〈役〉を担うことを意味する。そして、〈役〉の内容は山王＝東照権現の法であり、自家の祖先を祀る将軍家が天皇家の行為を判定する――〈役〉を果たしているか――構造を形成しているのである。

こうして〈天皇＝山王〉は、優越でなく規制の論理として機能することとなる。天皇家を否定したり劣位に置くのではなく、優位を認めつつ優越の根拠を血統でなく理念――衆生救済の原理――に置くことで、逆に天皇家を規制する構造がここに見られる。『縁起』に描かれた天皇と東照権現の関係は、いわば天皇の棚上げ的な構造で捉えられるのである。

四　国家意識

『縁起』の国家意識を扱うに際し、引用されることの多い朝尾直弘説の批判から始めたい[35]。朝尾は『縁起』の中から山王権現を性格づける部分を取り出し、「日域の冥神」→〝神国〟日本の意識、「いま此の三界はみな是れ我れ有り、其の中の衆生悉く是れ吾子なり」→世界全体に存在する神性、「山王一社のほか諸神無し。一切諸神はみな山王の分身なり」→宇宙の根源神的位置づけ・一神教（キリスト教）に直面した近世初期の時代性、「伝え聞く、我国冥濟の蒼海に三輪の金光ありて浮浪す。天地開闢し、陰陽割れわかるるとき、三輪の金光同じく三光の神聖となって其中より化生す。以来、先ず以て神国たり。謂う所の日域を根本と為し、異国は枝葉と為す」→東アジアの守護神東照大権現の神威をあらわす、などと指摘する。朝尾はこれにより「天海のねらいは、家康を『八州の鎮守』から日本の鎮守へ、さらに広く東アジア全体に威光をおよぼす一大神格に仕立てあげるところにあった」と結論する。列挙した記事が近世初期の時点での天海のオリジナルなら、確かにその意図を読み取れるだろう。しかし、ここに挙げた『縁起』の記述は、実は中世の神道書に典拠を持っていた。

(a)『三宝住持集』上に曰ふ。東の方秀嵩を踰へ崔嵬磧に徨ふに、一化人現る。身の長け丈余、頂に金光を佩く。化人問ひて曰く「未だ惑を断ぜざる者何処より来る。宿善植えざれば此へ来ること得難し」、最澄答へて曰く「我れは昔霊山の法華の聴衆なり。重ねて玄門に入り倒じて凡事を修す」、最澄問ひて曰く「化人は何の権者ぞ」、化人答へて曰く「吾は此れ山王、日域冥神なり。陰陽不測、造化為すこと無し。心を法性に遊ばしめ、化を実道に垂る。弘誓仏に亜ぎ、護国を心と為す」、……最澄問ひて曰く「冥神の本地は如何知るを得んか」、神答へて曰く「今此の三界は皆な是れ我が有なり、其の中の衆生は悉く是れ吾が子なり」(36)。（『山家最略記』）

(b)『厳神霊応章』に曰ふ。「古へ溟滓の蒼海に三輪の金光有りて浮浪す。天地開闢し陰陽割れ判しに三輪の金光同じく三光の神聖となりて其の中に化生す、今の三聖神是れなり。故に吾が日本国、中天の聖跡を隔て西漢の霊域を離るると言ふと雖も、正しく南浮の丑寅に当たりて自ずから東隅の神国たり」(37)。

（『山家要略記』神宮文庫本による）

(c)吾が日本は種子を生じ、震旦は枝葉に現れ、天竺は花実を開く。故に仏教は万法の花実たり、儒教は万法の枝葉たり、神道は万法の根本たり(38)。

（吉田兼俱撰『唯一神道名法要集』）

傍線部分などが『縁起』の典拠に該当する。(a)は『三宝住持集』（最澄仮託書）に見られる、山王と最澄の対面・会話の場面（架空）で、山王の根源神・護法神・釈迦の垂迹神という属性が明らかにされる。「日域の冥神」とは(b)にも見られるように、粟散辺土観を下敷にした表現である。また「今此の三界～」とは『法華経』譬喩品の中で釈迦が衆生救済を説く句である(39)。ここでは本地を尋ねられた答なので、本地は釈迦であるという意味でとるべきだろう。本来「我が有」（所有・支配の意）であるのを「我れ有り」（普遍的に存在する）と読む朝尾流の解釈は原典を無視したもので従えない。(b)は『厳神霊応章』（叡山記家の秘記）よりの引用として、大和の三輪明神と山王三聖の同体説にからめて天地開闢を説いている。(c)は反本地垂迹説の文言として有名な部分で、(b)・(c)相まって粟散辺土観を裏返した自国意識を形成する。

　このように(a)～(c)は既に中世の時点で成立していた文句であり、その引用を直ちに近世初期の状況――東アジア世界の再編とキリスト教の伝播――と結びつけるのは短絡ではないか。各引用の用語や表面的文意にとらわれず、『縁起』の文脈の中で把握する作業が求められるのである。そのために、次に『縁起』の中から日本に対する意識の窺える部分をいくつか抜き書きする。

(a)……震旦皇帝曰く、名は翼無くして長く飛び、道は根無くして永く固まる、然れば則ち異国より大権現に燈炉を献じ奉る。之れを見るに続命燈なり。総じて諸仏神社に亙ると雖も、別して世に七難九横起くる時、医王善逝続命法は三国共に勤修其の一なり。東照権現御本地は薬師如来と知り奉る、則ち「名称普く聞こゆ」なれ。知らずんば則ち亦た不思議の感応なり。万事出合斯の如し。しかのみならず朝鮮より信使有り、自身の信力を以て参詣し奉る……

（中巻一二七～一二八頁）

(b)大師長安を辞す。中散大夫揚敬之・国子祭酒李元佐及び衆官皆曰く、「我が国の教法和尚に随ひ東す。斯の方道を志す者、後は将に日本国に入るべし」。

（中巻一二五頁）

(c)伝へ聞く、我国冥潦の蒼海に三輪の金光有りて浮浪す。天地開闢し陰陽割れ判かるるとき、三輪の金光同じく三光の神聖と其の中より化生す。以来、先づ以て神国たり。謂ふ所の日域を根本と為し、異国は枝葉と為す。神世万々に及び、人皇千々に至るも、一刹利種系聯禅譲して未だ移革せず、相胤亦た然り。閻浮界の裏豈に是の如き至治の域有らんか。印度・支那の書籍（ママ）も、未だ此方の醇淑有らざるなり。誠なるかな、瑞穂の国は吾が子孫の王たるべき地なり、皇孫就て治せ、宝祚の隆へんこと当に天壌と窮り無かるべし、……源君亦た清和天皇の胤続て断ぜず、当代に於て弥よ昌へ天下の政を佐け、敬神を以て国営と為し祭礼を以て国法と為す。

（中巻一二六～一二七頁）

(d)殿中に於て論義有り。昔南都六宗有りと雖も、法相独り盛んなり。所以に先づ一乗院門跡并に喜多院僧正上首として、五性各別の旨を談じ五重唯識の奥蔵を開き、……東大寺清涼院出座す。又た三井に於ては古より八宗兼学すと雖も中三宗盛んなり。爰を以て法華深義を仰ぎ依正皆成仏并に有宗深義を立つ。……古義高野碩学宝性院始めて真言得果即身成仏義を立て度々に及ぶ、又た新義智積院一座論談有り是れ同旨を立つ。洛陽五岳智識長老……、大徳・妙心両寺知識……、山門碩師毎年相詰め終日竟夜仰せに随ひ論談す。東国学者亦た復た是の如し。真俗繁務斯の如き化儀、恐らく印度・支那も未だ斯の盛んなるを聞かず。

（上巻一一九頁）

ここに挙げた引用から二つの点を指摘したい。まず第一は、仏教の普遍性とその中での日本の優越である。(a)はオランダ使節の灯架奉納について述べた部分で、「三国」の共通認識（医王＝薬師如来は続命法の本尊）が「異国」にまで及んだとする。ここではインド・中国・日本が一つの文化圏に属し、その標識が仏教であることが示されている。(b)は『慈覚大師伝』（一〇世紀前半成立）からの引用で、大師（円仁）とともに仏教の正統が日本へ移ったことを述べる[40]。この二つの引用からは、日本―中国・インド―その他異国という地域区分と、その基準が仏教のあり方と関わることが分かる。さらに言えばその観点は、天海の創造というより彼が前代から継承したものである。

次に押えておきたいのは、国の程度は仏教の盛衰で測られていることである。(c)では既に検討した部分も含め、『厳神霊応章』・『唯一神道名法要集』・『元亨釈書』[41]（巻一七、願雑二）・『日本書紀』[42]（巻二、神代下）などの引用により日本を「神国」と説く。その場合の神国とは価値的な優越を含む概念である。優越の理由は『厳神霊応章』引用部分では（反本地垂迹説の論理を借り）仏教の本国であること、続く『元亨釈書』部分では一転して天皇家の連続性が言われる。神代紀部分でも所謂「天壌無窮の神勅」が引かれ、一見、日本の優越性は天皇家に由来するように思われる。しかし仔細に見ていくと、「至治の域」は（仏者の立場からの）「道」「我法」の「醇淑」に支えられており（この点原典により詳しい）、皇胤の相続は「敬神・祭礼」に帰結することから、この四書の引用は、総体として仏神の権威が保たれている点で日本の優越を説いていることが理解される。それを端的に表すのが(d)である。

(d)で話題になっているのは、慶長末年に集中して催された家康の御前論義である。最も盛んだった慶長十九年には各宗派合計八十回近くが行われた（第三部第二章参照）。その様子について(d)では、このように盛んに僧俗の学者が活躍することは（文化の先進地帯であるはずの）インドや中国でも見られない、と記す。(c)では天皇家の相続・徳川氏の補佐の帰結が「敬神・祭礼」と記された。その具体的な内容を、この論義興行に見てとることができる。天海にとっての論義の持つ重要性は、『縁起』（下巻一三八頁）に「東照大権現御在世の時、朝暮論義を翫ぶ、是れ亦た権者の験なり」（家康が存命中に論義を好んだのは、神が仮に人の姿をとっていた証拠だ）と書かれていることから推察される。

ここまでをまとめるなら、天海にとって日本は、仏教の盛んな三国（インド・中国・日本）の中でもとりわけ仏神の教化の及んだ国で、その点で優れていると考えられていた。その際確認したいのは、三国の認識などは決して目新しいものではないことで、そこから天海の国家意識が問われることとなる。果たして何か特徴的なものがあるのだろうか。

その問題については、前代との比較で考えてみたい。豊臣政権の外交文書には、例えば「吾が朝は神国なり」「神を以て万物の根源とす」「此の神竺土に在っては喚きて之れを仏法と為し、震旦に在っては之れを以て儒道と為し、日域に在っては諸れを神道と謂ふ」（天正十九年印度総督宛）と、『縁起』同様吉田神道流の反本地垂迹説を取り入れた上で、さらに「爾が国土の如きは、教理を以て専門と号して仁義の道を知らず、此の故に神仏を敬さず君臣を隔てず只だ邪法を以て正法を破せんを欲すなり」（同）と、仏教（神道）の根づいていない点を非難する論法がしばしば見られる[43]。この論法は、結論的には天海の論と殆ど重なるように思われる。したがって両者の違いは、それを口実に侵略に走るか、それとも……、という行動レベルにとどまる。思惟様式としては、さほど変化が認められないと思われるのである[44]。

既に『縁起』の対外観を検討した。そこでは仏教の盛衰を基準とすることで日本の優越が説かれていることを知った。文脈を無視して当時の状況と結びつけない限り、『縁起』の国家意識は決して目新しいものではなく、むしろ山王神道その他の伝統の継承に重点があるように見える。天海の独自性は〈状況に対応した新たな国家意識〉よりは、もっと別のところ——伝統的な意識下で何を行ったか——にあるのではないだろうか。

おわりに

以上多岐にわたった考察を通じ、『縁起』の各要素が確認された。最後に二点指摘することで、『縁起』の同時代的な意義を考えていきたい。

『縁起』の主張として第一に、〈利生＝衆生救済〉という仏教原理の一元的支配を挙げたい。見てきたように『縁起』では、世界は自性法身の一元的な支配・運営のもとにあると観念された。それは中世叡山の山王神道に特徴的な世界観で、天海は人脈（行泉房流＝恵心嫡流）の上でも思想内容からも、その影響下にあることが確認できる。仏神も天皇も、権威の正当性は衆生救済という仏教原理に支えられるというのが『縁起』の説くところであった。そこから『縁起』製作の目的は、この仏教的権威の主張にあったことが推測される。

はじめに述べたように寛永期の幕閣は、日本を強力に統治する主体となるために、絶対的な権威を必要としていたと考えられる。その場合、天皇を頂点とする伝統的な権威を克服するためには、新たな権威はより普遍性を持つことが求められたであろう。

〈人々を救う〉とは為政者の要件として最も普遍性を持つ。もちろん、その表現自体は近世以前の為政者たちが度々口にしてきた言葉であり、決して目新しいものではない。けれども、その表現が実際に果たした役割についてはどうだろうか。

寛永十二年(一六三五)六月、幕府は武家諸法度の改定を行った。その第十四条には「知行の所務は清廉に之を沙汰し、非法を致さず、国郡衰弊せしむべからざる事」と、領国の「衰弊」を防ぐという領主の責任が明文化されている。これは慶長の法度に比べて遙かに具体的に、領主の責任を規定したものだった[45]。それが空文ではないことは、三年後の島原の乱において、乱の責任によって松倉家を断絶せしめた幕府の理由が「封地の政道宜からず土民困窮に及び一揆蜂起せし」めた事、と伝えられていることから理解される[46]。ここでは領民の「困窮」を救うことが為政者の絶対的な要件(改易・断絶に直面するという意味で)と成り得たことが示されている[47]。〈人々を救う〉という論理は、実際に領主を統制する基準として機能していたのである。『縁起』の主張は、決して時代から遊離したものではなかった。

『縁起』の主張の第二として、伝統的三国意識を挙げたい。朝尾の指摘とは裏腹に、見てきたように『縁起』の対外観は中世神道(山王・吉田)の影響下にあり、それは用語の点ではもちろん、他国意識の枠組自体が伝統をひきずっていた(=三国)。その辺りの事情については、当時の天海の置かれた状況を知ることが参考になると思われる。

既に佐々木邦麿[48]が明らかにしているように、天海が自己の勢力基盤である関東の天台宗寺院の支配を一応達成したのは寛永二十年(一六四三)であった。他宗派(浄土・日蓮・古義真言・新義真言・時宗・曹洞)が既に寛永十年(一六三三)の時点で本末帳を作成していたのに比べ、旧秩序再編の著しく難行している様子が窺える。ともすれば家康や幕閣との関係から日本全体を相手にしていたかのように捉えられがちだが、天海の畢生の事業は関東天台の上方からの独立であり、彼の一生はそれに費やされたことを見落としてはならない（天海が上野国の大寺長楽寺を末寺に組み込むのは寛永二十年九月十七日で、東叡山創立から十八年後、自身の死の十五日前であった）。家康神格化も輪王寺門跡創設（天海没後実現）も、当時にあっては日本全体の権威として以上に、上方勢力からの独立を期してのものと考えられる。『縁起』の課題も普遍神山王―東照権現による現世支配に、もう一つの権威―天皇家―をどう組み込むかにあった。実際、山王神道では普遍神として山王＝天照を措定していたにも拘らず、『縁起』では山王を普遍神として受容する一方、天照について（教学の蓄積の点では充分可能であったのに）その扱いを避けていた事は、天皇権威の克服という主題で考えなければ理解し難い。そうであるなら、神学上山王と天照を同格にするなど論外であるし、対外観にしても（日本が一枚岩でもないのに）日本対外国という構図には成り得ない。日本の外国に対する優越を言いながらも、実際はそれをもたらす関東の仏教興隆に重点を置く必要があった。オランダや朝鮮からの使者の扱いも、その観点から見直しができるのではないか。一方、家康の御前論義に対する評価には、その天海の力点が端的に表れていると考える。

こうして見ると、『縁起』の自国意識の特徴は、東アジア世界の中の権威樹立よりも、まず上方に優越する権威創出の要請に答える所にあったように思われる。天照の軽視・伝統的対外観克服への無関心は、天海の生涯に照らしあわせればそれなりの一貫性を持つものであろう。

寛永年間は幕府の海禁政策が進行した時期として知られるが、それを直ちに幕閣の対外観の閉鎖性と結びつけるのはいささか躊躇される。今回取り扱ったのは、あくまで一人の僧侶の意識であり、それがひとつのイデオロギーにとどまるのか、政策との関連を見いだせるのかについては、自ずから別の視点が必要になると思われる。『縁起』の対外観――伝統的な三国意識――が、寛永年間の幕府の動きとどう関わるのか（関わらないのか）については、なお今後の課題としたい。

註

（1）『東照社縁起』・『日光山御神事記』・『東照大権現新廟斎会記』などにその記述が見られる。

（2）浦井正明『もうひとつの徳川物語』（誠文堂新光社、一九八三年）一七二～一七三頁。

（3）平泉澄「誤られたる日光廟」（『我が歴史観』至文堂、一九二六年）。

（4）朝尾直弘『鎖国』〈日本の歴史17〉（小学館、一九七五年）二七五頁。

（5）『縁起』は漢文体の『真名縁起』三巻と、漢字仮名交じり文の『仮名縁起』五巻よりなる。平泉澄により、真名上巻のみ寛永十三年の大造替時に成立し、他は寛永十七年の家光社参時の奉納にあわせて成立したことが考証されている（「東照大権現縁起考」、註（3）平泉著作所収）。本書では『上野・下野国』〈神道大系神社編二十五〉（一九九二年）を底本とし、引用箇所ごとに巻の区別（仮名縁起の場合はそれも表示）と同書の頁数を表示した。諸本等については、曽根原理「『東照社縁起』の基礎的研究」（『東北大学附属図書館研究年報』二八、一九九五年）参照。

（6）北島正元「徳川家康の神格化について」（『国史学』九四、一九七四年）。宣命の引用は『徳川実紀』一〈新訂増補国史大系〉（吉川弘文館、一九八一年）一二四頁に拠った。

（7）宮田登「人神の一課題」（笠原一男編『日本における政治と宗教』吉川弘文館、一九七四年）など。

（8）宮沢誠一「幕藩制期の天皇のイデオロギー的基盤」（北島正元編『幕藩制国家成立過程の研究』吉川弘文館、一九七八年）。

（9）諸本については第一部第一章参照。引用の際は本章でも同様に、仏書刊行会編『大日本仏教全書』一一六巻の該当頁を表示する。

（10）野馬台讖の初見を承平六年（九三六）の講説内容と思われる『日本書紀私記』に遡らせ、そのほぼ半世紀後の大江匡房説『江談抄』で真備入唐伝説との合体が見られることについて、大森志朗「真備入唐伝説と野馬台の詩の信仰」（『文化』〈東北大学〉一―八、一九三四年、後に『日本文化史論考』に再録）が指摘している。その後の研究成果については、小峯和明「野馬台詩の言語宇宙」（『思想』八二九、一九九三年）、深沢徹「『宝誌（野馬台）讖』の請来と、その享受」（『和漢比較文学』一四、一九九五年）参照。また、百王説の歴史形成の側面について、今谷明『室町の王権』（中央公論社、一九九〇年）、平川新「系譜認識と境界権力」（『歴史学研究』六四七、一九九三年）等の研究成果もある。百代目は後円融から後小松あたりの天皇に措定するのが通例のようである。『護国縁起』所載の野馬台讖に付された「延暦九年注」を後世の付会とする従来の見解に対し、東野治之「野馬台讖の延暦九年注」（『大阪大学教養部研究集録』人文・社会科学四二、一九九四年）が延暦期のものとする反論を行っている。

（11）「加被に任す」というのは微妙な表現であるが、『護国縁起』の文脈を見るなら、そこでは天皇家を「廃体断絶の君」（天武系）と「継体繁昌の君」（天智系）に分ける論調が見られる。両系統を分岐するのは、前者が東大寺（南都六宗）後者が延暦寺（天台宗）に帰依したことと言われる。つまり、仏教の力により王法が左右されるという構図が示されているのである（四二二〜四二四頁）。『縁起』はこの基礎認識に基づき記述されているものと思われる。

（12）天海が『護国縁起』を知り得たことは、『比叡山延暦寺護国縁起』（叡山文庫池田蔵書、『護国縁起』の一本）の識語に、万治二年七月に「慈眼大師御本」から写したという記述の見られる事からある程度推測できる（第一部第一章註（7））。

（13）『縁起』ではもう一箇所天照大神が登場する。「山王大権現、天照皇太神宮任例、於奥院御授戒并戒灌」（下巻一三七頁）。誰が誰に戒や戒灌頂を授けたのか文意は難解だが、しばらく文脈を見るなら、場面は「法華曼供」から「論義」を話題にする箇所で、神前での「法楽」として曼供を行う習いが述べられ、また諸神が「法師の語を解し尽く戒を受持す」、「日域諸神、法宿大菩薩を始め奉り醍醐味の問答を以て随喜す」など、神が仏教の供養を受けるという記述が続く。それ以前の伝統でも『渓嵐拾葉集』巻六の「山家大師戒を三聖神に授け奉ると云ふ事」の事書に、最澄が山王三聖に授戒した内容がある。ここから、僧侶が山王・天照に戒を授けると解釈し、「治国利民法」同様、仏教権威が天照に優越する趣旨と考える。

（14）『大正新修大蔵経』九、四二頁。

（15）『天台宗全書』九（第一書房、一九七三年復刻）四八一頁。なお、天照大神が四句偈を誦すことについては、『渓嵐拾葉集』巻六にも「山家大師毎日法楽の法に云ふ、常在霊鷲山　及諸諸住所　我此土安穏　天人常充満、此の文は山家大師の御法楽のみに如ず、天照太神自ら毎日誦し玉ふ秘文なり、口外すべからざる甚深なり」（『大正新修大蔵経』七六、五二二頁、原漢文）の記述が見られる。

(16) 以上の治国利民法の説明については、阿部泰郎「慈童説話の形成」(上)・(下)（『国語国文』五三―八・九、一九八四年）参照。

(17) 例えば、その成立に心賀が深く関与したとされる『天台宗治国利民目録口伝』に「夫れ天台嫡流の相承は、教行証の三重血脈、此の三重の印可状得法以後、師資の内証と内証と面授口決、言外有るべからず」の記事が見られることを、註(16)阿部論文が指摘している。天海も行泉房流の系譜上に位置づけられる。上杉文秀「日本天台宗系譜」（『日本天台史』別冊付録、破塵閣、一九三五年）。

(18) 尊海撰『即位法門』（叡山文庫真如蔵写本）五丁表～裏。他に「大タ、ラ」が登場する書として、神宮文庫蔵『天台方御即位法』（伊藤正義「慈童説話考」『国語国文』五五五、一九八〇年、に全文翻刻）や智積院蔵『日本紀秘密巻書』（『実践女子大学文学部紀要』三二、一九八九年、に牧野和夫・石井行雄両氏が翻刻）が知られる。

(19) 『天台宗全書』一七（第一書房、一九七四年復刻）四三八頁。古業に関する教学史は、古宇田亮宣編『和訳天台宗論義二百題』（隆文館、一九六六年）五四〇頁以下も参照。

(20) 『天台宗全書　全25巻　解説』（第一書房、一九七三年復刻）六四頁以下。なお同書によれば、底本（真如蔵本）は常陸月山寺の有賢所持本により完成した書である（九頁以下）。撰者直海の法系は次の通りである。

静明─┬─惟暹
　　　├─心賀
　　　├─政海（土御門流）──一海─┬─承海
　　　│　　　　　　　　　　　　　└─直兼──直海
　　　└─静運

(21) 「吾常～利益有情」の部分は、円仁撰『俗諦不生不滅論』に見られる（仏書刊行会編『大日本仏教全書』二四、九五頁）。それを引用する形で『慈覚大師伝』の記述があり（『続群書類従』八下、六八四頁）、この箇所の直接の典拠となっている。

(22) 『山王事』が本来『耀天記』とは別の書であったことについては、岡田精司「『耀天記』の一考察」（『国史学』一〇八、一九七九年）参照。

(23)『続群書類従』二下、六〇二頁。

(24)『山家要略記』は諸本の系統が複雑で成立事情も不明の点が多い。その辺りについては、『天台神道（下）』〈神道大系論説編四〉（一九九三年）の解題（参考文献を含む）参照。

(25)註(24)文献、一六三頁（原漢文）。

(26)註(23)文献、五三六頁（原漢文）。

(27)引用は『大正新修大蔵経』七五、三八三・三八二頁（原漢文）。

(28)『大正新修大蔵経』七七、七三三頁。なお、空海撰『大日経開題』中に四種法身に触れ、「……『加持』とは等流身すなはちこれ三界六道随類の身なり」とあることから、既に真言宗の正統教学であったことが知られる（共に原漢文）。

(29)以下『大正新修大蔵経』第七六巻を底本とし、該当頁を表示する。

(30)『太平記』二〈日本古典文学大系35〉（岩波書店、一九六一年）二一〇頁。

(31)桓武天皇と家康が対応するように、最澄には天海が組むように想定されていたと思われる。『縁起』では何も語られないが、天海が自己を最澄に擬していたのは、周知のことだったようだ。天海の弟子諶泰が著した『武州東叡開山慈眼大師伝』（万治二年〈一六五九〉成立）には、桓武天皇の夢告として「我澄上人（最澄）の後、師（天海）を待つこと数百年なり」の記事が見られる（『慈眼大師全集』上巻、国書刊行会、一九七六年復刻、三五五頁）。

(32)註(14)文献、四二頁。

(33)天皇と山王権現を一体視することについては、伝天海撰『山王一実神道相承口決深秘』（『天台宗全書』一二、第一書房、一九七三復刻、所収）に「忝なくも吾が山王大宮権現和光の神体は転輪聖王の御形なり、此れ一天万乗の君の尊形に同ふするなり」、「山王大宮権現と一天万乗の君とは一体の義にして但だその名を異にするのみ」（二五一〜二五二頁）という記述が見られる。おそらく後代の成立と思われるが、『縁起』の文はこうした解釈が充分可能ということも示しているよう思われる。

(34) たとえば享保年間に成立の乗因撰『転輪聖王章』には、一実神道に則った活動として家康の法度制定を捉える記述が見られ、天海のメッセージ受容の可能性を示している。曽根原理「山王一実神道の展開」(『神道宗教』一四三、一九九一年)参照。
(35) 以下の朝尾説の引用は全て註(4)著作による。
(36) 仏書刊行会編『大日本仏教全書』一二〇、一五四頁(原漢文)。
(37) 註(24)文献、七~八頁(原漢文)。
(38) 『卜部神道(上)』〈神道大系論説編八〉(一九八五年)七四頁。
(39) 註(14)文献、一四頁。
(40) 『続群書類従』八下、六九〇頁。
(41) 『日本高僧伝要文抄・元亨釈書』〈新訂増補国史大系31〉(吉川弘文館、一九六五年)二四二頁。
(42) 『日本書紀(上)』〈日本古典文学大系67〉(岩波書店、一九六七年)一四七頁。
(43) 村上直次郎訳『異国往復書翰集・異国日記抄』〈異国叢書13〉(駿南社、一九二九年)二七頁。
(44) 秀吉政権には「武威」を広言し日本の独自性を強調する様子が見られるものの、まだ世界の普遍性(吉田神道説由来)を観念の基盤とする点で『縁起』同様、後代の「各其の土地・風俗の限る所、其の地なりに天を戴けば、各々一分の天下にて、互に尊卑貴賤の嫌ひなし」(浅見絅斎撰『靖献遺言講義』)のような各国の特殊性を論の前提とする姿勢、さらにその上に立ち「神州」「皇国」を宣揚する水戸学・国学者流の論理とは一線を画するように思われる。この点につき示唆に富むのは藤田雄二の指摘である。藤田は自国意識の一種である「自民族中心思考」に「文明」型と「選民」型の二種類を設定し、神国思想についてもこの分類が有効と主張する。そして、「……我国のみ此事あり、異朝には其たぐいなし」(北畠親房撰『神皇正統記』)と、所属民族が決定的な基準となる志向を持つ「選民」型に対し、「文明」型はどの民族に所属するか以上に、「人間にとって普通のあり方だと信じるところのもの」――理念とも言い換えられる――の共有が問題になる、と説く(「近世日本における自民族中心的思考」『思想』八三二、一九九三年)。この分類によるなら、秀吉の外交文書や『縁起』の記述は（自己の所属する〈文明〉を基準とする論法において）明らかに「文明」型に属する。さらに言えば、中世の知識人の多く（特に仏者）は自己の拠って立つ知識体系が外来であるため必然的に「文明」型に属すと思われ、そこに『縁起』の対外観を伝統的と考えるひとつの根拠を見いだせる。こうした「文明」型（同時に〈中世的〉か）の言辞と当時の為政者の意識は必ずしも一致するとは言えず、そこにイデオローグの独自性を考慮する視点が生じるように思われる。

（45）石井紫郎「近世の国制における『武家』と『武士』」（『近世武家思想』〈日本思想大系27〉岩波書店、一九七四年、解説）四九四頁以下。

（46）『廃絶録』〈新訂増補史籍集覧10〉（臨川書店、一九六七年）二五三頁。なお、同書の成立は多少時代が下る（文化十一年）。同時代史料としては、「松平伊豆守島原陣覚」（内閣文庫蔵『切支丹御退治記』所収）の「松倉長門守、日頃領分仕置無き故今度の仕合に候、其の上働き不精に思召され候、旁以て御改易仰せ出され候旨、備中守申し渡す」などが、「仕置」を領主の義務としている点で論拠となるだろう。それが大名側でも充分意識されていたことは、「身の覚悟悪敷、仕置不レ宜しては、御用捨にて国被二下置一候とても、国主とは言難き事」（黒田長政の遺言、後半は寛永年間成立の偽書と言われる。高木昭作「黒田長政『御遺誡・御定制』は偽書である」『史料編纂所報』〈東京大学〉一〇、一九七六年、参照）などから窺える。

（47）慶長・元和期の大名権力が給人の地方支配に依存する段階であり、それだけ寛永期に領主の「器用」が重要な意味を持つ点について、福田千鶴「慶長・元和期における外様大名の政治課題」（『九州文化史研究所紀要』三七、一九九二年）、同「幕藩制的秩序についての一考察」（『日本歴史』五三一、一九九二年）が論じている。

（48）佐々木邦麿「関東天台本末形成の時期」（『天台学報』一四、一九七二年）。

結び

朝尾直弘が一九七〇年以降に発表し、学会に大きな衝撃を与えたという「『将軍権力』の創出」[1]には、織田信長の神格化について次のような記述が見られる。

・……第三期（天正八年の石山開城から本能寺の変まで）の信長が当面した権力構想上の課題は、まず基本的には、本願寺と一向衆のイデオロギーの克服をいかに具体化するかという点にあった。軍事的な勝利にとどまるかぎり政治はない。一向一揆をせん滅したあと、それに代るイデオロギー、理念が提起されないでは、新しい国家は樹立されないであろう。石山退城以後にそのことが喫緊の課題となってきた。

・織田政権の第三期に現われた信長の神格化は、法華宗・一向宗・キリシタン宗等々を方便としながら、先に述べた基本課題への回答として創出されたものであったのであり、われわれはそこに幕藩制国家権力の中軸的部分をなすところの「将軍権力」の理念の創出を見出すのである。

ここに見られる観点は、筆者にとっても重要に思われる。信長の神格化自体は史料的な問題から議論がある[2]にしても、ここに示された「理念の創出」については、充分首肯されるであろう。家康の神格化は、何よりこうした要請に答えるところの事件であったと思われる。

近世の幕府権力が持つ宗教性については今更述べるまでもない。元和の武家諸法度には良く知られる「法を以て理を破るも、理を以て法を破らず」の文言が見られ、幕府の権威が道理を超越した絶対的なものとして示されている。

その種の権威を生みだす源流は中世の在地法にあり、本願寺教団や一向一揆の活動を支えたのも、神意を受け団結する在地の行動様式であった。一味神水の一揆勢力に対抗するには、統一権力の側でも〈神〉を必要としたのである。

在地の動向と連関しつつ、寺家の内部でも〈神〉が生まれつつあった。中世寺院の内部には二大原理として「師資相承」と「僧伽」が挙げられるという(3)。そのうちでも、とりわけ後者と関係して、寺院大衆の団結を保証する仏神が機能していた。それは大衆の行動を擁護すると観念され、時には「非を以て理を屈す」力を大衆に発揮させた。日吉の神輿や春日の神木は、その端的なあらわれであった（第一部第一章参照）。

この、在地の神と寺家の神は、共通の基盤――共通の階層――に支えられていた側面を持つ。そうであるなら、一向一揆等の宗教的権威に対抗する力が寺家の内部に求められたのは、ある意味では当然ともいえる。問題は、その有効性にあった。朝尾は、信長の公儀に対する毛利氏のそれについて「飛躍の起きなかった原因は、『武者』以外の身分――とくに『百姓』との生存をかけた闘争を経験しなかったところにあると思えてならない(4)」と述べるが、寺社世界内部でも似たような事情を想定できるのではないか。統一権力の〈神〉は、超越性・絶対性だけでなく、何より政権を擁護することが求められる。そのためには〈神〉には、現世利益や守護神的性格――換言すれば、大衆との継続的な接触を通じた世俗化――が必須であったと思われる。

徳川秀忠が明神号を排し権現号を採用した事件についても、ともすれば天海・崇伝らの個人的活動と見なされてきたが、上述の観点から考えれば、やはり権力構想の問題と把握される。既に論を展開するだけの余力はないが、吉田神道や仏教諸宗でなく、なぜ山王一実でなければならなかったのか。やはり理由が存在すると思われる(5)。

本書で思想分析を通じ一貫して論じてきたのは、天台神道の持つ〈権威〉の性格である。それは端的には守護神的側面と「利生」による天皇権威の超克に現れている。前者はともかく後者の、単なる氏神でなく理念（利生）を標榜することは、より強く理念を実現する力を持つものに克服される危険性が残る点で、新たな政権の〈神〉としては必ずしも適当とは言えない。だが、天海への親近を見る限り、家康の死はまさにそうした〈神〉に基づく構想を必要としていた時期だったと思われてくる。後には東照権現が反幕的機能を帯びたことからも理解されるように[(6)]、そうした〈神〉は微妙なバランスの上に立った諸刃の剣と言える。しかしそれでも、家康はそれを必要としたのであって、そこに却って幕府創設期の特殊な状況が反映されていると思われる。

政権を創ることとそれを維持することは同一の問題としては論じられない。家康の神格化があって、はじめて二代目以降の将軍は普通に死ぬことが可能となった。東照権現は何よりも政権を創設するための神であり、その歴史的役割は家光段階で一段落した。そのように、歴史は常に一様でなく、その時点ごとの課題に対応する中で作られていくことを、本書作成の中で感じるようになったことを記して、結びとしたい。

註

（1）『歴史評論』二四一・二六六・二九三に三回に分けて連載。引用箇所は（二）から。後に『将軍権力の創出』に再録。

（2）三鬼清一郎「戦国近世初期における国家と天皇」（『歴史評論』三二〇、一九七六年）、立花京子「信長への三職推任について」（『歴史評論』四九七、一九九一年）、今谷明『信長と天皇』（講談社、一九九二年）など。

（3）上川通夫「中世寺院の構造と国家」（『日本史研究』三四四、一九九一年）。

（4）註(1)朝尾論文（三）より。但し、毛利と織田の相違を権力の発展段階の差と把握する研究史（石井紫郎・勝俣鎮夫、等）に対しては、並立する東西大名権力の地域的相違とする批判がなされている。山室恭子『中世のなかに生まれた近世』（吉川弘文館、一九九一年）二〇一～二〇五頁。

（5）浦井正明『もうひとつの徳川物語』（誠文堂新光社、一九八三年）では、一実神道の鎮護国家・現実肯定的性格を説くが、思想の方向性の指摘にとどまる。一方、近年この神号論争を「仕組まれた」「大芝居」とする見解が、高藤晴俊『日光東照宮の謎』（講談社、一九九六年）で提唱されているが、なお検討を要す。

（6）石毛忠「江戸時代後期における天の思想」（『文化史学』二七、一九七二年）。また、体制擁護という枠を脱した事例について、曽根原理「日光における東照権現信仰」（『日本の仏教』四、一九九五年）参照。

あとがき

本書は、八年ほど前の最初に活字化された論文から、一昨年脱稿した論文までのうち、八編を選びまとめあげたものである（他に新稿が二編）。各論文の初出等は次の通りである。

序章　新稿

第一部

第一章『文芸研究』一二二集、一九八九年（原題「『延暦寺護国縁起』の神観念――三輪の神から日吉の神へ――」）

第二章『日本思想史学』二一号、一九八九年（同「円戒復興と記家の思想――『渓嵐拾葉集』を中心に――」）

第三章『日本思想史研究』〈東北大学〉二二号、一九九〇年

第二部

第一章『文芸研究』一二八集、一九九一年、後に『日本史学年次別論文集　一九九一年版』に再録

第二章『仏教史学研究』三六巻一号、一九九三年（原題「月山寺恵賢　その活動と思想」）

第三章『東北大学附属図書館研究年報』二五号、一九九二年（同「『関左之日枝山』考」）

第三部

第一章『東北大学附属図書館研究年報』二六号、一九九三年、後に『国文学年次別論文集　平成5年度版』に再

録〈同「神祇灌頂の神楽歌」〉、および『文芸研究』一三五集、一九九四年〈同「山王一実神道の形成と吉田兼右説」〉、の各一部

第二章　新稿

第三章　『日本思想史研究』〈東北大学〉二〇号、一九八八年〈同「『東照大権現縁起』の思想」〉、および『シンポジウム〈徳川イデオロギー〉』〈ぺりかん社、一九九六年〉第Ⅱ部第四章「天海の神国思想」の一部

本書の各論考を顧みるなら、そこには多くの問題点が論じ尽くされないまま残されている。本書の対象は、時代的には鎌倉時代から江戸時代初期、地域も思想内容も多岐に及ぶ。対象の広範さに比し、量的な点のみに限っても精緻さや実証性を満たすのに充分とは言い難い。むしろ、多くの課題を指摘した点に意義を認め、ひたすら今後のとりくみを期すというのが、筆者の偽らざる所感である。そうした意味で、本書は誰よりも筆者自身の今後のために書かれた性格を持つと言えよう。

本書を一冊にまとめ上げるに際しては、表記の統一やその後の研究史を反映させるよう努めたが、わずかに註に向上が見られるものの、筆者の力不足により当初の論旨の大幅な改善には到っていない。しかしながら、本書全体としては、序章で論じたような研究史の流れに対し、いささかなりとも寄与しうる側面があるかと考える次第である。さらに言えば思想史、特に宗教思想の研究は、人間の行為と内面の関係に関する分析・考察を通じて、常に自己の常識〈良識〉への問いかけが要請される。多様な価値観が生まれ問われる現代の中で、自らを考え直す営為としても、研究を継続し深めていきたいと思っている。

なお本書の原型となる論考は、一九九四年三月に東北大学へ提出し、同年七月に博士の学位を授与された。審査は、

玉懸博之教授（主査）、渡辺信夫教授、佐藤弘夫助教授の三名が担当された。また、本書の作成に関し、筆者の研究者としての起点を与えてくれた東北大学文学部日本思想史学研究室、現在の勤務先の東北大学附属図書館の各位を初めとして、多くの方々から有形無形の御助力を賜った。より直接的には、叡山文庫、三千院、天台宗典編纂所、天台真盛宗宗学研究所、天王寺（東京都台東区谷中）、日光山輪王寺その他の所蔵・調査機関に、史料利用にあたっての御高配を賜った。加えて、刊行に関して全くの素人の筆者を導いて下さったのは、吉川弘文館編集部の上野純一・柴田善也両氏である。ここに記して感謝申し上げるとともに、本書で提示された課題解決を進めることで、多少なりとも御恩返しに代えることを期すものである。

一九九六年七月三十日

曽根原　理

徳川家康神格化への道（オンデマンド版）
— 中世天台思想の展開 —

Digital Publishing

2019年9月1日　発行

著　者　曽《そ》根《ね》原《はら》　理《さとし》

発行者　吉川道郎

発行所　株式会社 吉川弘文館
〒113-0033　東京都文京区本郷7丁目2番8号
TEL　03(3813)9151(代表)
URL　http://www.yoshikawa-k.co.jp/

印刷・製本　株式会社 デジタルパブリッシングサービス
URL　http://www.d-pub.co.jp/

曽根原　理（1961～）
ISBN978-4-642-73330-4

著者略歴

一九六一年生まれ
一九八四年、東北大学文学部史学科卒業
現在、東北大学文学部助手、文学博士

〔主要論文〕
「安楽律をめぐる論争——宝暦八年安楽律廃止に到るまで——」(『東北大学附属図書館研究年報』二四号、一九九一年)
「乗因の神道説の異端的性格——戸隠修験・『大成経』との関係から——」(菅原信海編『神仏習合思想の展開』汲古書院、一九九六年)

徳川家康神格化への道
—中世天台思想の展開—

平成八年十一月二十日　第一刷発行

著　者　曽《そ》根《ね》原《はら》　理《さとし》

発行者　吉川圭三

発行所　株式会社　吉川弘文館
郵便番号一一三
東京都文京区本郷七丁目二番八号
電話〇三-三八一三-九一五一〈代〉
振替口座〇〇一〇〇-五-二四四

印刷=明和印刷・製本=石毛製本

索　　引

I 人　　名

あ　行

か　行

さ　行

た　行

な　行

は　行

ま　行

や　行

ら　行

Ⅱ 書　　名

あ　行

か　行

さ　行

た　行

な　行

は　行

ま　行

や　行

ら　行

わ　行

Ⅲ　研究者名

あ　行

か　行

さ　行

た　行

な　行

は　行

ま　行

や　行

わ　行